„... EINE FINSTERE UND FAST UNGLAUBLICHE GESCHICHTE“?

„. . . EINE FINSTERE UND FAST UNGLAUBLICHE GESCHICHTE“?

Mediävistische Notizen zu Umberto Ecos Mönchsroman
›Der Name der Rose‹

Herausgegeben von
MAX KERNER

WISSENSCHAFTLICHE BUCHGESELLSCHAFT
DARMSTADT

Zur Abbildung auf der 1. Einbandseite: 'Der Tempel mit der Bundeslade und das Tier aus dem Abgrund', aus: Vitr. 14–2 (Beatus-Kommentar; León, 1047), fol. 18v, Biblioteca Nacional Madrid. Mit freundlicher Genehmigung der BN Madrid. Foto: Henri Stierlin, Genf.

CIP-Titelaufnahme der Deutschen Bibliothek

„... eine finstere und fast unglaubliche Geschichte"?: mediävist. Notizen zu Umberto Ecos Mönchsroman „Der Name der Rose" / hrsg. von Max Kerner. – 3., unveränd. Aufl. – Darmstadt: Wiss. Buchges., 1988
ISBN 3-534-03176-8
NE: Kerner, Max [Hrsg.]: Eco, Umberto: Der Name der Rose

Bestellnummer 03176-8

3., unveränderte Auflage 1988

Satz: Setzerei Gutowski, Weiterstadt
Druck und Einband: Wissenschaftliche Buchgesellschaft, Darmstadt
Printed in Germany
Schrift: Linotype Times, 10/11

ISBN 3-534-03176-8

INHALT

VORWORT

Von kaum einem anderen Autor unserer Tage sind die Erlebniswelt und Geisteshaltung des Mittelalters erfolgreicher an ein breites Publikum vermittelt worden als von dem Bologneser Sprachwissenschaftler Umberto Eco. Sein mittelalterlicher Mönchs- und Kriminalroman mit dem geheimnisvollen Titel ›Der Name der Rose‹ ist nicht nur in zahlreiche europäische Sprachen übersetzt und in den USA mit großer Resonanz aufgenommen, sondern jetzt sogar für Übertragungen ins Türkische und Japanische vorgesehen worden. Dieser immense Erfolg von Ecos Weltbestseller ist durch die Filmversion des französischen Regisseurs Jean-Jacques Annaud noch einmal wiederholt sowie durch eine deutschsprachige sechsstündige Hörspielfassung von Richard Hey vertieft worden. Der mit ungeheurem Aufwand an Geld und Material inszenierte Film, der mit großen Schauspielernamen wie Sean Connery, F. Murray Abraham und Helmut Qualtinger aufwartete und nach eigenem Vorspann ein Palimpsest zur Buchvorlage sein wollte bzw. nach Aussage des Produzenten Bernd Eichinger das Mittelalter als Hauptdarsteller auftreten ließ, ist am Ende in einem weithin vordergründigen Klosterkrimi mit der offenbar obligaten Mischung von 'sex and crime' stekkengeblieben. Der Geist des Mittelalters, der in Ecos Buch etwa in den großartigen Dialogpartien eines William von Baskerville mit dem Apokalyptiker Jorge von Burgos oder dem Mystiker Ubertin von Casale zum Ausdruck gekommen oder mit viel historischem Gespür bei der Kennzeichnung der spätmittelalterlichen Inquisition und Häresie eingefangen worden war, ist in der hastig geschnittenen und versöhnlich endenden Filmfassung zu einem bedenklichen Zerrbild entstellt worden.

Um so wichtiger erscheint es, daß sich gerade auch die professionelle Mittelalterforschung des Eco-Themas annimmt. In den bisherigen publizistischen wie fachwissenschaftlichen Einschätzungen haben die Mediävisten erstaunlicherweise nur zögernd und insgesamt lediglich vereinzelt das Wort ergriffen. So enthalten beispielsweise die einschlägigen Sammelbände, die etwa Hans-Jürgen Bachorski (1985) oder Burkhart Kroeber (1987) oder auch Alfred Haverkamp und Alfred Heit (1987) zu Ecos Roman erstellt haben, zwar zahlreiche sprach- und literaturwissenschaftliche, philosophische und theologische Beiträge, aber nur wenige mediävistische Stellungnahmen. Letzteres gilt auch für die engere Diskussion in den historischen Fachzeitschriften, in denen allerdings schon früh und gewissermaßen als Ausnahme Horst Fuhrmann auch den ernsthaften Mittelalterforschern das Lesevergnügen mit Ecos Buch empfahl (vgl. Deutsches Archiv für Erforschung des Mittelalters 39, 1983, S. 718f.) oder ein wenig später Jürgen Petersohn auf ein durch Umberto Eco verändertes Mittelalterverständnis mit auch fachwissenschaftlichen Folgerungen aufmerksam machte (vgl. Geschichte in Wissenschaft und Unterricht 37, 1986, S. 761–766).

Die vorliegenden mediävistischen Notizen wollen diese Linie fortsetzen, indem sie das quellenkritisch erschlossene Mittelalterbild der Mediävistik und Ecos literarische Fiktion des Spätmittelalters miteinander zu vergleichen, die Lebensweise und Lebenssicht dieser Epoche, ihrer Repräsentanten und Institutionen, ihrer Werte und Aktionen in einer Gegenüberstellung des literarischen Entwurfs und der geschichtswissenschaftlichen Rekonstruktion zu verdeutlichen und auf diese Weise die Möglichkeiten wie Grenzen eines historischen Romans, aber auch einer gelehrten Studie aufzuweisen suchen. Durch eine solche stärkere Differenzierung des Literarischen und Historischen wird sich sicherlich nicht nur das ein oder andere bei Eco versteckte Textstück quellenmäßig entschlüsseln bzw. diese oder jene bei ihm faßbare Person oder Handlung authentisch identifizieren lassen, sondern es wird hoffentlich insgesamt auch gelingen, das Verständnis von Ecos mehr als nur spannender Kriminalgeschichte zu erleichtern bzw. zu vertiefen und auf diesem Weg mit Hilfe von geschichtswissenschaftlichen Erläuterungen und literaturgeschichtlichen Anregungen die naturgemäß gegenwartsbezogene literarische Absicht Ecos zu verdeutlichen.

Den Autoren der einzelnen Beiträge, die sich spontan bereit fanden, trotz zahlreicher anderer Verpflichtungen diesen historisch gebundenen Verständnis- und Deutungsweg mitzugehen, sei an dieser Stelle herzlich gedankt, auch dafür, daß sie der lockeren, mehr essayistischen Präsentationsform zustimmten, die nur wenige dokumentierende Anmerkungen oder weiterführende Hinweise zuließ und sachliche Überschneidungen nicht ausschloß. Dank schulde ich auch meinen Mitarbeitern, insbesondere Herrn Klaus Ricking, der das abschließende Namenregister erstellte, das den Vergleich der Beiträge untereinander erleichtern soll und deswegen teilweise auch die unterschiedlichen Namensformen des italienischen Originals sowie der hier nicht immer korrekten deutschen Übersetzung berücksichtigt hat. Danken möchte ich schließlich der Wissenschaftlichen Buchgesellschaft in Darmstadt, die die vorliegenden mediävistischen Notizen in ihr Verlagsprogramm aufnahm, deren äußere Gestaltung besorgte und die technische Abwicklung zügig erledigte.

Max Kerner

UMBERTO ECO UND SEIN ROMAN ›DER NAME DER ROSE‹
Eine kritische Einführung*

Von Horst Fuhrmann

1. Der überwältigende Erfolg des Buches

Im September 1980 erschien in Italien der Roman ›Der Name der Rose‹ des Bologneser Professors Umberto Eco und fand innerhalb kurzer Zeit eine überwältigende Verbreitung. In Italien selbst brachte er es bis jetzt auf rund eine Million verkaufter Exemplare. Ähnliche Absatzergebnisse werden aus Frankreich, England und den USA gemeldet, wo Rezensenten fassungslos vor dem Bucherfolg stehen und den Roman giftig als „ungelesenen Bestseller" bezeichnen: es sei eben schick, den Band bei einer Party als 'conversationpiece' auf dem Kaffeetisch liegen zu haben und sich über das Thema im Small talk informiert zu zeigen. Unter weiteren Absatzländern – bislang gibt es rund 15 Übersetzungen – meldet merkwürdigerweise Brasilien hohe Absatzzahlen, und gespannt ist man auf die Aufnahme in Japan.

In Deutschland hat sich der Roman einen der größten Märkte erobert. Im November 1982 ins Deutsche übersetzt, drang das Buch nach wenigen Wochen in die Spitzengruppe der Bestseller vor und hat sich dort ohne große Einbrüche gehalten. In den öffentlichen Leihbibliotheken Bayerns war es laut Statistik lange Zeit das gefragteste Buch. Bis Ende 1986 wurden von der deutschen Ausgabe über eine Million Bände abgesetzt. Die Weltauflage beträgt 5–6 Millionen, Raubdrucke, die es schon in erheblichem Ausmaß geben soll, und Lizenzen für Buchclubs nicht mitgerechnet. Selbst eine Agatha Christie kann hier kaum mithalten; mit keinem ihrer Romane hat sie innerhalb so kurzer Zeit so hohe Absatzzahlen erreicht, und dabei ist zu bedenken, daß der Preis des Buches um ein Mehrfaches über dem eines Kriminalromans liegt.

* Zur Jahreswende 1986/87 haben mehrere Rundfunksender der Bundesrepublik unter Regie des Bayerischen Rundfunks ein vierteiliges Hörspiel von Umberto Ecos Roman ›Der Name der Rose‹ ausgestrahlt. Als Einführung war vorliegender, hier erweiterter Essay gedacht, in den frühere Ausführungen des Autors eingegangen sind.

Der Bucherfolg hat auch die Filmwelt und den Rundfunk mobilisiert. Rund 47 Millionen Deutsche Mark sollen für den gleichnamigen Film aufgewendet worden sein: für diese „opulente sinnliche Schau", wie sich der von Jean-Jacques Annaud gedrehte und wegen seiner 'Opulenz' auch prämierte Streifen selbst ankündigt; und deutsche Rundfunksender boten ein sechsstündiges Hörspiel in vier Teilen in der Bearbeitung des für solche Stoffumsetzungen erfahrenen Richard Hey.

Das Gespräch – auch das gelehrte Gespräch – über den Roman reißt nicht ab, zumal Eco eine ebenso erhellende wie verwirrende ›Nachschrift‹ zu seinem Buch hat erscheinen lassen. In zahlreichen Interviews und Stellungnahmen gibt Eco raffiniert schwebende Deutungen, die selbst wiederum das literarisch-gelehrte Gespräch – Wie verhält sich Ecos Gesagtes zu Ecos Geschriebenem? – beleben. An Universitäten werden Seminare und Kolloquien über den ›Namen der Rose‹ abgehalten, Prüfungsarbeiten einschließlich Dissertationen ausgegeben, und es ist bereits eine umfangreiche Sekundärliteratur entstanden. Unter Mittelalter-Historikern wird ernsthaft die Frage diskutiert, ob der Erfolg dieses Buches nicht Veranlassung geben müsse, methodische Ansätze und Ziele der Mittelalter-Forschung zu verändern; vielleicht beantworte die Historiker-Zunft Fragen, die vom historisch interessierten Publikum gar nicht gestellt werden. Ist das Buch ein Indiz dafür, daß die Wissenschaft und das Interesse der Gesellschaft auseinanderfallen? Ohne Zweifel rollt eine Eco-Welle auf breiter Front, und ihr Auslaufen ist noch nicht abzusehen.

2. Kriminalgeschichte oder mittelalterliches Zeitgemälde?

Was ist der Stoff dieses weltweit erfolgreichen Romans? Rätselhafte Morde in einer Benediktiner-Abtei im Apennin wegen eines Aristoteles-Codex im Jahre 1327 zur Zeit Ludwigs des Bayern (1314–1347) und Papst Johannes' XXII. (1316–1334). Das Sujet – die Suche nach einer Handschrift – ist nicht gerade originell. Gustav Freytag zum Beispiel hat mit seinem Roman ›Die verlorene Handschrift‹ aus dem Jahre 1864 auf ähnliche Weise versucht, den Zeitgeist einzufangen, auch Jan Potocki (1761 bis 1815) ließe sich nennen mit seiner ›Handschrift von Saragossa‹, aber welcher Unterschied in Erzähldichte und Hintergründigkeit!

Erlebnisträger und Erzähler ist bei Eco der Benediktinermönch Adson von Melk, der im Greisenalter in einem Winkel seines Klosters die Jahrzehnte zurückliegenden Erlebnisse als jugendlicher Begleiter eines englischen Franziskaners namens William von Baskerville aufgezeichnet hat. Der Name William von Baskerville ist eine erheiternde, wenn auch etwas frivole Kreuzung des berühmten mittelalterlichen Philosophen und Theologen Wilhelm von Ockham († 1349) und Sherlock Holmes' bzw. Conan Doyles (1859–1930) ›Hund von Baskerville‹; der brave Chronist Adson hingegen ist selbstredend der sich ob des Scharfsinns seines Meisters Holmes stets verblüfft gebende und ihn bewundernde Dr. Watson.

Ein in das Mittelalter versetzter Kriminalroman also, so könnte man denken, und der stets zu Scherzen aufgelegte Eco nannte als Ursprungsidee seines Buches, wie er wörtlich sagt, den „Drang, einen Mönch zu vergiften"; entsprechend der Betonung der 'crime story' habe der Roman ursprünglich ›Die Abtei des Verbrechens‹ heißen sollen. Jedoch das Publikum ist mit dieser Banalerklärung im allgemeinen nicht zufrieden. Mit Recht. Denn nicht die mit fünf delikaten Morden aufwartende Kriminalgeschichte, auf die sich der Film schwelgend gestürzt hat, ist das eigentlich Interessante, sondern die großartig ausgestaltete Gedanken- und Realienwelt des späten Mittelalters.

3. *Mittelalterliche Feinschmeckerkost als Massenware*

Gerade das Mittelalterliche am Roman macht das Überraschende des Erfolgs aus. Man muß daran erinnern, daß offenbar selbst manche Kenner des Buchmarktes den Riesenerfolg nicht vorausgesehen haben. Wenn man Ecos Aussage trauen darf, hatte der italienische Verleger nach Lektüre des Manuskripts mit einem Absatz von 'vielleicht' viertausend Exemplaren gerechnet (die Startauflage dann aber doch auf 100000 angesetzt). In der Werbezeitschrift der deutschen Verleger ›LIT‹ wurde der Roman mit den fast umsatzhemmenden Worten vorgestellt: „Ein Buch für Feinschmecker, für bedachtsame Genießer", und selbst der deutsche Übersetzer des Romans, Burkhart Kroeber, äußerte sich zunächst höchst skeptisch über den zu erwartenden Absatz. Diese Schätzungen und Einschätzungen haben ihren Rückhalt in der Resonanz entsprechender Bücher. In Italien zum Beispiel war 1978 – zwei Jahre vor Ecos Geniestreich – Italo Alighiero Chiusanos Roman ›L'ordalia‹ (Das Gottesgericht) erschienen mit einer ansprechenden, im Mittelalter spielenden Fabel und einer spannenden Erzählung: Ende des 10. Jh. habe ein Schreiber der päpstlichen Kanzlei entdeckt, daß die berühmte Konstantinische Schenkung, auf der die Berechtigung des Kirchenstaates beruht, eine Fälschung sei – was sie tatsächlich ist. Die Geschichte hat einen harten historischen Kern in der Tatsache, daß der junge deutsche Kaiser Otto III. (983–1002) eben dieses Dokument – die Schenkung Konstantins – als päpstliche Erfindung zurückgewiesen hat. Chiusanos

Werk brachte dem Autor nur mäßigen Erfolg, lediglich von Insidern wurde es beachtet.

Ecos Buch hingegen erlebte einen Durchbruch ins breite Publikum, zur Überraschung des Buchhandels wie des Mittelalter-Fachmanns. Denn Ecos Buch ist wahrhaftig nicht leicht zu lesen. Das ist nicht Walter Scotts (1771–1832) schwarzer Ritter ›Ivanhoe‹, nicht Victor Hugos (1802–1885) ›Glöckner von Notre Dame‹, liegt weit entfernt von Gustav Freytags (1816–1895) treuherzigen ›Ahnen‹ und von Lion Feuchtwangers (1884–1958) romantisierter ›Margarete Maultasch‹, alles Werke von Autoren, die sich eher als Literaten verstanden – auch der promovierte und habilitierte Altgermanist Gustav Freytag. Eco jedoch ist Gelehrter: ein Gelehrter freilich besonderer Couleur.

4. Umberto Eco: der moderne-postmoderne Autor

Umberto Eco – Jahrgang 1932, geboren im Piemontesischen – hat an der Universität Bologna seit 1971 einen Lehrstuhl für Semiotik inne, den er – trotz seines Reiseeifers – mit Ernst wahrnimmt. Was Semiotik ist, läßt sich schwer erklären. Das Wort leitet sich vom griechischen 'to sēma', das Zeichen, ab, und will die zeichenhaften Äußerungen der Menschen miteinander – der Sprache und Kommunikationsmittel – beschreiben und analysieren. Eco selbst hat mehrere grundlegende und auch ins Deutsche übersetzte Abhandlungen zum Zwecke der methodischen Stabilisierung dieses von ihm vertretenen (relativ) neuen Faches verfaßt. Vor allem aber – was uns interessiert – ist er Autor einiger, auch historische Fragestellungen einbeziehender Bücher, zum Beispiel über mittelalterliche Ästhetik allgemein und speziell bei Thomas von Aquin oder über mittelalterliche und moderne Erzählkompositionen.

Hinzu treten Strukturanalysen von James Joyces ›Ulysses‹ und des modernen Kriminalromans. Zentral für ihn ist der Begriff des 'offenen Kunstwerks', bei dem der Experimentiercharakter des Werks und der Interpretationsanteil des Kunstrezipienten wichtig sind. Ohne Frage ist Eco kein naiver Erzähler, sondern ein 'auctor doctus', ein gelehrter Schriftsteller, der von der Wirkung der Stilmittel etwas versteht, die er einsetzt. Nach seinen literarischen Kunstkniffen beim ›Namen der Rose‹ befragt, verweist er nicht ohne Koketterie auf den theoretischen Unterbau seines Buches: „Ich habe nicht die Regeln Van Dines [S. S. van Dine, Kriminalromanautor, Pseudonym für W. H. Wright (1888–1939), der jeweils eine Kernfabel in drei Stufen der Wortvermehrung zur Publikationsform erweitert hat] oder Heißenbüttels befolgt, sondern die der Poetik des Aristoteles und der Indizientheorie des Quintilian." Der Hinweis klingt präzise, aber wir sollten uns hüten, die Behauptung zu überprüfen, denn Eco vermeidet jegliche Festlegung, und wir könnten ins Leere laufen.

Akademisch ist Eco ein unbehauster Mensch: Lektor für Ästhetik, Lektor an einer Fakultät für Architektur, Professor für visuelle Kommunikation, Semiotik-Professor am Mailänder Polytechnikum, das waren einige seiner Universitätsstationen vor der Professur in Bologna 1971. So sehr ernst nimmt Eco den schulartigen Ausbildungsbetrieb an den italienischen Hochschulen allerdings nicht. Als Meister des Unernstes schrieb er eine Anweisung ›Wie ich eine Doktorarbeit verfasse‹, eine Mischung von Parodie und praktischen Ratschlägen. Wichtiger war ihm gewiß seine Karriere als Journalist, vor allem als Kolumnist des ›Espresso‹, eines Nachrichtenmagazins ähnlich dem deutschen ›Spiegel‹. Seiner Meinung nach müsse sich der Intellektuelle der Postmoderne mit den Massenmedien und der Massenkultur – einschließlich des Trivialen – auseinandersetzen, um überhaupt in der Gesellschaft Gehör zu finden; der Mann der Stunde sei „der Philosoph im Nachtclub“, ist ein von ihm aufgebrachtes Schlagwort.

Es sollte deutlich geworden sein: Der Autor Umberto Eco ist ein intellektuelles Chamäleon wie sein Buch auch, das durchtränkt ist von mittelalterlichem und monastischem Geist. Die strenge Komposition mit ihrem Wochenablauf (1. Tag, 2. Tag usw.) erinnert an Boccaccios († 1375) ›Decamerone‹. Die Tageseinteilung von der Prim und Matutin am Morgen und der Complet am Abend hält sich an die Regel des Heiligen Benedikt und an den in den ›Mönchsgewohnheiten‹ festgelegten Rhythmus. Immer wieder wird auf die Benediktinerregel Bezug genommen: im Zitat oder durch die Handlungsweise, häufig verbunden mit einer Klage über den Sittenverfall. Das Geschehen rollt ab nach dem aristotelischen Muster der Einheit von Ort, Zeit und Handlung: innerhalb einer Novemberwoche des Jahres 1327 in einer Benediktinerabtei im Apennin, aber der Bericht ist mehrfach verschlüsselt.

5. Die kunstvolle 'vierfache Verpuppung' der Geschichte

Als alter Mönch hat Adson seine Erlebnisse an der Seite Williams von Baskerville – damals noch Novize – aufgezeichnet. Aber wie ist Umberto Eco an den Bericht gekommen? Ecos Fundbericht ist für sich schon wieder ein kleines und höchst amüsantes Vexierspiel, denn die meisten der angegebenen Personen und Titel gab es wirklich – nur Adsons Bericht ist eben erfunden. Er habe – so Eco – den Text im Sommer 1968 in Prag in einer „neugotisch-französischen“ Fassung (was immer das sei) von der Hand eines Abbé Vallet aus der Mitte des 19. Jh. gefunden, die sich wiederum von einer lateinischen Ausgabe des berühmten Benediktinergelehrten Jean Mabillon (1632–1707) aus dem 17. Jh. herleitete. Als er im August 1968 wegen des Einmarsches der Warschauer-Pakt-Truppen aus Prag geflohen sei, habe er seinen Fund mitgenommen und übersetzt: zum Glück, denn auf der Reise, die ihn vorbei am stolzen Kloster Melk nach Salzburg führte, sei ihm der Prager Band abhanden gekommen. In der reichen Klosterbibliothek von Melk habe er – unter 75 000 Bänden, 1800 Handschriften und 800 Inkunabeln – nach Adsons Bericht vergeblich gefahndet. In Paris will Eco den berühmten französischen Philosophiehistoriker Etienne Gilson (1884–1978) befragt haben, aber dieser habe ihm ebensowenig weiterhelfen können, wie die Durchsicht von Mabillons einschlägigen Schriften etwas eingebracht habe. Als er – Eco – schon bereit gewesen sei, an Halluzinationen zu glauben, habe er bei einem Antiquar in Buenos Aires eine kastilische Version eines ursprünglich georgischen Buches von einem gewissen Milo Temesvar über den Gebrauch von Spiegeln beim Schachspiel gefunden, angeblich 1934 in Tiflis erschienen. Er habe entdeckt, daß der kastilische Text Exzerpte aus Adsons Bericht wiedergebe, allerdings unter Berufung auf den berühmt-berüchtigten jesuitischen Universalgelehrten Athanasius Kircher (1601–1680) aus dem 17. Jh.

In seiner Nachschrift hat Eco dieses Versteckspiel begründet. Es verschaffe ihm die Möglichkeit, eine Erzählung in der anderen unterzubringen, und mit einem gewissen Stolz über diese einfallsreiche Virtuosität – die übrigens zur Belebung der Handlung wenig beiträgt – spricht Eco vom „vierten Grad der Verpuppung", der ihn vor einer direkten Aussage schütze: „Ich sagte, daß Vallet sagte, daß Mabillon sagte, daß Adson sagte ... Nun war ich von allen Ängsten frei."

6. Die 'dumme Frage' nach dem Autor Eco in seinen Gestalten

Eco selbst gibt vor, er sei nirgendwo in seinem Roman gegenwärtig, nicht in der Erzählung, nicht in einer der Figuren. Als man ihn fragte, ob er sich vielleicht in der Gestalt des William von Baskerville abkonterfeit habe, fuhr er auf: „Was für eine dumme Frage! Als würde man Stevenson fragen, ob er Dr. Jekyll oder Mr. Hyde ist! ... Ein Roman ist eine Linse, nicht ein Spiegel ... Allerdings gibt es in meinem Buch eine Nebenperson, einen Mönch namens Nicolas, der Reliquienschreine herstellt, und der bin ich." Selbstverständlich nicht, wird jeder Leser sagen, der den braven und etwas tumben Handwerker verfolgt. Womit identifiziere sich der Autor Eco, forschte ein anderer Interviewer: „Mit den Adverbien, das ist doch klar", lautete die Antwort, und vielleicht ist sogar etwas Wahres dran. Eco ist keine Person – nicht Subjekt, nicht Objekt –, keine Aussage, er begleitet proteusartig die Handlung.

Dieses geradezu harlekinhafte Ausweichen, dieses Sich-auf-nichts-Festlegen hat Eco moralischen Tadel eingetragen, von römisch-katholischer Seite ebenso wie von kommunistischer, in deren Nähe er sich früher gern bewegte und auch jetzt noch publiziert. In der führenden italienischen Jesuitenzeitschrift ›Katholische Kultur‹ (La Civiltà Cattolica) wird ihm vorgeworfen, er „verlache alle ethischen Werte, der Kultur sowohl wie des Lebens", und der Ton, in dem er „theologische, moralische oder mystische Probleme" behandle, sei „außergewöhnlich unkirchlich und blasiert" (G. Sommavilla, SJ). Der Vatikan hat es wohl mit aus diesem Grund abgelehnt, Gebäude und Gelände zur Verfilmung des Romans zur Verfügung zu stellen. Fraglos wird man Eco den in letzter Zeit zur Mitte gerückten Linksintellektuellen zuzählen dürfen, denen bereits durch ihre Position innerhalb der italienischen Parteienlandschaft ein wenig der Geruch der Kirchen- und Papstfeindlichkeit anhaftet.

7. Die historische Wirklichkeit

a) Papst Johannes XXII. (1316–1334)

Mit dem Ansehen und der Stellung des Papsttums war es um das Jahr 1327 – dem Jahr, in welchem der Roman spielt – nicht zum Besten bestellt, nicht in Ecos Buch, aber auch nicht in Wirklichkeit. Der Papst galt als Kreatur des französischen Königs, seit der päpstliche Hof 1309 nach Avignon übergesiedelt war. 1314, nach dem Tode Papst Clemens' V., eines Franzosen, war eine Vakanz von mehr als zwei Jahren eingetreten, denn die italienischen Kardinäle wollten einen Papst, der nach Rom zurückkehrte, die französischen einen, der in Avignon blieb. Der französische König griff zu einer List. Er lud jeden Kardinal einzeln ohne Mitwissen des anderen nach Lyon, sperrte die Ankömmlinge 40 Tage in ein fürchterliches Konklave ein und erzwang so die Wahl des Kardinals Jakob Duèze, der sich Johannes XXII. nannte: zum Zeitpunkt der Wahl 72 Jahre alt.

Johannes XXII. entstammte einer großbürgerlichen Familie aus der berühmt-berüchtigten südfranzösischen Geldwechslerstadt Cahors, und mancher Kardinal dürfte diesem kleinen und unscheinbaren Greis (Eco übertreibt, wenn er ihn als schwindsüchtigen und verwachsenen Gnom beschreibt) seine Stimme in der Annahme gegeben haben, daß der neue Papst bald stürbe. Aber Johannes XXII. lebte bis 1334, regierte also 18

Jahre, wurde 90 Jahre alt und hat durch seine Geschäfte und durch seine Geschäftigkeit die damalige Verfassungs- und Glaubenswelt durcheinandergebracht. Dieser Pfründenhorter und Geldeintreiber, der seine ganze Familie mit Posten und reichen Einnahmen versorgte, glaubte alles regeln zu müssen und kannte in seinen Urteilen keine Rücksicht. Seinen Vorgänger, den in seiner Weise großen Bonifaz VIII. (1294 bis 1303), nannte er öffentlich 'einen Narren'; dem König Eduard II. von England (1307–1327) schrieb er, er solle sparsamer sein in Essen und Trinken und im Aufwand der Dienerschaft, in der Kirche nicht alberne Reden führen und seine kindischen Manieren ablegen; seinen Schutzherrn Philipp V. (1316–1322) mahnte er, seine Schwägerin besser zu behandeln und nicht so ungehörig kurze Röcke zu tragen.

Zu seiner Neigung, überall einzugreifen und Lehren zu erteilen, trat das Bewußtsein der universalen Machtstellung des Papsttums, die es durchzusetzen galt. Johannes XXII. übernahm von seinem Vorgänger die Auffassung, daß bei Vakanz des Kaisertums der Papst über die Reichsgewalt verfüge und daß ein deutscher König, um rechtmäßiger Kaiser zu sein, der Zustimmung des Papstes, der 'approbatio Romani Pontificis', bedürfe. Um diese Ansprüche zu fixieren, veröffentlichte er die entsprechenden Dekretalen 1317 in einer Rechtssammlung.

Der in Recht und Verwaltung erfahrene Greis aus der Geldstadt Cahors ordnete auch grundlegend das Benefizien- und Provisionswesen, von ihm stammten die ersten Statuten der Rota, des päpstlichen Gerichtshofes, der mit saftigen Gebühren die Prozeßparteien ausnahm. Die reichen Geldmittel – bei seinem Tod hinterließ der als raffgierig verschrieene Papst den ungeheuren Schatz von 800000 Goldgulden – setzten ihn in den Stand, die Residenz in Avignon prächtig auszubauen und damit den Aufenthalt des Papstes in Frankreich zu festigen.

Der Hang, seine Anschauungen der Öffentlichkeit mitzuteilen, ließ Johannes XXII. auch mit gefährlichen theologischen Lehrmeinungen hervortreten. Es war allgemeine Überzeugung, daß die Seelen der Gerechten – der Seligen wie der Heiligen – sofort bei ihrem Tod der visio beatifica, der paradiesischen Freude, Gott zu schauen, teilhaftig würden. Hier im Angesicht Gottes konnten sie ihre Fürbitte einsetzen und mit ihrem 'Schatz der guten Werke' die Sündenstrafen der Menschen aufwiegen. Johannes XXII. behauptete nun, daß die Heiligen erst am Jüngsten Gericht die visio beatifica erwürben. Eine kultische Verehrung schien deshalb überflüssig, denn die Heiligen wären dann – fern von Gott – der Fürsprache für die Sünder gar nicht fähig. Diese Anschauung trug dem Papst den Ruf eines Ketzers ein.

Eine geradezu natürliche Gegnerschaft bestand zwischen dem nach Reichtum strebenden Papst und dem radikalen Flügel des Franziskanerordens, der die absolute Armut der Kirche forderte: in der Nachfolge des besitzlosen Christus dürfe die Kirche nicht anders aussehen als der Stifter. Weder die Kirche als Gesamtheit noch der einzelne Geistliche sollten über Eigentum verfügen: Als Spiritualen, allein 'im Geist' und in materieller Armut, hätten sie Nachfolger Christi zu sein. Es versteht sich von selbst, daß Johannes XXII. solcherart Lehren nicht dulden konnte.

b) Ludwig 'der Bayer' (1314–1347) und sein stadtrömisches Kaisertum

Die wenigen Bemerkungen mögen genügen, um anzudeuten, welches Streitpotential Johannes XXII. aufgehäuft hatte. Was das Kaisertum betrifft, so hatte er sich Ludwig IV., den Wittelsbacher, der sich als deutscher König 1322 gegen Friedrich den Schönen, den Habsburger, durchgesetzt hatte, zum Feinde gemacht. In der berühmten ›Sachsenhausener Appellation‹ von 1324 – benannt nach dem Verkündungsort Sachsenhausen, heute mitten in Frankfurt gelegen – wandte sich Ludwig, den der Papst, um dessen Ansehen herabzumindern, hartnäckig 'Ludovicus Bavarus' (Ludwig der Bayer) nannte, was so ähnlich klang wie 'Ludovicus Barbarus' (Ludwig der Barbar), an ein einzuberufendes allgemeines Konzil. Ludwig sprach dem Papst das Recht ab, über den gewählten deutschen König und künftigen Kaiser zu befinden: vielmehr sei der deutsche König rechtmäßig gewählt, wenn ihn die Mehrzahl der deutschen Kurfürsten erhoben hätten, und damit zum Kaisertum fähig. Dies war mehr eine Verteidigungshaltung.

Dann aber geht Ludwig in der Sachsenhausener Appellation zum Angriff über: „Johannes, der sich Papst nennt" – so wird Johannes XXII. eingeführt – sei ein Ketzer, denn er verdamme die wahre Lehre, daß Christus und die Apostel arm und ohne jeden irdischen Besitz waren. Diese Passage stammt gewiß nicht vom theologisch und auch sonst ungebildeten Ludwig dem Bayern, sondern von seiner franziskanisch gesinnten Umgebung, die in einem Papst, der den Ausbau einer auf Erden reichen und mächtigen Kirche mit bedenkenlosen Mitteln betrieb, wie Johannes XXII. es tat, den größten 'Seelenverderber' sah.

1324 war in Paris anonym eine Schrift mit dem Titel ›Verteidiger des Friedens‹ (Defensor pacis) erschienen. Von dieser revolutionären Schrift sagte ein erster Kenner, der katholische Kirchenhistoriker Hubert Jedin: „[Sie] brach nicht nur Steine aus dem Bau der päpstlichen Weltmonarchie heraus, [sie] trug das Gebäude bis zu den Fundamenten ab und setzte an seine Stelle die Vision einer machtlosen, auf das Spirituelle beschränkten, einer armen und demokratisch regierten Kirche, über deren irdische Erscheinungsform und über deren Besitz der Staat gebietet." In der Tat: dieser Traktat ›Verteidiger des Friedens‹, den man das berühmteste Buch des 14. Jh. genannt hat, sah vor, daß eine 'Bürgerschaft' mit gleichem Stimmrecht die Geistlichen – und auch den Papst – wie Beamte wählt: man hält sich einen Papst. 1326 wurde der Name des Hauptverfassers bekannt, Marsilius von Padua, der sofort fliehen mußte. Exkommuniziert suchte er vor dem päpstlichen Zugriff Schutz bei Ludwig dem Bayern, den er seit April 1327 auf dessen Zug nach Rom begleitete und beriet. Am 17. Januar 1328 wurde Ludwig der Bayer zusammen mit seiner Gemahlin in der römischen Peterskirche zum Kaiser gekrönt. Der Vertreter des römischen Volkes, der Capitano del popolo, Sciarra Colonna – derselbe, der 1302 den Papst Bonifaz VIII. in Anagni überfallen und vorübergehend gefangengehalten hatte –, Sciarra Colonna setzte im Namen des römischen Volkes Ludwig dem Bayern die Kaiserkrone auf. Das Zeremoniell war revolutionär und dürfte auf Ludwigs revolutionären Begleiter Marsilius von Padua zurückgehen. Ludwig der Bayer, stadtrömischer Kaiser, erschien jetzt als Hort aller Gegner des Papstes Johannes XXII.

c) Wilhelm von Ockham († 1349) und die Gruppe der 'franziskanischen Ketzer'

Aus Avignon, wo ihnen der Ketzerprozeß drohte, flohen damals der Ordensgeneral der Franziskaner Michael von Cesena, der Ordensprokurator Bonagratia von Bergamo, vor allem der englische Baccalaureus theologiae Wilhelm von Ockham, schon damals berühmt als bahnbrechender Nominalist, obschon er es nie bis zum Doktor der Theologie, vielleicht nicht einmal zum Magister gebracht hat, auch wenn sein Ehrentitel 'Venerabilis Inceptor' (Ehrwürdiger Beginner) offenbar eine besondere Befähigung bei der Einführung in den Stoff und als Disputationsleiter anzeigt. Der Nominalismus lehrte, daß das 'nomen', der Name für eine dingliche Sache, lediglich die Bezeichnung für ihre irdische Gestalt sei – ohne transzendente Entsprechung im Vorwissen Gottes, d. h. ohne die Existenz universaler Ideen, wie es die Realisten in Fortführung platonischer Gedanken annahmen. Darin bestand der seit dem 12. Jh. lebhaft geführte Universalienstreit, daß sich Nominalisten und Realisten wegen der Frage bekämpften, ob die Allgemeinbegriffe außerhalb der Seele oder des Wortes ein Sein besäßen. 'Nomen est flatus', 'der Name ist' nichts anderes als 'der Hauch' des Sprechenden, behaupteten die extremen Nominalisten.

Wilhelm von Ockham vertiefte den nominalistischen Ansatz, indem er die Begriffe als Abbilder der Wirklichkeit auffaßte: auf dem Wege der

Abstraktion werde das Individuelle, dem allein Wirklichkeit zukomme, in das Allgemeine des Begriffs gehoben. „Alles Seiende läßt sich als einzelnes hinreichend begreifen; eine Suche nach universalen Zusammenhängen ist überflüssig“ (U. Köpf). Ockham unterschied zugleich Erkenntnisformen ‘secundum fidem et secundum rationem’, ‘gemäß dem Glauben und gemäß der Vernunft’. Mit menschlichen Begriffen – gemäß der Vernunft – könne man nichts über die Existenz und das Wesen Gottes aussagen; die Glaubenswahrheiten seien jeder vernünftigen Einsicht entrückt. Gott hätte auch gegenteilige Lehren offenbaren können; es hätte ihm freigestanden, eine andere, in sich widerspruchsfreie Welt zu schaffen. Diese Behauptung eines mit Hilfe der Vernunft nicht erschließbaren Glaubens stieß in das Zentrum der Lehren des Thomas von Aquin, den Johannes XXII. gerade eben, 1323, heiliggesprochen hatte.

Noch gefährlicher für die Amtskirche war die Armutsforderung der Franziskaner um den Ordensgeneral Michael von Cesena: Wer Christus nachfolge, habe in der Gemeinschaft und als einzelner aller irdischen Güter zu entsagen. Hier war der Nerv des Papstes aus Cahors getroffen, und er reagierte mit wütender Verfolgung der ‘Armutsapostel’. Die franziskanischen Gegner Johannes’ XXII. – Marsilius von Padua, Michael von Cesena, Bonagratia von Bergamo, Wilhelm von Ockham – fanden Schutz bei Ludwig dem Bayern; sie sind in München zwischen 1340 und 1349 gestorben, ohne den Weg in die Amtskirche zurückgefunden zu haben. Kein Herrscher Europas hatte in diesen Jahren so revolutionäre Denker an seinem Hof versammelt wie Ludwig der Bayer, der die gedankliche Kraft dieser Lehren gar nicht begriffen haben dürfte.

8. Die Geschichte im Roman

Wie verhält sich zeitlich, örtlich und in seinem geistigen Gehalt das Romangeschehen in Ecos ›Der Name der Rose‹ zur historischen Wirklichkeit? William von Baskerville trifft November 1327 in einer Benediktinerabtei im Apennin ein. Er soll als Abgesandter Ludwigs des Bayern an Verhandlungen teilnehmen, die zwischen Vertretern der avignonesischen Kurie und radikalen Franziskanern angesetzt sind. Zeit und Ort sind gut gewählt: Im März 1327 war Ludwig der Bayer von Trient aufgebrochen und über Mailand, Pisa nach Rom gezogen, wo er im Januar 1328 eintraf. Wir wissen, daß die Franziskanergruppe um Michael von Cesena und Wilhelm von Ockham in den ersten Monaten des Jahres 1328 aus Avignon geflohen war. Es könnten einzelne Vertreter durchaus schon früher nach Italien entwichen sein. Eco läßt William von Baskerville vom „großen Buridan“ sprechen, der „bald Rektor in Paris sein“

werde. In der Tat ist Johannes Buridan, ein Nominalist, der in manchen Gedankengängen mit Wilhelm von Ockham übereinstimmte, für die Jahre 1328 und 1340 als Rektor der Pariser Universität belegt.

Auch die Einordnung mancher Ketzergruppen, der Sekte der 'Apostler' und der 'Brüder vom freien Geist' zum Beispiel, ist hinnehmbar bis hin zu Ubertin von Casale, in dem William einen alten Freund erkennt. Ubertin, eine historische Figur, wahrscheinlich um 1260 geboren, beschäftigte sich in mehreren Schriften mit Fragen der Armut und der Mariologie. Man weiß von ihm, daß er von den Franziskanern zu den Benediktinern gewechselt ist, so daß sein Aufenthalt in einem Apenninkloster benediktinischer Observanz und die Freundschaft mit einem Franziskaner mit seiner Biographie übereinstimmen. Man weiß auch, daß er am Ende seines Lebens bei Ludwig dem Bayern Zuflucht gesucht hat, doch sind Ort und Zeitpunkt seines Todes unbekannt.

Von Ernst Bloch stammt das Wort, das Interessanteste am Christentum seien die Ketzer, und Eco hat sich das 'Interessanteste' nicht entgehen lassen, zumal gegenwärtig Ketzer und Ketzerlehren beim gelehrten und nichtgelehrten Publikum sich großer Aufmerksamkeit erfreuen. Eco hat sich bei der reichen Ausgestaltung der im Buch vorkommenden Glaubens- und Irrlehren von vorzüglichen Kennern der Ketzergeschichte in die Lehre nehmen lassen (von R. Manselli [† 1984] vor allem) und hier den vielleicht gröbsten Zeitverstoß in seinem Buch hingenommen, um die Glaubensdiskussion noch dramatischer und dichter zu gestalten.

Adson behauptet, „kurz vor der Begegnung mit William" habe er einen „Fratizellen" namens Michele in Florenz „brennen sehen". Das sei seine erste Berührung mit dieser Sekte gewesen. Was Eco hier verarbeitet, ist die ›Geschichte des Minderbruders Michael‹, der im April 1389 als verstockter Ketzer den Feuertod erlitten hat. Eco dürfte sich zur Einbeziehung dieses Häretikerprozesses um so eher befugt gefühlt haben, als jener Fra Michele die Lehren der radikalen Franziskaner aufgenommen – Christus und die Apostel hätten weder gemeinsam noch persönlich Eigentum besessen – und speziell Johannes XXII. wegen dessen Besitzgier einen Ketzer genannt hat; im authentischen Prozeßprotokoll kehrt der Vorwurf gegen Johannes XXII. immer wieder. Die Leidensgeschichte des Fra Michele, die Eco teilweise paraphrasierend, teilweise in wörtlicher Übersetzung einrückt, fügt sich denn auch nahtlos in die Ereignisse der Jahre bis 1327 ein.

Besondere Mühe hat sich Eco mit der Aufnahme der zeitgenössischen theologischen und philosophischen Diskussion gegeben. William von Baskerville vertritt die Position des Marsilius von Padua, dessen ›Defensor pacis‹ er hin und wieder zitiert. Eco kennt sich hier aus, kennt auch die Schimpfworte, die damals gewechselt wurden: „der aufgeblasene Freßsack von Thomas von Aquin", ist eine jener franziskanischen Verunglimpfungen, anknüpfend an den mächtigen Leibesumfang des Aquinaten, in dessen Arbeitstisch ein halbrundes Segment für seinen Bauch ausgesägt gewesen sein soll. Vor allem aber ist William der in die Zukunft weisende Philosoph, der sich als Schüler Roger Bacons († 1294) ausgibt, jenes englischen Franziskanergelehrten, der entgegen manchen theologischen Bedenken das Experiment einsetzte, um, wie einer seiner Zeitgenossen tadelnd sagte, „die Natur und damit Gott zu prüfen". Ecos William von Baskerville gibt vor, Roger Bacon das Instrument der Brille zu verdanken, und hier hat, wie so oft, Eco das 'Denkbare' für die Wirklichkeit ausgegeben; denn Bacon hat wohl manche optischen Geräte konstruiert und mit ihnen hantiert – unter anderem mit einer Art Fernrohr und mit Segmenten von Glaskugeln, die Vergrößerungen bewirkten –, die Brille jedoch hat er nicht erfunden.

Die Position Williams von Baskerville ist die des Nominalisten, der immer wieder „seinen Freund" Wilhelm von Ockham zitiert, aus dessen Dialogen ganze Gedankenketten angeführt werden. Ausführlich erklärt William seinem Begleiter Adson seine philosophische Grundeinstellung. Das einzig Wahre und Richtige in der Welt sei die Wahrnehmung des Einzeldings („l'intuizione dell'individuale" heißt es präzise bei Eco). Das ist eine Absage an die bisherige Universalienlehre, und hierin steckt gewiß ein Stück von Ecos eigener Anschauung, der ein platonischer Idealismus fern liegt. Nicht ohne Grund schließt das Buch mit einem Zitat des Bernard von Morlas, eines Dichters des 12. Jh., der die Nichtswürdigkeit der Welt besungen hat: „Die Rose von einst besteht nur dem Namen nach; wir bewahren lediglich die nackten Namen" („... nomina nuda tenemus"). Hier spricht mit dem Nominalisten zugleich der Semiotiker, der das Spiel der Namen und Zeichen deutet und nicht unbedingt nach der durch sie bezeichneten Realität fragt.

9. „Nichts in dem Buch ist von mir, es besteht nur aus bereits geschriebenen Texten" (Eco)

Ein besonderer Ehrgeiz des Buches besteht darin, mosaikartig mittelalterliche Quellen einzuarbeiten, von daher erhält der Roman sein mittelalterliches Kolorit. Die Einschmelzung der alten Texte geschieht häufig so unauffällig, so wenig verfremdet, daß der Leser, der nicht Mediävist ist, das mittelalterliche Salz kaum schmecken dürfte, und selbst dem vorzüglichen deutschen Übersetzer ist der Zitatcharakter mancher Stellen verborgen geblieben: sie sind dementsprechend schief wiedergegeben. Ein Beispiel: Ein im Mittelalter berühmtes Zitat war die

Denkfigur von Buridans Esel, wahrscheinlich eine Erfindung von Johannes Buridans Gegnern, die ihn verspotten wollten: Ein Esel verhungert 'zwischen zwei Heuhaufen', wenn er sich nicht für einen entscheidet. In der deutschen Version sind es hartnäckig 'Hafersäcke'.

Eine halbe Bibliothek mittelalterlicher Quellen hat Eco für sein Verwirrspiel ausgeschrieben und umgestaltet. Immer wieder werden Bibelzitate, teilweise mit entsprechender Exegese, eingerückt, ähnlich die Benediktinerregel. Es gibt sogar Abschnitte über viele Seiten, bei denen Eco eine einzige Quelle sprechen läßt.

Die ›Cena Cypriani‹, eine aus fast 500 Bibelversen zusammengesetzte spätantike groteske Parodie, wird zu einem Traum Adsons ausgebaut, natürlich gewürzt mit Zutaten Ecos, nicht immer geschmackvollen (so läßt er Jesus Christus das 'Dies irae' des 13. Jh. singen und „fröhlich" über die Speisen Essig ausgießen, was in der Vorlage nicht steht). Mit besonderer Sorgfalt hat Eco die Figur und das Vorgehen des Inquisitors Bernardus Gui durchstilisiert. Bernard, eine für uns historisch vorzüglich faßbare Gestalt, hat 1323/4 seine ›Practica inquisitionis‹, ein Ketzerbefragungsbuch, zusammengestellt, das in ganz Europa in der Hand der Inquisitoren zu großem Einfluß kam. Im ›Namen der Rose‹ ist Bernardus Gui zum einen als Führer der päpstlichen Gesandtschaft der Gegenspieler Williams von Baskerville, zum anderen Inquisitor, der durch offen zutage getretenes Ketzertum auf den Plan gerufen ist. Eco bestreitet das ganze Inquisitionsverfahren – im Mittelpunkt steht der Prozeß gegen Remigius „von Varagine" (um diese mißgebildete Namensform aufzunehmen, denn es muß entweder „de Varagine" oder „von Varago" heißen) – mit Hilfe von Bernards Handbuch, indem er raffiniert den Autor gleichsam mit seinem eigenen Werk hantieren läßt: mehrere Dutzend Seiten. Manche Quellenkette ist nicht so spannend wie diese, um nicht zu sagen: sie ist ermüdend, zum Beispiel die wörtlich aus einem Traktat ›De lapidibus‹ übernommene Abhandlung über die Allegorie der Steine.

So ließe sich fortfahren: Marsilius von Padua, die ›Visio Brendani‹, die ›Summa theologiae‹ des Thomas von Aquin, Ockhams ›Dialoge‹, Isidor von Sevilla, Alanus ab Insulis, der abstruse Grammatiker Virgilius Maro usw. Dreißig ausgeschriebene Quellen sollen es sein. Es sind sicherlich mehr, und Teilnehmer von Universitätsseminaren sind eifrig dabei, immer neue Vorlagen aufzuspüren – wirkliche und eingebildete.

10. Nichtmittelalterliches in Ecos Mittelalter

In diesen Teilen, in denen alte Texte fugenlos eingearbeitet erscheinen, wird sich der in Spannung gehaltene Leser dem Mittelalter am nächsten fühlen. Ist er das auch? Seiner Gattung nach ist Ecos Buch ein historischer Roman, und der stets skeptische Jacob Burckhardt (1817 bis 1896) hat den historischen Roman als historiographische Möglichkeit zwar zugelassen – er beschäftigte sich in der Vorlesung zum Beispiel mit Edward Bulwers ›Letzten Tagen von Pompeji‹ –, jedoch erhebliche Vorbehalte angemeldet. Der Hauptvorbehalt betraf nicht den Roman als Fiktion, sondern den Zweck bloßer Unterhaltung. Burckhardt wendet sich gegen den „historischen Roman, welcher die Geschichte in lauter Amusement umsetzen will". Geistesarbeit dürfe „nicht zum bloßen Genuß werden", und er fährt fort: „Alle echte Überlieferung ist auf den ersten Blick langweilig, weil und insofern sie fremdartig ist. Sie kündet die Anschauungen und Interessen ihrer Zeit für ihre Zeit und kömmt uns gar nicht entgegen, während das moderne Unechte auf uns berechnet, daher pikant und entgegenkommend gemacht ist. Für den gewöhnlichen halb gebildeten Menschen ist ... aus der Vergangenheit auch das Vergnüglichste unverständlich und langweilig, weil ihm nichts auf den Leib zugeschnitten ist wie die heutigen Romane ... [Die] Vergangenheit [ist] in ihrer Äußerung Anfangs immer fremdartig und ihre Aneignung eine Arbeit." Burckhardt resümiert seine Ansicht in dem Satz: „Der wahre historische Roman, wenn es ihn gäbe, wäre so schwer zu lesen als ein Geschichtsbuch."

In diesem Sinne ist ›Der Name der Rose‹ kein „wahrer historischer Roman". Bei allem Respekt vor seinem mittelalterlichen Gehalt sollte man die Kirche im Dorf lassen. Eco ersetzt keine Quelle wie etwa die farbige Chronik des Fra Salimbene oder den Staatenentwurf des Marsilius von Padua; selbstverständlich ist alles „auf uns berechnet, daher pikant und uns entgegenkommend", nicht frei von den Laszivitäten, die zum modernen Literaturverständnis gehören. Das Buch enthält auch Verfehlungen und Verzeichnungen. Damit sind nicht jene Versehen gemeint, die der Florentiner Latinist Cesare Grassi Eco vorgehalten hat: daß zum Beispiel die ›Metamorphosen‹ des Apuleius als Werk griechischer Sprache angeführt sind, die der Griechischkenner des Klosters Venantius ins Lateinische übersetzt habe, wo Apuleius' Werk doch lateinisch abgefaßt sei; oder daß man Kaiser Konstantins Mutter Helena schlecht als 'Königin' auftreten lassen könne; daß auch in der italienischen Originalausgabe die Zahl der Lateinfehler ungewöhnlich hoch sei, usw. Aber eine solche groteske Abtei, wie Eco sie schildert, mit einer von Elephantiasis aufgetriebenen Bibliothek nach dem Vorbild der weltlichen

Bauten Castel del Monte und Castel Ursino, mit einem Bibliothekslabyrinth, hat es nirgendwo gegeben. Man vergleiche als Modell einer Benediktinerabtei den Sankt Galler Klosterplan oder die Anlage des Klosters Cluny, dessen Kirche damals das größte Gotteshaus der abendländischen Christenheit war, beinahe um die Hälfte größer als Sankt Peter in Rom.

Nicht weniges in dem Buch gerät zur vermutlich gewollten Karikatur und verletzt die Würde monastischen Lebens. Es ist bezeichnend, daß die radikalsten und unerbittlichen Ablehnungen des Romans meist Geistliche, häufig Ordensangehörige, zu Verfassern haben (siehe als Beispiel die oben S. 7 zitierte Rezension von Sommavilla, SJ). Den Historiker stört das Unzeitgemäße: Caesar reflektierte nicht die Urknalltheorie und nicht die Freihandelslehre. Homosexualität in Klöstern – ein zentrales Thema des Romans – deutet sich in den mittelalterlichen Quellen nicht selten an, aber daß sich jemand, den Selbstmord suchend, aus dem Fenster stürzt wie Bruder Adelmus in Ecos Roman? Überhaupt der Selbstmord. Der Abt Abbo weist Jorge von Burgos an, daß er in seiner Bibliothek Selbstmord begehe – als sei Jorge ein Oberst Redl, dem man, nach Aufdeckung der Untat, die Pistole auf den Tisch legt. Die Zumutung des Selbstmords ist ein ganz und gar unmittelalterlicher Gedanke.

Der Selbstmord wurde für verwerflicher gehalten als der Mord, denn ein Selbstmörder bringt sich willentlich um die Gnadenmittel. Judas Ischarioth, der Verräter-Apostel, war der Prototyp des Selbstmörders, dessen Leib aufbarst, als er sich erhängte, und der Feigenbaum verdorrte, an den er den Strick geknotet hatte. Wenn es Eco, wie er behauptet, darum gegangen ist, nicht nur das Überlieferte, sondern auch das in einer Epoche Denkmögliche und Sagbare zu bringen, so hat er hier sein eigenes Darstellungsprinzip verletzt. Auch seine Parallele zwischen den eschatologischen Gedanken des späten Mittelalters und den „apokalyptischen Vorstellungen" der Banden, die heute „zur Verbesserung der Menschheit Blutbäder anrichten", verwischt entscheidende Unterschiede: das eine sind Überlegungen über das Jüngste Gericht und den Fortbestand im Jenseits, das andere sucht irdische Veränderung und nichts anderes.

Im Sinne Burckhardts ist Ecos ›Name der Rose‹ kaum ein „wahrer historischer Roman". Er ist zu sehr für den Tag zubereitet, bei aller mittelalterlichen Luft, die er verbreitet: Amicus Eco, sed magis amica veritas.

11. Die Gegenwart im Roman

Ein „wahrer historischer Roman“ ist der ›Name der Rose‹ auch deshalb nicht, weil neuzeitliche Textbezüge aufgenommen sind und weil Conan Doyle und Ellery Queen, exquisite Kriminalromanautoren, bei Machart und Personennamen Pate gestanden haben.

Um einen besonders wichtigen neuzeitlichen Text zu nennen: Dem Hauptheiden William von Baskerville ist die mittelhochdeutsche Übersetzung eines Satzes von Ludwig Wittgenstein (1889–1951), dessen Sprachlogik Eco ungemein schätzt, in den Mund gelegt: daß man die ‘Leiter der Erkenntnis’ wegwerfen müsse, wenn man auf ihr hinaufgestiegen sei („Er muoz gelîchesame die leiter abewerfen, sô er an ir ufgestigen“). Der Satz steht am Schluß des Romans und ist nicht einfach dahingesagt, sondern trägt Bekenntnischarakter. „Die einzigen Wahrheiten, die etwas taugen, sind Werkzeuge, die man nach Gebrauch wegwirft“, läßt Eco seinen William in Anwendung des Wittgensteinschen Satzes sprechen; es ist Ecos Credo, daß nichts mehr zu fürchten sei als der Totalitarismus der Wahrheit.

Viel interessanter als die intellektuellen Spuren der Gegenwart sind die politischen. Sofort bei Erscheinen kam die Vermutung auf, in den radikalen, vom Armutsideal durchdrungenen Fratizellen und in den anarchischen Dolcinianern steckten verschlüsselt die ‘roten Brigaden’, in den pragmatischen Franziskanern die Euro-Kommunisten, die bereit seien zu einem ‘historischen Kompromiß’. Eco gibt eine Doppelbödigkeit offen zu: „Mein Mittelalter“, sagt er in einer autobiographischen Rückschau, „geht zurück bis 1950. Ich habe meine Dissertation und mein erstes Buch über das Mittelalter geschrieben. Ich bin durchs Mittelalter zu Joyce und zur Avantgarde gekommen. Ich habe mich auch in den letzten zehn Jahren weiter mit dem Mittelalter beschäftigt, und das alles hat bewirkt, daß mir spontan der Gedanke kam, das Mittelalter als Modell unserer Zeit zu benutzen: durchzogen von Endzeiterwartungen, chiliastischen Weltuntergangvisionen, breiten Ketzerströmungen, Banden, die zur Verbesserung der Menschheit Blutbäder anrichten, beherrscht von apokalyptischen Vorstellungen.“

François Bondy nennt Ecos Buch wegen der durchschimmernden analogen Situation einen ‘Politkrimi im Kloster’. Eco selbst behauptet sogar, daß ein politisches Ereignis die Niederschrift veranlaßt habe. Etwa seit 1975 habe er Skizzen angefertigt, die zunächst in der Schublade geblieben seien. Der ernsthafte Gedanke, die Skizzen zu einem Roman zu formen, sei ihm zur Zeit der Ermordung des Christdemokraten Aldo Moro im Frühjahr 1978 gekommen: „Bis zur Affäre Moro hatte ein Intellektueller noch den Eindruck, er könne Einfluß auf die Ereignisse nehmen ... Seitdem ist ein Gefühl der Ohnmacht entstanden. Es kam aus der Erfahrung, daß man sagen kann, was man will, die Entscheidungen werden immer woanders getroffen." William von Baskerville entläßt seinen Adson mit einer aus diesen Ereignissen hervorgegangenen Lebenslehre: „Fürchte die Wahrheitspropheten ... und fürchte vor allem jene, die bereit sind, für die Wahrheit zu sterben: gewöhnlich lassen sie viele andere mit sich sterben, oft bereits vor sich, manchmal an ihrer Stelle ... Vielleicht gibt es am Ende nur eines zu tun, wenn man die Menschen liebt: sie über die Wahrheit zum Lachen zu bringen, denn die einzige Wahrheit heißt: lernen, sich von der krankhaften Leidenschaft für die Wahrheit zu befreien."

Allerdings sollte sich der Historiker hüten, den Roman allein mit der Elle der Historizität zu messen. Wer Ecos Essays über ›Wege zu einem Neuen Mittelalter‹ gelesen hat – einem Mittelalter unserer nahen Zukunft –, der kennt Ecos Vexierspiel: die Pax Romana wird zur Pax Americana, die Klöster werden zu Universitäten usw. Auch die Geschichte ist für Eco semiotisches Spielmaterial, liefert Zustandszeichen. Der Roman tritt aus seiner historischen, ja selbst aus seiner literarischen Bindung heraus und lädt zu den vielfältigsten Assoziationen ein – stimmigen und abseitigen. Das Buch lebt von seiner Unbestimmbarkeit, vom Geheimnis; es ist umgeben von der Aura eines Kultbuches.

12. Mit dem Lachen meint es Eco ernst

Durch den ganzen Roman macht William von Baskerville Jagd nach einer Schrift: nach dem – selbstverständlich fiktiven – zweiten Buch der Poetik des Aristoteles, das in Fortsetzung des ersten Buches, das der Tragödie gewidmet ist, von der Komödie und vom Lachen handelt, und immer wieder – aufgipfelnd in einem großartigen Disput zwischen William von Baskerville und Jorge von Burgos – wird die Frage der Ziemlichkeit und des Erlaubtseins des Lachens für einen Christen behandelt.

Uns Heutigen ist das Problem fremd. Lachen gehört zur menschlichen Existenz. Aristoteles hat es – von Eco zitiert – ein Wesensmerkmal des Menschen genannt, das ihn von der Tier-, aber auch von der Götterwelt unterscheidet. Die Christen der frühen Kirche und des Mittelalters sahen es anders. Heiterkeit und Lachen seien genau das, was der fromme Christ vermeiden sollte, denn „das fröhliche Fleisch verführt zur Sünde". Lachen erschien als Defekt menschlichen Fleisches.

Bereits die Kirchenväter konnten sich nicht genugtun mit der Drohung, wer jetzt lache, werde im Jenseits weinen, denn Christus habe in der Bergpredigt verkündet: „Weh Euch, die ihr lacht, denn Ihr werdet trauern." Eine Formulierung des Kirchenvaters Augustin († 430) lief sprichwortartig um: „Es lachen die Menschen, es weinen die Menschen, und daß die Menschen lachen, muß man beweinen." Der große Prediger und Zuchtmeister des Hochmittelalters Bernhard von Clairvaux († 1153) hielt seinem Freund Humbert von Igny, der in seinen Armen verschieden war, an der Totenbahre die Leichenrede. Als besondere Leistung hob er den tiefen Ernst in der Haltung des Verstorbenen hervor, „auf dessen Gesicht nie ein Lachen erschienen" sei. Nicht nur die Sündhaftigkeit des Menschen, sondern auch das Vorbild Christi verbot das Lachen; Christus habe dreimal geweint, aber niemals gelacht, lehrte Petrus Cantor († 1197) im 12. Jh. an der Schule von Notre Dame in Paris.

Das Mittelalter kannte eine ganze Literatur, die 'das Elend menschlichen Daseins' (so der Titel einer dieser Schriften) zum Thema hatte, das ein Lachen nicht zuließ: Was ist der Mensch? „Geschaffen ist der Mensch aus Staub, aus Lehm, aus Asche, und was nichtswürdiger ist: aus ekelerregendem Samen. Empfangen ist er in der Geilheit des Fleisches, in der Glut der Wollust, und was noch niedriger ist: im Sumpf der Sünde. Geboren ist er für die Furcht, für den Schmerz, und was noch elender ist: für den Tod." So steht es wörtlich in einer weit verbreiteten Schrift Papst Innozenz' III. (1198–1216) um 1200. Die Welt ist ein Jammertal, das Freude und das Lachen zurückweist.

Aber sollte es nicht so etwas wie Heiterkeit der Seele geben, die freudvolle Hoffnung auf die Gnadenmittel und den Erlöser? Sehr wohl, antwortete der berühmte Scholastiker Hugo von S. Victor († 1141), eine Generation älter als Petrus Cantor, aber „man muß wissen, daß die geistliche Freude den Geist niemals zum Lachen freigibt". Gelöstes, um nicht zu sagen: hemmungsloses Lachen wird mit mancherlei Gründen und in unterschiedlicher Schärfe abgelehnt, ist freilich trotz seines Unwertes nicht ganz zu unterdrücken. Der Mönchsvater Benedikt († ca. 550) spricht in seiner Regel vom „leeren und zum Lachen neigenden Geschwätz" und verweist auf jenes Schriftzitat, um dessen Auslegung William und Jorge streiten: „Der Tor hebt seine Stimme zum Gelächter, der Weise aber wird kaum schweigend lachen" (Sirach 21, 23: „Fatuus in risu exaltat vocem suam, vir autem sapiens vix tacite ridebit" = Reg. S. Benedicti VII, 10).

Lachen ist nicht nur unpassend, es stört eine auf Selbstheiligung ausgerichtete christliche Lebensführung. Eine Schrift ›Über das Lachen‹ des Aristoteles, der im Mittelalter als Autorität galt, könnte das kirchliche Zusammenleben erschüttern, und deshalb mußte der blinde Bibliothekar Jorge von Burgos ihre Verbreitung verhindern. Aber gerade das will William von Baskerville: das Lachen zulassen und die Kenntnis der Schrift freigeben.

Hier liegt eine Botschaft des Romans, die Eco bei aller sonstigen intellektuellen und selbst moralischen Unbestimmtheit vermitteln will: Lachen ist der Versuch, „sich von der krankhaften Leidenschaft für die Wahrheit zu befreien“, wie William von Baskerville sich ausdrückt. Es lockert den Wahrheitsfanatismus und gibt Raum für Andersdenkende, läßt Humanität zu.

Hier tritt der Roman aus seinem Mittelalter heraus. Wer den Absolutheitsanspruch christlicher Wahrheit nicht ernst nimmt, der nach mittelalterlicher Auffassung auch die Gewaltanwendung einschließt, verläßt das Mittelalter. Wer umgekehrt einen Absolutheitsanspruch neu erhebt, fällt in einen Totalitarismus, fällt in das Mittelalter zurück, ist ein Bernard Gui und ein Jorge de Burgos unserer Tage.

UMBERTO ECOS ›IL NOME DELLA ROSA‹ – EIN MITTELALTERLICHER KRIMINALROMAN?

Von FRANK-RUTGER HAUSMANN

> Dunraven, der sich in Detektivgeschichten auskannte, dachte, daß die Lösung eines Rätsels immer uninteressanter ist als das Rätsel (J. L. Borges, Ibn Hakkan al-Bokhari, gestorben in seinem Labyrinth).

> Was können wir zur Rechtfertigung des Kriminalgenres sagen? Eine Entschuldigung ist offensichtlich und berechtigt: unsere Literatur neigt zum Chaotischen. Sie neigt zum freien Vers, weil man ihn für einfacher hält als den gebundenen; in Wahrheit ist er sehr schwierig. Sie neigt dazu, Personen, Fabeln, Argumente zu unterdrücken oder ganz fortzulassen; alles ist sehr vage. In dieser unserer so sehr chaotischen Epoche gibt es etwas, das in bescheidener Weise die klassischen Tugenden beibehalten hat: die Kriminalgeschichte. Schon dadurch, daß eine Kriminalgeschichte nicht ohne Anfang, Mitte und Ende auskommt (J. L. Borges, Die Kriminalgeschichte).

Die Beständigkeit, mit der Umberto Ecos Roman ›Der Name der Rose‹ (NR) seit Monaten die Bestsellerlisten vieler Länder anführt und inzwischen eine Auflagenhöhe von weltweit mehreren Millionen Exemplaren erreicht hat, geht mit dem intensiven Bemühen nicht nur der professionellen Literaturkritiker, die Neuerscheinungen vorstellen und rezensieren, sondern bereits auch der etablierten Literaturwissenschaftler einher, dem Erfolg dieses Buchs auf die Spur zu kommen. Schon gibt es Sammelbände, Dissertationen, Einzelvorträge und Kolloquien nur über diesen einen Roman. Da hat jemand, der von Berufs wegen über Literatur spricht, sei es als Mediävist und Textphilologe, sei es als Linguist und Semiotiker, sei es als Journalist, Kritiker und Organisator von Kongressen und Ausstellungen, selber einen Roman geschrieben, um den ihn alle Zunftgenossen beneiden, ja beneiden müssen. Der Gedanke ist so banal wie bestechend: Der Spezialist der Massenliteratur, der Erforscher trivialer Konsumliteratur wie Comics, Feuilleton- und Spionageromane, zugleich subtiler Kenner mittelalterlicher Philosophie, Theologie und 'Histoire des mentalités', verbindet alles zu einer spannenden Geschichte. Bereits im 19. Jh. hat es Professorenromane gegeben – wir denken in Deutschland an Willibald Alexis, Gustav Freytag, Felix Dahn u. a. –, aber sie wollten nur belehren, wohingegen Eco von der Begrenztheit der menschlichen Erkenntnis wie auch der Allmacht des Lachens handelt und damit ein hinreichendes Maß an Selbstironie zu erkennen gibt.

Können wir unsere Ausgangsfrage bejahen, und das, es sei vorweggenommen, ist das Ziel dieser Betrachtung, haben wir bereits den Schlüssel zum publizistischen und kommerziellen Erfolg des NR gefunden: Es handelt sich nicht nur um einen Kriminalroman oder nicht nur um einen historischen Roman über das Mittelalter, sondern um eine geschickte Mischung aus beidem, eben um einen 'mittelalterlichen Kriminalroman'. 'Mittelalterlich' bedeutet zuerst einmal einen poetologisch-hermeneutischen Aspekt. Die Literaturtheorie des Mittelalters baut auf der Lehre vom vierfachen Schriftsinn auf, einem Verfahren, welches den Literalsinn mit übertragenen Sinndeutungen belegt und für weitere literarische Exegesen geradezu prädestiniert. In seinem ca. 60seitigen Vorwort zu den eindrucksvollen Miniaturen des Facundus (voll. 1047), die den Apokalypsekommentar des spanischen Mönchs Beatus Libanensis (Liébana b. Santander, † 798) illustrieren, geht Eco ausführlich auf den mehrfachen Schriftsinn ein, erläutert den universalen mittelalterlichen Symbolismus und zeigt, daß insbesondere die Apokalypse des Johannes wegen ihrer gewollten Rätselhaftigkeit immer wieder allegorisch gedeutet wurde, zumal von Ketzerbewegungen. Die mozarabisch beeinflußte Handschrift des Facundus begegnet William und Adson mindestens zweimal in der Klosterbibliothek und beeindruckt sie tief. Einmal (221 f.) betrachten sie die Seite mit dem mit der Sonne bekleideten Weib („mulier amicta sole"), dann die von dem hochbegabten Miniaturisten Adelmus v. Otranto hinterlassenen Miniaturen der verkehrten Welt (102 f.).

Eco stützt sich bei seiner Erklärung der Allegorese auf ›L'art religieux du XIIe au XVIIIe siècle en France‹ (Paris 1946) des bekannten französischen Kunsthistorikers Emile Mâle (1862–1954), der dort (S. 4 ff.) das Tympanon der Kirche Saint-Pierre in Moissac (cant. de Tarn-et-Garonne) beschreibt, welches eine Vision der Apokalypse mit Christus, den vier Evangelisten und den 24 Alten abbildet. Eco übernimmt dieses Tympanon für seine Abtei (56 f.), die ansonsten der Sacra di San Michele della Chiusa auf dem Monte Pirchiriano in der Val di Susa in Norditalien gleicht. Eigenartigerweise erwähnt Eco nicht Henri de Lubacs großartiges Kompendium zum mehrfachen Schriftsinn (›Exégèse Médiévale‹), sondern arbeitet mit der ›Iconographie de l'art chrétien‹ von

Louis Réau (1881–1961) bzw. Johan Huizingas ›Herbst des Mittelalters‹ ([1]1919).

Daß auch NR auf dem mehrfachen Schriftsinn aufbaut, belegt der bekannte Merkvers des Alanus ab Insulis, den William von Baskerville Adson sehr früh erläutert (34) und den sich dieser leicht abgewandelt ('scriptura' statt 'pictura') zu eigen macht (138). Er verdient es, hier vollständig wiedergegeben zu werden, da er erstes Licht auf den ominösen Romantitel wirft:

Omnis mundi creatura,
Quasi liber et pictura
Nobis est et speculum.

Nostrae vitae, nostrae mortis,
Nostri status, nostrae sortis,
Fidele signaculum.

Nostrum statum pingit rosa,
Nostri status decens glosa,
Nostrae vitae lectio.

Que dum primo mane floret
Defloratus flos effloret,
Vespertinae senio
(Alanus ab Insulis, Rhythmus, PL 210 579 AB)

Nicht minder aufschlußreich ist 1. Kor. 13,12 „videmus nunc per speculum in aenigmate", eine Schlüsselstelle, die von den 'visibilia' auf die 'invisibilia' verweist und dem Roman sozusagen als Motto vorangestellt ist (17). Am eindeutigsten ist jedoch der folgende Abschnitt, in dem William das Einhorn und den durch Bocksblut zu erweichenden Diamanten auf ihre naturwissenschaftliche bzw. hermeneutisch-allegorische Wahrheit hin befragt:

Das Einhorn, wie es in diesen Büchern hier dargestellt wird, enthält eine moralische oder allegorische oder symbolische Wahrheit, die ebenso wahr bleibt wie der Gedanke, daß Keuschheit eine edle Tugend ist. Was aber die buchstäbliche Wahrheit betrifft, über der die drei anderen Wahrheiten sich erheben, so bleibt zu prüfen, aus welcher primären Erfahrung der Buchstabe, also der vorgefundene Wortlaut entstanden ist. Der Buchstabe muß diskutiert werden, auch wenn der höhere Sinn bestehen bleibt (405).

Abgesehen von diesen Einzelhinweisen, die sich noch beliebig vermehren ließen, hat NR aber auch eine Makrostruktur, die eine multiple Lektüre sanktioniert. Die 7 Tage des Romans, in denen nicht nur eine Geschichte generiert wird, die dem Dreischritt von Schöpfung, Sündenfall und Vertreibung gehorcht, entsprechen zugleich den Tagen der Apokalypse, an deren Ende der Antichrist triumphiert, der den Weltenbrand entfacht. Aber als Antichrist erweist sich nicht Salvatore, der äußerlich dem Teufel gleicht (63) und ein wirres babelisches Kauderwelsch spricht (64), sondern Jorge de Burgos, der bereits früh apokalyptische Texte zitiert und an die Endzeit gemahnt (111). In einer Predigt über das Kommen des Antichrist beschreibt er ihn (514), um ihm am Ende auf grausige Weise zu gleichen (613ff.). Auf die Ekpyrosis, das Harmagedon des Klosters, folgt aber keine Neue Gotteswelt mehr. Deshalb hat man Eco vorgeworfen, die Anagogie in ihr Gegenteil verkehrt und ein nominalistisches, materialistisches und gott- und hoffnungsloses Werk verfaßt zu haben. Am Ende zitiert Adson aus dem ›Cherubinischen Wandersmann‹ (I,25) des Angelus Silesius, der erst ca. 300 Jahre später geschrieben wurde: „Gott ist ein lauter Nichts, ihn rührt kein Nun noch Hier“ (634) und bezweifelt damit offenkundig seine Existenz, denn die Zeile lautet weiter: „Je mehr du nach ihm greifst, je mehr entwird er dir.“ Eco säkularisiert die mehrfache Deutung bewußt und sanktioniert, insbesondere in seinen vielen einschlägigen Interviews, eine aktualisierte Lektüre.

Der mittelalterliche Kriminalroman NR ist damit kein „geschlossenes [Kunst-]Werk“ im Sinn des frühen Eco mehr, das nur die ewige Fabel vom Mord und der Suche nach dem Täter variiert, sondern ein „offenes Kunstwerk“, das man als spannende Abenteuergeschichte, als historischen Mönchs- und Bibliotheksroman, als ‘speculum’ mittelalterlichen Wissens, als ‘summa’ von Monachismus, Ketzerbewegungen, kurialer und imperialer Weltpolitik, Architektur, Medizin, Hortikultur, als Poetik des Autors, als ein Stück erzählter Semiotik, dann aber auch als Parallele zu Gegenwartsereignissen wie der Affäre Moro und den Roten Brigaden lesen kann:

> Der Roman beschäftigt sich mit dem Mittelalter. Wenn jemand im Mittelalter Dinge entdeckt, die der Jetztzeit entsprechen, hat er recht. Das Mittelalter ist eine Epoche, in der sich Europa gebildet hat. Das Konzept des modernen Staates, Demokratie, Bürgertum, Kapitalismus, Ökonomie und Bankwesen, soziale revolutionäre Bewegungen – das alles ist im Mittelalter entstanden. Und die Probleme von damals sind auch die Probleme von heute. Wenn ein Leser den Roman so versteht, ist er auf dem richtigen Weg, und ein solcher Leser macht dem Autor auch Freude. Aber herauszufinden versuchen, welche heutige Person oder politische Gruppierung der Autor wohl mit dieser oder jener Person oder Bruderschaft des Mittelalters gemeint haben könnte, ist ein müßiges Gesellschaftsspiel (U. Eco, Interview mit H. Panskus).

Der NR ist aber auch ein historischer Roman und gehört damit zu einer der beliebtesten Romanuntergattungen, die im 19. Jh. entstand, im 20. Jh. zahllose Nachahmer und Fortsetzer in ganz Europa fand und heute vorzugsweise in Fernsehfeuilletons fortlebt. Als Begründer des historischen Romans gilt im allgemeinen Sir Walter Scott (1771–1832), der schottischen Clans entstammte und berühmte Clanhäuptlinge zu seinen Vorfahren zählte. Der Stolz auf die eigene Vergangenheit der Familie, eine vertiefte Kenntnis der deutschen Literatur, aber auch die Beschäftigung mit der englischen Geschichte führte ihn dazu, ab 1814 selber Romane zu schreiben. Da dies jedoch nicht mit der Würde seines Sheriff-Amts vereinbar war, publizierte er zehn Jahre lang anonym. Sein erstes Prosawerk ist ›Waverley‹ (1814) und schildert den Sieg des Hauses Hannover über die schottischen Stuarts. Siebenundzwanzig Waverley-Romane folgten, so benannt, weil der Autor sie als 'by the author of Waverley' unterzeichnete, z. B. ›Guy Mannering‹ (1815), ›The Heart of Midlothian‹ (1818), ›The Bride of Lammermoor‹ (1819), ›Ivanhoe‹ (1820), ›Quentin Durward‹ (1823) usw. Allen Romanen ist ein krisenreicher Konflikt gemein (Sachsen und Normannen; Tudor und York; Cromwell und die Monarchie; Valois und Burgund; Byzantiner und Kreuzfahrer; Kleinbauern und Adelige usw.), der sich auch im Schicksal der Protagonisten widerspiegelt, die verschiedene gesellschaftliche Strömungen vertreten. Sie sind keine autonomen, sondern historische Individuen, die das kollektive Bewußtsein großer Volksschichten verkörpern. Ihre Handlungsweise wird durch die Besonderheit der historischen Epoche, in der sie leben, verständlich. Der eigentliche Held, die Zentralfigur der Scottschen Romane, ist der 'durchschnittliche' oder 'mittlere' Held, der zwischen den Konfliktparteien einen Ausgleich sucht. Scott erweist sich hier als Erbe des englischen 'gentleman-ideal', eines Menschenbildes, das in Fortführung des 'honnête-homme'-Ideals der Renaissance und Klassik alle Extreme vermeidet, aber auch als kleinadelig-konservativer Denker, der allzu jähen Veränderungen abhold ist.

Gerade die jüngste europäische Geschichte mit der Französischen Revolution und dem Aufstieg Napoleons hat ihn gelehrt, daß die historischen Umwälzungen immer häufiger und totaler werden; denn erstmalig ist das Volk, das in der 'levée en masse' der Revolution und den Heeren Napoleons seine Bedeutung als Träger historischer Prozesse erkannt hat, bewußt an den historischen Umschichtungen beteiligt. Scott tröstet sich damit, daß sich das heftigste Hin- und Herschwanken der Klassenkämpfe letzten Endes stets in einer Mitte beruhigt hat und verleiht dem in seinen Romanen Ausdruck.

Weitere Kennzeichen des Scottschen Romans sind, daß das Sentimentale dem Historischen untergeordnet und die Psychologie damit monumentalisiert wird. Eine Liebesintrige gehört zum festen Bestandteil, denn sie verbindet den 'mittleren' Helden mit einer Frau aus dem 'anderen' Lager. Historische Persönlichkeiten treten zwar auf, spielen aber weiter keine große Rolle und bleiben Randfiguren. Die geschichtliche Dimension wird von fiktiven Personen getragen, die nie gelebt haben, aber doch so gelebt und gedacht haben könnten. Große Bedeutung kommt der 'couleur locale' zu, der möglichst naturgetreuen und historisch echten Ausmalung von Zeit und Ort in der Vergangenheit. Scott übernimmt aus dem englischen Schauerroman, der 'gothic novel' des späten 18. Jh., wie ihn Ann Radcliffe (1764–1823) und Matthew Lewis (1775 bis 1818) gepflegt haben, Folter- und Kerkerszenen, Zauberschwüre, vor allem aber den Typ des gleisnerischen und verbrecherhaften Mönchs.

Ein flüchtiger Blick auf NR lehrt, daß der Roman mutatis mutandis diesem Schema gehorcht. Der historische Konflikt wird durch die Doppelwahl Friedrichs II. des Schönen von Österreich und Ludwigs des Bayern zum Deutschen Kaiser (1314) sowie das Eingreifen des Papstes, des seit 1316 regierenden Johannes XXII., in den deutschen Thronstreit ausgelöst. Da Ludwig die Franziskaner unterstützt, die sich zu Sachwaltern eines totalen Armutsgebots gemacht und die etablierte Amtskirche angegriffen haben, erhält der Thronstreit eine weitere politisch-theologische Dimension. Die Armutsfrage setzte fanatische Volksmassen in Bewegung, die den universalen geistlichen und weltlichen Machtanspruch der Kirche bedrohten. Gleichzeitig breitete sich der durch arabische Philosophen in Spanien vermittelte Aristotelismus in der römischen Kirche aus, verdrängte die bis dahin vorherrschende patristische Ausrichtung und führte zum Universalienstreit. Der Konflikt zwischen Kaiser und Papst, Kurie und Franziskanerorden wird im Roman privatisiert und von Vertretern der Vergangenheit (Jorge v. Burgos; Abbo v. Fossanova) bzw. der naturwissenschaftlich und sozial aufgeschlossenen Gegenwart (William v. Baskerville; Severin von St. Emmeran; Nicolas v. Morimond) bzw. den Anhängern des häretischen Fra Dolcino (Ubertin v. Casale; Salvatore; Remigius v. Varagine) ausgefochten. Dabei verkörpern die Vertreter der Macht wie auch der Anarchie Extrempositionen, zwischen denen die beiden 'mittleren' Helden, ein kluger und ein eher naiv-durchschnittlicher, den Ausgleich herzustellen versuchen. Nur eine, noch dazu namenlose, Frauengestalt taucht auf, ein Mädchen aus dem geschundenen und ausgebluteten 'Volk', das den angesprochenen Konflikt auf andere Art verkörpert, und mit ihm hat Adson eine kurze Romanze. Massenszenen fehlen zwar, doch ist das Volk an allen Stellen präsent. Das Sentimentale ist eindeutig dem Historischen und auch dem Kriminalistischen untergeordnet. Die 'couleur locale', die viele Seiten füllt, wurde bereits angesprochen; sie beruht auf genauen Studien, wie z. B. die symbolische Deutung eines Lapidariums (Litanials) durch den Abt anschaulich verdeutlicht (570f.). An Schauerelementen – Morde, Geheimgänge, Krypten, Alchimistenlaboratorien, nächtliche Begegnungen, ein Bibliothekslabyrinth – ist ebensowenig Mangel. Eco hat folglich der Variationsgattung 'Kriminalroman', deren Geschichte von Edgar Allan Poes Novelle ›The Murders in the Rue Morgue‹ (1841), einem analytischen 'conte philosophique', bis hin zu den realistischen sozialkritischen Romanen eines Leonardo Sciascia reicht, eine neue Variante hinzugefügt, in die von jedem vorangehenden Muster ein Stück eingeflossen ist und in der der historische Roman deutliche Spuren hinterlassen hat. Eco ist sehr stolz auf diese Collagetechnik, denn er ist äußerst belesen und hat für NR seinen umfangreichen Zettelkasten umgestülpt. Der Leser soll diesbezüglich – erstmalig – zum Detektiv werden und die Verschraubungsstellen dieses Kento oder Akrostichons (634) identifizieren, denn der Autor sagt, keine einzige Zeile des Romans sei wirklich von ihm. Was den Kriminalcharakter angeht, sollen im folgenden einige erste Hinweise gegeben werden.

Rein äußerliche Anzeichen können den Leser auf die Spur führen. Der aus der Rückschau berichtende Chronist und Ich-Erzähler Adso(n) ist phonetisch zurückgekoppelt mit Dr. W-atson, dem Alter ego von A. Conan Doyles Sherlock Holmes, aber auch mit Adso von Montier-en-Der († 992), der für die westfränkische Königin Gerberga einen Traktat über den Antichrist (›De ortu et tempore Antichristi‹) schrieb. Jorge merkt dies als erster: „‚Du trägst einen großen und schönen Namen'", sagte er. ‚Weißt du, wer Adson von Montier-en-Der war?' Ich gestand, daß ich es nicht wußte. Woraufhin Jorge erklärte: ‚Er war der Autor eines großen und erschütternden Buches, des ›Libellus de Antichristo‹, in welchem er Dinge sah, die eines Tages geschehen werden'" (111). William von Baskerville, der Detektiv, läßt Assoziationen an Conan Doyles 1902 erschienenen Roman ›The Hound of the Baskervilles‹ wach werden. Ist auch der Vorname William eine Hommage an den großen Nominalisten William v. Ockham, ist doch der in England nicht belegte Ortsname Baskerville ein deutliches Conan-Doyle-Indiz. Wir dürfen aber auch an den den Bibliophilen vertrauten Drucker und Erfinder der gleichnamigen Drucktype, John Baskerville (1706–1775) denken, was nicht abwegig ist, weil auch die 'Borgis' (zu Jorge v. Burgos und Jorge Luis Borges) eine bestimmte Schriftgröße meint. Eco kennt aber sicherlich auch den Beda-Herausgeber und Mediävisten Sir Roger Aubrey Baskerville Mynors.

Daß der Detektiv Priester ist, gemahnt an Gilbert Keith Chestertons unsterblichen humorvollen Priesterdetektiv Father Brown (zuerst in ›The Innocence of Father Brown‹ 1911; ›The Blue Cross‹, 1911), und dies um so mehr, als Chesterton der Lieblingsautor von Ecos geistigem Anreger und Vorbild Jorge Luis Borges ist, selber ein Autor doppelbödiger Kriminalgeschichten, der als dämonischer Jorge v. Burgos zum Widerpart Williams wird. Chesterton hat eine wichtige Theorie des Lachens hinterlassen (›The Common Man‹, 1950) und den Artikel ›Humour‹ in der ›Encyclopaedia Britannica‹ verfaßt.

Ein weiterer antizipatorischer Hinweis sei bereits an dieser Stelle erlaubt: Borges' parodistische Kriminalnovelle ›Der Tod und der Kompaß‹ (›La muerte y la brújula‹, 1944) enthält im wesentlichen alle detektivischen Elemente von NR: Der Bandolero Red Scharlach stellt aus Rachsucht dem Meisterdetektiv Erik Lönnrot – beide sind über die Farbe Rot wie siamesische Zwillinge miteinander verbunden – in der labyrinthartigen Villa Triste-le-Roy in einem Vorort von Buenos Aires eine Falle und macht ihn zum vierten Opfer einer scheinbar nach dem Tetragramm, dem hebräischen Gottesnamen Jahve, geplanten Mordserie, die symmetrisch nach Tag (jeweils am Abend eines Monatsdritten), Ort (die Orte bilden nach dem Kompaß eine gleichschenkelige Raute) und Motiv (alle Opfer sind Juden) durchgeführt wird. In Wirklichkeit ist jedoch alles anders, banaler, von Lönnrot überinterpretiert. Wir sind demnach mit einem scheiternden Detektiv konfrontiert, der an seinem 'final problem' von einem genialen Gegenspieler in einem Labyrinth ausmanövriert und an der Nase herumgeführt wird.

Baskerville erinnert aber auch an Inspektor Rogas aus Sciascias ›Tote Richter reden nicht‹ (›Il Contesto‹, 1971), wenngleich er nicht wie dieser ins Lager des Verbrechens überwechselt; in jedem Fall gehört auch er der Gruppe der 'scheiternden' Detektive an, die Carlo Emilio Gadda in seinem unvollendeten Roman ›Die gräßliche Bescherung in der Via Merulana‹ (›Quer pasticciaccio brutto di via Merulana‹, 1957) verewigt hat, der zugleich eine Satire auf das korrupte römische Leben in der Frühzeit des Faschismus wie auf den Kriminalroman als solchen darstellt. Der brillante Analytiker Kommissar Dr. Ingravallo weiß am Ende gar nichts mehr; der Fall versinkt in unentwirrbarem Chaos und Dunkel. Sciascias ›Todo modo oder das Spiel um die Macht‹ (1974) wiederum hat ein klerikalpolitisches Wochenendkloster zum Schauplatz, wo sich die Mächtigen aus Wirtschaft, Politik und Kirche zu mörderischen Exerzitien versammeln.

Die Liste der intertextuellen 'Zitate', Assoziationen und Anspielungen an die Kriminalliteratur ließe sich noch verlängern. Es soll abschließend nur noch auf die Richter-Di-(Judge-Dee)-Romane des niederländischen, englisch schreibenden Orientalisten Robert Hans van Gulik (1910–1967) hingewiesen werden, die in Italien von Vittorio Saltini (›Il primo libro di Li Po‹) nachgeahmt werden. Sie spielen im China des 7. Jh. n. Chr., wo ein Friedensrichter aufregende Verbrechensfälle löst und dabei ein genaues historisches Sittenbild Altchinas vermittelt, welches aus van Guliks orientalistischen Forschungen und Fachkenntnissen gespeist wird. Insbesondere zu ›The Haunted Monastery‹ (1957) bestehen enge Parallelen: Richter Di kommt bei einem Unwetter in die Nähe des taoistischen Klosters der 'Morgendlichen Wolke', wo sein Wagen einen Achsenbruch erleidet und er um Gastrecht bittet. Im Kloster sind jüngst mehrere geheimnisvolle Morde oder Selbstmorde junger Novizinnen vorgefallen. Das Kloster – der Plan wird mitgeteilt – ist verwinkelt und verschachtelt und hat eine 'Galerie des Schreckens' mit Abbildungen, was den Sündern nach dem Tod widerfährt, auch eine geheimnisvolle Krypta, wo u. a. der letzte Abt ruht, dicke Mauern mit inneren Geheimgängen und hohe Türme. Unterstützt von seinem Sekretär Tao Gan und dem Dichter Tsong Li löst der Richter den Fall, wobei ihm seine 'abduktionistische' Beobachtungsgabe hilft. Der letzte Abt ist mit Belladonna vergiftet worden und soll kurz vor seinem Tod am Nachmittag seine Lieblingskatze gemalt haben. Da deren Pupillen aber weit geöffnet sind, muß das Gemälde schon am Morgen, wenn das Tageslicht noch nicht stark ist, erstellt sein. Das Jin-Jang in der Tür des Geheimschranks, die den Zugang zu einem geheimen Versteck preisgibt, ist quer statt längs geteilt. Der Mörder und Drahtzieher heißt Souen Ming und ist ein hoher Beamter aus der Hauptstadt. Er benützt den gegenwärtigen Abt als willfährige Marionette und hat ihn gezwungen, ihm junge hübsche Novizinnen gefügig zu machen. Da aber alle Morde auch andere Ursachen haben könnten und Souen Ming höchste Protektion genießt, kann der Richter ihm nichts anhaben. So sperrt er ihn mit dem wilden Bären einer zufällig im Kloster gastierenden Schauspielertruppe zusammen, der ihn richtet. ›Mord im Labyrinth‹ (1960) verbindet das Motiv der Bibliothek mit dem des Labyrinths.

Zu erinnern ist noch an Agatha Christies im Jahr 2000 v. Chr. in Theben spielenden Roman ›Rächende Geister‹ (›Death comes as the End‹, 1945), und die gleiche Autorin wird mit ›Zehn kleine Negerlein‹ (›Ten little Niggers‹, 1934) das Muster eines 'locked room murder' liefern, wo die Morde, genau wie in NR, nach einem festen Schema vorausberechnet werden können.

Es handelt sich bei unserer Aufzählung nicht (nur) um ein Produkt positivistischen Sammelfleißes, sondern sie gibt Anlaß zu einem weiteren methodischen Hinweis. Eco ist belesen und vertritt eine originelle Variante des mittelalterlich-humanistischen Imitatio-Gedankens, wie er plastisch im bekannten Bienengleichnis eingefangen wird. Die Autoren der Gegenwart, zu denen er sich zählen darf, können im Vergleich zu den Vorgängern nichts wirklich Neues mehr sagen, denn sie sind letztlich auch nur Zwerge auf den Schultern von Riesen, die nur kraft deren Riesenwuchses weiter blicken. In NR legt Eco dieses Gleichnis Bernhard v. Chartres' u. a. Nicolas v. Morimond in den Mund:

‚Es hat keinen Zweck mehr‘, seufzte er traurig, ‚wir haben nicht mehr das Können der Alten, die Zeit der Riesen von einst ist vorbei!‘ ‚Ja, wir sind Zwerge‘, nickte William, ‚aber Zwerge, die auf den Schultern der Riesen von einst sitzen, und so können wir trotz unserer Kleinheit manchmal weiter sehen als sie‘ (114).

Alle menschlichen Mythen, so Eco, sind bereits erzählt, am besten in der Kolportage- und Trivialliteratur des 19. Jh. Deren Muster gilt es daher zu übernehmen, aber nicht epigonal als unkritische Quellenkompilation, sondern in ironischem Spiel. So wird aus intertextuellen Bezügen ein neuer Kontext:

Wenn alle Archetypen hemmungslos vorkommen, erzielt man homerische Tiefen. Zwei Clichés machen lachen, hundert Clichés sind ergreifend, denn man ahnt dunkel, daß die Clichés miteinander kommunizieren und ein Fest des Wiedersehens feiern. Wie der Höhepunkt des Schmerzes sich mit der Wollust begegnet und der Höhepunkt der Perversion die mystische Energie streift, so läßt der Höhepunkt der Banalität einen Hauch des Erhabenen erahnen (Ore 9: Amleto all'assedio di Casablanca, in: L'Espresso, 17. August 1975).

Diese Entwicklung mag den mit Ecos Werdegang Vertrauten zunächst überraschen, gehörte er doch der avantgardistischen 'Gruppe 63' an, die für Italien etwas dem Nouveau roman in Frankreich Vergleichbares forderte und Erfolgsromane als 'Handlungsromane' und ihre Autoren – Lampedusa, Bassani, Cassola – als 'versöhnlerisch' denunzierte. Eco hat sich offenkundig zum gemäßigten Konventionalismus bekehrt und rechtfertigt diesen Wandel der Anschauungen in seiner ›Nachschrift zum 'Namen der Rose'‹ (NNR), mit der wir uns noch ausführlicher beschäftigen müssen, mit dem Argument, daß der traditionelle Unterschied zwischen experimenteller und Massenkunst durch die Pop art hinfällig geworden sei:

Vielleicht muß sogar die fundamentale Dichotomie zwischen Ordnung und Unordnung, zwischen konsumorientiertem und provokatorischem Werk in einer anderen Perspektive neubestimmt werden, ohne daß sie damit an Gültigkeit zu verlieren braucht: Ich glaube nämlich, daß es möglich sein wird, Elemente von Bruch und Infragestellung auch in Werken zu finden, die sich scheinbar zu leichtem Konsum anbieten, und demgegenüber festzustellen, daß manche provokatorisch erscheinenden Werke, die das Publikum immer noch von den Sitzen reißen, in Wahrheit gar nichts in Frage stellen ... (NNR, 74).

Dumas, Sue, Conan Doyle, Jules Verne u. a. sind die neuen/alten Lehrmeister; Lesevergnügen ist wieder erlaubt und – gefragt!

In der vorerwähnten NNR wie auch bei diversen Interviews antwortet Eco kenntnisreich und routiniert auf Fragen, die man ihm brieflich, in Diskussionen und Rezensionen zu NR gestellt hat bzw. noch stellen könnte, aber er 'beantwortet' sie nicht. Seine Repliken sind Eskamotage, handele es sich um Fragen nach der 'Offenheit', der Zeichentheorie, der Intertextualität, dem historischen Roman, den literarischen Mustern oder ... dem Kriminalroman.

Immerhin ist Eco diesbezüglich noch recht explizit, denn er bestreitet expressis verbis, einen simplen Kriminalroman geschrieben zu haben, was nach dem oben Gesagten nicht weiter überrascht (›Die Metaphysik des Kriminalromans‹, in: NNR, 63–66). Interessant sind jedoch seine Begründungen. Der NR sei kein Kriminalroman, obwohl er zu Beginn ›L'Abbazia del delitto‹ (Die Abtei des Verbrechens) heißen sollte (allerdings wurden als Titel auch ›La Biblioteca‹ bzw. ›Adsone da Melk‹ bzw., als Verbeugung vor Dom J. Mabillon, ›Vetera analecta‹ erwogen),

- weil der Detektiv am Ende scheitere,
- nichts wirklich aufgeklärt werde,
- der Hauptstrang der Handlung (die Frage nach dem 'Whodunit', wie es ironisch im amerikanischen Slang heißt) sich verzweige und neue Nebenhandlungen generiere, die nichts mit der Kriminalstory zu tun hätten.

Wenn man das liest, könnte man fast vermuten, Eco wolle sich doch den Vertretern des französischen Nouveau roman annähern, die mit einigen ihrer Werke (fälschlich) in Kriminalromanführern erwähnt werden, z. B. Robbe-Grillet mit ›Ein Tag zuviel‹ (Les Gommes) oder Butor mit ›Der Zeitplan‹ (L'emploi du temps), zumal Eco im Vorwort zu NR der 'littérature engagée' eine deutliche Absage erteilt:

> In den Jahren, da ich den Text des Abbé Vallet entdeckte, herrschte die Überzeugung, daß man nur schreiben dürfe aus Engagement für die Gegenwart und im Bestreben, die Welt zu verändern. Heute, mehr als zehn Jahre danach, ist es der Trost des homme de lettres (der damit seine höchste Würde zurückerlangt), wieder schreiben zu dürfen aus reiner Liebe zum Schreiben (12).

Den Nouveaux romanciers geht und ging es jedoch um eine Destruktion und Umorientierung des herkömmlichen realistischen wie auch des psychologischen Romans. Desorientierung und Scheitern des Detektivs sollen Ohnmacht und Orientierungslosigkeit des modernen Menschen signalisieren, den Leser irritieren und anzeigen, daß es keine eindeutigen Lösungen auf existentielle Fragen, keine Kausalitäten oder Kontinuitäten gibt. Die vergebliche Suche des Detektivs im Labyrinth der Handlungsfetzen wird aber zugleich auch zum metanarrativen Sinnbild des 'écriturage': Der Leser muß zum Detektiv werden und den Roman im Vollzug des Lesens für sich selber konstituieren. Häufig ist der Detektiv der Täter, der Täter das eigentliche Opfer, so daß die herkömmliche Schwarzweißzeichnung in unscharfe Grautöne verwischt wird. Daß die Nouveaux romanciers in der Frühzeit Kriminalparabeln schreiben, liegt angesichts ihrer theoretischen Postulate nahe. Derartige Motive sind Eco jedoch fremd, der eine linear progredierende Geschichte erzählt, die 7 Morde an 7 Tagen berichtet und mit dem Tod des Mörders bzw. Hauptverantwortlichen endet, wie es die klassischen Regeln des Genres verlangen. Aber auch er verlangt vom Leser detektivische Leistungen. Dies beginnt bereits mit dem Romantitel, der änigmatisch ist. Im ganzen Roman kommt die 'Rose' bis auf den Schlußvers des Bernard v. Morlay „Stat rosa pristina nomine, nomina nuda tenemus" „Die Rose von einst steht nur noch als Name, uns bleiben nur nackte Namen" (635) nicht vor. Mag der gebildete Leser an den Abenteuerroman ›La rose de Bratislava‹ des französischen Trivialautors Emile Henriot (1889–1961) denken, der sich ebenfalls um eine verlorene Handschrift, hier die Memoiren Casanovas, dreht (die gemeinsame Erwähnung von Prag in beiden Romanen könnte ein Querverweis sein), so wird der Leser in NRR vom Autor in andere Richtungen geführt bzw. bewußt irregeführt:

Die Idee zu dem Titel *Der Name der Rose* kam mir wie zufällig und gefiel mir, denn die Rose ist eine Symbolfigur von so vielfältiger Bedeutung, daß sie fast keine mehr hat: rosa mystica, Krieg der Rosen, Roman de la Rose, die Rosenkreuzer, die Anmut der herrlichen Rosen, und Rose lebte das Rosenleben, la vie en rrrose, eine Rose ist eine Rose ist eine Rose, Röslein, Röslein, Röslein rot... Der Leser wird regelrecht irregeleitet, in alle möglichen Richtungen (also keine) gewiesen, er kann dem Titel keine bestimmte Deutung entnehmen, und selbst wenn er die im lateinischen Schlußsatz angelegten nominalistischen Lesarten voll erfaßt, kommt er doch eben erst ganz am Ende darauf, nachdem er bereits wer weiß wie oft eine andere Wahl getroffen hat. Ein Titel soll die Ideen verwirren, nicht ordnen (NNR, 11).

Eco läßt dem Leser zuerst einmal die Wahl zwischen einer erotischen, einer mystisch-religiösen und einer esoterischen Deutung. Die Rose evoziert die Passion Christi, wenn wir z.B. an die mystische Rose in Dantes ›Divina Commedia‹ (Par. XXX–XXXIII) denken, dann aber auch die weibliche Sinnlichkeit, wie sie der ›Roman de la Rose‹ beschreibt, wo der Liebende die Rose in einem Garten sucht. Die Rosenkreuzer sind wiederum die Anhänger der auf Christian Rosenkreutz (1378–1484) zurückgehenden Geheimlehre, die als Symbol ein Kreuz mit mehreren Rosen verbinden, um die materielle mit der spirituellen Welt zu verbinden. Dieses Symbol hat eine alte Tradition, da bereits Apulejus (Met. X) die Verjüngungskraft der Rose bezeugt: Der Esel muß einen Kranz von Rosen fressen, um seine Gestalt wechseln zu können. Die deutschen Rosenkreuzer führen 'Rosa' auf 'ros', der Tau, zugleich der 22. Buchstabe des hebräischen Alphabets, der für das Kreuzeszeichen steht, zurück, was wiederum das Lösungsmittel der Alchimisten benennt. In allen Sprachen lassen sich mit dem Wort 'Rose' Anagramme bilden: im vorliegenden Fall z. B. ital. ARSO, 'verbrannt'! Das Mittelalter fand Gefallen am SATOR-AREPO-Quadrat und deutete es wie folgt: PETRO ET REO PATET ROSA SARONA. („Auch wenn Petrus schuldig ist, steht ihm die Rose von Sarona [= das gnadenreiche Blut des Herrn] offen".)

Aber im NR gibt es keine Eindeutigkeit. Die Rose steht für etwas Heiliges, denn das Portal der Klosterkirche wird von der Gestalt 'Dessen Der Da Saß', von Christus, beherrscht (56f.). Der italienische Text spricht nur von dem 'Assiso', was an Franz von Assisi und die Franziskaner, damit an den Armutsstreit, denken läßt. Die Rose ist aber auch etwas Profanes, wie Adsons Buhlschaft mit dem unbekannten Mädchen ahnen läßt, deren Schönheit mit den Worten des Hohelieds gepriesen wird (248f.). Daß Adson hier nicht, wie im ganzen Mittelalter üblich, auch an eine symbolisch-allegorische Deutung denkt, ist verwunderlich, zumal sonst alle figuralen und typologischen Möglichkeiten ausgeschöpft werden. Die Braut des Hohelieds, Sulamit, nennt sich die 'Blume von Scharon', und damit sind wir wieder beim Zeichen der Rosenkreuzer – und auch bei Borges, der in ›Ibn Hakkam al-Bokhari‹ das Labyrinth von einem Löwen und einem Neger bewachen läßt (wie die 'leones' im 'finis Africae' der Klosterbibliothek!) und den Protagonisten auf einem geheimnisvollen Schiff, der 'Rose of Sharon', reisen läßt. In seinem Essay ›Die Metapher‹ (La Metáfora) zitiert Borges mehrere literarische Beispiele für Frauen, die mit Rosen verglichen werden: „Die Gleichsetzung von Frauen und Blumen ist eine andere Perpetuität oder Trivialität; hier nur ein paar Beispiele. 'Ich bin eine Rose zu Saron und eine Lilie im Tal' sagt im Hohenlied die Sulamitin" (es folgen Mabinogion, ›Nibelungenlied‹, Ariost, Tasso, Malherbe, Shakespeare, Swinburne, Stevenson, Milton). Aber wichtiger sind zwei Erzählungen Borges': ›Eine gelbe Rose‹ (Una rosa amarilla) [aus: ›Borges und ich‹ (›El Hacedor‹)], wo der sterbende Dichter Marino eine Rose anschaut und versteht, daß sie ewig ist, und die ›Rose des Paracelsus‹ (aus: ›Rose und Blau‹), die Ähnliches belegt: Der große Arzt wird von einem Schüler um ein Wunder gebeten. Er soll eine Rose verbrennen und aus der Asche wiedererstehen lassen. Er weigert sich und tut das Wunder erst, als der Schüler seine Studierstube verlassen hat. In ›Eine gelbe Rose‹ heißt es:

Marino *sah* die Rose, wie Adam sie im Paradies zu sehen vermochte, und fühlte, daß sie sich in ihrer Ewigkeit befand, nicht in seinen Worten, und daß wir nur zu erwähnen und anzuspielen vemögen, nicht aber auszudrücken, und daß die mächtigen und hochmütigen Bände, die in diesem Winkel des Saales eine goldene Halbdämmerung schufen, nicht (wie seine Eitelkeit geträumt hatte) ein

Spiegel der Welt war, sondern etwas, das zu der Welt noch hinzukommt (Ges. Werke 6, 24).

Diese Erzählungen und Zitate verweisen ganz unmittelbar auf den mittelalterlichen Universalienstreit, wie übrigens auch das immer wieder in diesem Zusammenhang angeführte Zitat aus Shakespeares ›Romeo and Juliet‹ (II, 2, 43–47), der eingangs erwähnte Alanus-Merkvers und ein Dictum Abaelards:

Universalia nomina nullo modo volumus esse, cum rebus eorum peremptis iam de pluribus praedicabilia non sint, quippe nec ullis rebus communia, ut rosae nomen non iam permanentibus rosis, quod tamen tunc quoque ex intellectu significativum est, licet nominatione careat, alioquin propositio non esset: nulla rosa est (Logica Ingredientibus, ed. B. Geyer 1933, 30).

In diesem Streit dreht sich alles darum, ob die Allgemein- oder Gattungsbegriffe (Universalien) selbständig und unabhängig von den Einzeldingen existieren ('Universalia ante res!' Begriffsrealistischer Standpunkt in Anlehnung an Platons Ideenlehre) oder existieren sie zusammen mit den Dingen ('Universalia in rebus!' Vermittelnde aristotelische Position) oder sind sie nur von den Einzeldingen abstrahierte Begriffe (Konzeptualismus) oder gar nur 'Namen', und deshalb nur im Bewußtsein des Denkenden existent. Der letzte Standpunkt, der auf Erkenntniskritik und Skeptizismus hinausläuft, ist der des Nominalismus Ockhamscher Prägung, und es ist der Williams (90f.; 138), der der syllogistischen Logik mißtraut (337). Er begründet seinen Nominalismus damit, daß die Dinge in den verschiedenen Sprachen verschieden bezeichnet werden:

Gott brachte dem Menschen die Dinge und Tiere, um zu sehen, wie er sie nenne, und wie der Mensch die lebendigen Tiere nannte, so sollten sie fortan heißen. Und mochte der erste Mensch auch so klug sein, die Dinge und Tiere in seiner paradiesischen Sprache jeweils so zu benennen, wie es ihrem Wesen entsprach, so ändert das nichts an der Tatsache, daß er beim Ersinnen der Namen, die seinem Urteil zufolge am besten zu ihrem jeweiligen Wesen paßten, eine Art souveränes Recht ausübte. Denn wie man heute ja weiß, sind die Namen, mit denen die Menschen die Begriffe bezeichnen, in den verschiedenen Ländern sehr verschieden, und gleich für alle sind nur die Begriffe als Zeichen der Dinge. So daß wohl gewiß das Wort *nomen* von *nomos* kommt, das heißt von Gesetz; werden die *nomina* doch von den Menschen ersonnen *ad placitum*, also aufgrund freier und gemeinsamer Übereinkunft (452/453).

Der Roman trägt den Titel ›Der Name der Rose‹, denn am Ende ist vom Kloster, von der Bibliothek mit ihren Schätzen, den Mönchen, nichts mehr als eine Erinnerung Adsons geblieben. Die Rose bezeichnet den mittelalterlichen Kosmos mit seinen Ausfaltungen; alles, was wir darüber wissen, sind Fragmente, wie die geretteten Pergamentfetzen, sind 'disiecta membra' (633), die die Phantasie zu einem Gebilde von Namen zusammensetzt. Borges hat sich in ›Die gelbe Rose‹ für die Ewigkeit der Universalien, für ihre überzeitliche Universalität, ausgesprochen; die Schönheit der Rose ist für ihn nicht an den Menschen gebunden, sondern sie ist ewig; Bücher sind kein Spiegel, sondern Teil der Welt. Dies ist einer der Gründe, warum er zum Gegenspieler Williams wird. Müßig zu sagen, daß Borges einen Essay über 1. Kor. 13, 12 verfaßt hat (›Der rätselhafte Spiegel‹; ›El espejo de los énigmas‹) in dem er sich nach dem mehrfachen Sinn der Welt sehnt, auch wenn er nicht an ihn glaubt:

Es ist zu bezweifeln, daß die Welt einen Sinn hat; erst recht ist zu bezweifeln, daß sie zweifachen und dreifachen Sinn hat, wird der Ungläubige sagen. Ich bin auch dieser Auffassung; doch bin ich der Auffassung, daß die hieroglyphische Welt ... ihrer Art nach dem intellektuellen Gott der Theologen am meisten entspricht (Ges. Werke 5, 2, 132).

Es bleibt noch nachzutragen, daß die Rose (zusammen mit dem Löwen) das Wappen Englands, der Heimat Williams, schmückt und als Hommage an dieses Land aufgefaßt werden darf. Auch glauben manche Interpreten, daß Adsons namenloses Mädchen, wenn es einen Namen gehabt hätte, Rose geheißen hätte.

Bevor der Leser zu Adsons Ich-Erzählung vordringt, ist ihm nach der Entschlüsselung des Titels mit der Deutung der Rahmenhandlung eine weitere detektivische Arbeit abverlangt. Der Ich-Erzähler Eco berichtet hier, wie er in den Besitz von Adsons Manuskript kam. Am 16. August 1968 fiel ihm – angeblich – in Prag eine 'neogothische' französische Version von Adsons Text eines Abbé Vallet nach Dom J. Mabillon (1632 bis 1707) aus dem Jahr 1842 in die Hand, gedruckt 'Aux Presses de l'Abbaye de la Source' in Paris. Als die Truppen der Warschauer-Pakt-Staaten in Prag einmarschierten, floh er über Linz nach Wien, wo er endlich seine Geliebte traf, die er bereits in Prag erwartet hatte. Mit ihr reist er donauaufwärts nach Melk, um in der Stiftsbibliothek nach einer Kopie Adsons zu forschen, vergebens. In Salzburg streiten sich die Liebenden, trennen sich, und die Frau nimmt Vallets Fassung mit. In Paris geht Eco der Sache nach und konsultiert Mabillons ›Vetera analecta‹ (Ed. 1721), doch enthalten sie, anders als seine bibliographische Angabe besagte, die auch von einer Ausgabe 1723 sprach, keinen Hinweis auf Adson. Etienne Gilson (1884–1978), der bedeutende Mediävist, und ein gewisser Dom Arne Lahnestedt in der Abbaye de la Source in Passy bestätigen, daß es nur die eine Ausgabe der ›Analecta‹ von 1721 gebe. Während eines späteren Aufenthalts in Buenos Aires stößt Eco in einem Antiquariat auf die kastilische Übersetzung eines Buchs von Milos Temesvar, ›Vom Gebrauch der Spiegel beim Schachspiel‹, nach dem georgischen Original (Tiflis 1934) mit langen Zitaten Adsons, und diesmal ist als Quelle der Universalgelehrte Athanasius Kircher (1601–1680) angegeben, der jedoch so viel geschrieben hat, daß man nicht weiß, in welchem Buch er Adson erwähnt.

Der geneigte Leser möge bedenken: was er vor sich hat, ist die deutsche Übersetzung meiner italienischen Fassung einer obskuren neugothisch-französischen Version einer im 17. Jahrhundert gedruckten Ausgabe eines im 14. Jahrhunderts von einem deutschen Mönch auf Lateinisch verfaßten Textes (10).

In der Literaturwissenschaft bezeichnet man diese Verschachtelungs- oder Spiegelungstechnik seit André Gide mit einem heraldischen Terminus technicus als 'mise en abyme': Ins Zentrum eines Wappens oder in eine Ecke wird ein zweites, fast identisches Wappen hineingesetzt. Auch die Malerei kennt dieses Verfahren: Im Gemälde wird ein Spiegel mit abgebildet, der einen sonst verborgenen Ausschnitt der Außenwelt oder die Rückseite von Personen spiegelt, z. B. Jan van Eycks ›Die Verlobung des Arnolfini‹, Quentin Metys' (Massys) ›Das Geldwägerpaar‹ oder Velázquez' ›Las Meniñas‹. Der Novellenrahmen bzw. der Roman im Roman sind die literarischen Analogien. Zwar wird im vorliegenden Fall nur in Ecos Vorrede und in Prolog und Epilog (also nicht 'en abyme', im Zentrum) die Arbeit des Romanciers thematisiert, doch werden der abenteuerliche Verlust und die seltsame Wiederfindung des Adson-Manuskripts, der Erzählrahmen, zum Spiegel des ganzen Werks. Prag, Linz, Wien, Melk, Paris, Tiflis, Buenos Aires werden zu einem Labyrinth ohne Ausweg miteinander verbunden. Es sind Orte der Revolution, Orte, an denen für den Roman wichtige Personen gelebt haben (Adson in Melk; Borges alias Burgos in Buenos Aires), Orte, an denen Revolutionen ausbrachen oder erstickt wurden (Prag und Paris 1968), Orte, wo Diktatoren wirkten (Hitler in Wien und Linz; Stalin in Tiflis), was alles einen aktuellen Zeitbezug legitimiert. Der Rahmen präfiguriert das Ganze: Ecos namenlose Begleiterin weist auf Adsons 'fanciulla' voraus, der Romancier Eco ist mit dem Mönch Adson identisch (wenngleich auch mit William), die verlorene Handschrift ist genauso ein Phantasieprodukt wie das 2. Buch der aristotelischen Poetik usw.

Der Gedanke, sich aus Authentizitätsgründen (oder anderen) hinter der Autorität eines fremden Manuskripts zu verstecken und sich selber nur als 'Herausgeber' und 'Bearbeiter' des Vorgefundenen zu verstehen, ist zutiefst mittelalterlich. Wir brauchen nur an die Prologe Chrétien de Troyes' zu denken. Das Verfahren kommt auch bei den Aufklärern, den Autoren von Briefromanen zumal, zur Anwendung, um die Gattung Roman aufzuwerten und ihr Wahrheit zu verleihen. Den wichtigsten italienischen Beleg liefert jedoch Manzoni, der in der Einleitung zu ›Die Verlobten‹ vorgibt, ein barockes Manuskript des 16. Jh. stilistisch für den Zeitgeschmack der Italiener des Ottocento zu bearbeiten. Ecos Hinweis „Natürlich, eine alte Handschrift" stellt augenzwinkernd ein Einverständnis über diesen Sachverhalt zwischen Autor und Leser her.

Eco geht aber noch weiter, indem er Buchtitel und Autoren nennt, die es gibt bzw. solche, die es geben könnte, aber nicht gibt. Dem implizierten Leser ist es aufgetragen zu suchen. Er wird feststellen, daß die ›Vetera analecta‹ Mabillons in jeder gutbestückten Bibliothek zu finden sind und Ecos bibliographische Angabe stimmt (in der deutschen Ausgabe werden übrigens die Fehler der italienischen verbessert). Auch Athanasius Kircher und Etienne Gilson sind dem Mediävisten keine Unbekannten. Bei Vallet hat er schon Mühe, denn es gibt nur den Thomasforscher Chanoine Pierre Valet, der 1878/79 das mehrfach aufgelegte Standardwerk ›Praelectiones philosophicae ad mentem S. Thomae Aquinatis‹ (Paris: A. Roger & F. Chernoviz) vorlegte und den Eco in seiner Doktorarbeit über Thomas von Aquin zitiert. Eine 'Abbaye de la Source' in 'Passy' ist inexistent, denn Passy ist heute in Paris eingemeindet und bildet das vornehme 16. Arrondissement. Eine 'Rue de la Source' erinnert noch an die eisenhaltigen Quellen, die früher dort ausgebeutet wurden. Das Wort 'Quelle' hat aber seine besondere Bedeutung in einem Vorwort, wo es um die Quelle einer angeblich authentischen mittelalterlichen Chronik geht. Von Milo Temesvar behauptet Eco, er habe ihn in seiner Analyse der Comics und ähnlicher Massenware, in ›Apokalyptiker und Integrierte‹ (Apocalittici e Integrati) zitiert, und zwar Temesvars Buch ›Die Apokalypsenhändler‹. Tatsächlich kommt Milo Temesvar in der genannten Studie vor, und zwar in dem Kapitel ›Da Pathmos a Salamanca‹. Wir erfahren, daß er über Borges, das Schachspiel, die Apokalypse des Johannes und die Abduktion publiziert hat. Er ist Albaner, der aus politischen Gründen erst in die UdSSR, danach in die USA übersiedelte. Wie Eco in einer Fußnote zur 2. Auflage enthüllt (S. 365 f.) hat er nur einen Defekt: es gibt ihn nicht, denn er hat ihn zur Irreführung des Lesers erfunden. Eco will nicht so sehr Reklame für die ›Apokalyptiker‹ machen, als durch dieses Versteckspiel auf die Bedeutung der von Temesvar behandelten Themen hinweisen.

Buchtitel aus satirischen und anderen literarischen Zwecken zu erfinden, hat spätestens seit Rabelais ('Abbaye de Sainct-Victor' in ›Pantagruel‹, Kap. 7 bzw. im ›Gargantua‹-Prolog) eine literarische Tradition, aber einen Autor zu erfinden und ihn für echt auszugeben, so daß der Neugierige nach ihm in Bibliotheken sucht, ist wiederum eine Trouvaille von Borges, z. B. in der ›Untersuchung des Werkes von Herbert Quain‹ (Examen de la obra de Herbert Quain, in: Ficciones, Ges. Werke III, 1), der ebenfalls über Labyrinthe und Spiegel schrieb (›The God of the Labyrinth‹; ›The Secret Mirror‹). Das Muster vom einmal in einer bestimmten Werkausgabe eingesehenen und dann wieder verlorenen, aber zwischenzeitlich abgeschriebenen Text liefert Borges' Erzählung ›Tlön, Uqbar, Orbis tertius‹, wo auf den letzten Seiten des 46. Bandes der ›Encyclopaedia Britannica‹ von 1902 ein Beitrag über das Phantasieland Uqbar steht, aber nur in einer ganz bestimmten Auflage.

Auch die Klosterbibliothek in NR, die das Geheimnis und den Mörder birgt, ist wie ein Labyrinth angelegt, zu dem man nur wie Lewis Carrolls Alice 'Through the Looking-glass', durch einen Spiegel, gelangt, aber nie des Nachts gehen darf und auf eine verkehrte Welt, eine Welt in Schachbrettmanier, stößt. Dieses Motiv ist den Lesern von Nouveaux romans durchaus geläufig. In ›Ein Tag zuviel‹ verliert sich Wallas (übrigens ein hübsches phonetisches Spiel mit dem Namen von Edgar Wallace) mehrfach in einem 'labyrinthe de petites rues'; im Jahr 1959 erscheint Robbe-Grillets Roman ›Die Niederlage von Reichenfels‹ (Dans le labyrinthe). In NR wird das Bibliothekslabyrinth wie folgt beschrieben:

‚Sehr labyrinthisch ist die Anlage bisher nicht. Komm, laß uns sehen, wohin die anderen Türen aus dem Siebeneck führen. Ich denke, wir werden uns leicht zurechtfinden.' Er irrte, die Erbauer der Bibliothek waren einfallsreicher gewesen, als er geglaubt hatte. Ich weiß nicht wie es kam, aber als wir den Ostturm verließen, wurde die Abfolge der ineinandergehenden Räume wirrer ... Ich hielt die Lampe hoch und trat in den nächsten Raum. Ein Riese von gewaltiger Größe, die Glieder verschwommen und fließend wie bei einem Gespenst, trat mir entgegen. ‚Ein Teufel!' schrie ich entsetzt, und fast wäre mir die Lampe entfallen, als ich zurückfuhr und mich in Williams Arme flüchtete ... Auch er mußte etwas erblickt haben, denn plötzlich verharrte er reglos. Dann aber ging er weiter, hob die Lampe und lachte laut auf. ‚Wirklich genial. Ein Spiegel!' (216ff.; vgl. auch 52, 119, 201, 218, 223, 308, 408, 585).

Ecos Faszination für Labyrinthe geht sicherlich auf Borges zurück, der das Motiv des Labyrinths immer wieder in seinen Erzählungen abwandelt, z. B. ›Ibn Hakkan al-Bokhari, gestorben in seinem Labyrinth‹; ›Die zwei Könige und die zwei Labyrinthe‹; ›Der Garten der Pfade, die sich verzweigen‹ usw. (Abenjacán el Bojarí, muerto en su laberinto; Los dos reyes y los laberintos; El jardín de senderos que se bifurcan). Dies führt so weit, daß sich Eco an den Vorbereitungen zu einer monumentalen Labyrinthausstellung beteiligt (Achille Bonito Oliva/Paolo Portoghesi/Umberto Eco/Paolo Santarcangeli, ›Luoghi del silenzio imparziale. Labirinto contemporaneo‹), sich in Santarcangelis Buch ›Il libro dei Labirinti. Storia di un mito e di un simbolo‹ vertieft und durch Hermann Kerns begeisternde Mailänder Labyrinthausstellung inspirieren läßt, deren Katalog das Umschlagbild der italienischen Ausgabe von NR, das im 18. Jh. verschwundene Labyrinth am Eingang der Kathedrale von Reims, entnommen ist, das sich leider nur in der deutschen Ausgabe der NNR (S. 67) findet. Wie Eco auf dem Schutzumschlag der italienischen Ausgabe erklärt, wurde das Labyrinth im 18. Jh. von dem Remenser Kanonikus Jacquemart zerstört, weil es die Kinder von der Messe ablenkte und sie damit spielten. Der Geistliche verkörpert den Ernst, die Kinder das Lachen: das Labyrinth und seine Geschichte präfigurieren das Schicksal der Klosterbibliothek.

Das Labyrinth hat eine multiple Funktion. Es ist wie der Spiegel ein altes Todesmotiv, aber auch Symbol der Initiation und in der mittelalterlichen Allegorese der Taufe. Darüber hinaus ist es nicht nur Chiffre einer chaotischen, unentwirrbaren Welt, denn es ist ja auch 'more geometrico' nach architektonisch-mathematischen Regeln erbaut, Regeln, die man erkennen kann. Theseus und Ikarus gelang es, wieder aus dem Labyrinth herauszufinden, die Ordnung hinter der vermeintlichen Unordnung zu erkennen, Detektiven und Schriftstellern vergleichbar. Die einen klären einen verwirrten Fall (oder auch nicht), die anderen weisen durch die Versatzstücke der Realität und die intertextuellen Verquikkungen ihrer literarischen Vorbilder einen Weg, Realität neu abzubilden. Der scheinbar so labyrinthische Kriminalroman wird zur Gattung der Ordnung schlechthin, wie Borges es in seinem Essay über die Kriminalgeschichte schreibt, aus der wir das Motto gewählt haben bzw. dem Muster der mehrfachen Schriftdeutung.

Eine Sonderform des Labyrinths ist, wie gesagt, die Bibliothek, allerdings die Bibliothek, in der alles Wissen gespeichert ist und die zum Abbild des Makrokosmos wird. Für den Intellektuellen, der nicht aus dem Erleben, sondern dem Lesen lebt und seine Ideen bezieht – „Wenig ist mir widerfahren, aber viel habe ich gelesen" schreibt Borges einmal bezeichnenderweise (In: ›Ich‹, Ges. Werke 6, 127) – ist die Weltliteratur ein Wald, ein Labyrinth. „Ich betrachte die Weltliteratur wie einen Wald, ... sie ist wie ein lebendiges Labyrinth." In seiner berühmten Kurzgeschichte ›Die Bibliothek von Babel‹ (La biblioteca de Babel) wird die Welt zum Bücherlabyrinth, einem Labyrinth in Kugelform – die Kugel ist unendlich groß –, in deren Mittelpunkt Sechsecke aneinanderstoßen:

Auf jede Wand jeden Sechsecks kommen fünf Regale; jedes Regal faßt zweiunddreißig Bücher gleichen Formats; jedes Buch besteht aus vierhundertzehn Seiten, jede Seite aus vierzig Zeilen, jede Zeile aus etwa achtzig Buchstaben von schwarzer Farbe. Buchstaben finden sich auch auf dem Rücken jeden Buches ... Erstes Axiom: Die Bibliothek existiert *ab aeterno*. An dieser Wahrheit, aus der unmittelbar die künftige Ewigkeit der Welt folgt, kann kein denkender Verstand zweifeln. Der Mensch, der unvollkommene Bibliothekar, mag ein Werk des Zufalls oder böswilliger Demiurgen sein; das Universum, so elegant ausgestattet mit Regalen, mit rätselhaften Bänden, mit unerschöpflichen Treppen für den wandernden und mit Latrinen für den seßhaften Bibliothekar, kann nur Werk eines Gottes sein (Ges. Werke 3, 1, 146/147).

Die Bücher entstehen also analog dem Modell der Akademie von Laputa in Swifts ›Gullivers Reisen‹ (Teil III), das wiederum auf Raimundus Lullus' ›Ars magna‹ zurückgeht, durch Kombination der 25 Buchstaben des Alphabets bis zur Erschöpfung, wofür Eco an anderer Stelle (›Das offene Kunstwerk‹, S. 100), allerdings für eine Schreibmaschine mit 42 Zeichen, 85^{1500} Möglichkeiten errechnet hat.

Der Bau der Klosterbibliothek in NR (vgl. den Plan S. 411) erfolgt nach Vier-, Fünf- und Sechsecken, die Orientierung nach Ländern, deren Anfangsbuchstaben sich aus Versen der Apokalypse erschließen lassen (49f.; 101; 146; 400; 411); auch enthält sie alles damals verfügbare Wissen, ist eigentlich unüberschaubar. Nur die Bibliothekare Malachias von Hildesheim und Jorge, Initiierte und Muster von Intellektuellen, kennen die Bestände und die Standorte der Bücher; nur der Idealleser kann auch alle Lesefrüchte identifizieren, die Eco verarbeitet hat. Der 'Detektiv' William von Baskerville, der kriminalistischen Spürsinn mit naturwissenschaftlicher Schulung und immenser Belesenheit verbindet, entschlüsselt den Plan der Bibliothek durch Abduktion von außen. Er geht dabei vor wie Wellington, der vor der Schlacht mit Napoleon einen Modellnapoleon entwirft, welcher dem echten Napoleon gleicht (›Lector in Fabula‹, S. 54), bzw. wie Dantès und Faria in ›Der Graf von Monte Christo‹, die den labyrinthischen Bau ihres Gefängnisses theoretisch nachzeichnen, bzw. wie Italo Calvino in seiner Erzählung ›Ti con zero‹. Es ist dies auch die grundlegende Methode aller Kriminalnovellen Edgar Allan Poes. In der NNR (64f.) unterscheidet Eco zwischen drei Arten von Labyrinthen: dem klassisch-griechischen, geometrisch konstruierten mit dem Minotaurus im Zentrum; dem barock-manieristischen des Irrgartens mit Irrwegen und toten Seitengängen und dem rhizomartigen Labyrinth als Netzwerk. Zu Unrecht nennt er seine Bibliothek ein manieristisch-rhizomartiges Labyrinth, denn wenn man den Plan Williams betrachtet, ähnelt es einem fein gewobenen Spinnennetz, in dessen einem Winkel, dem 'finis Africae', Jorge de Burgos lauert. „Die Bibliothek ist ein großes Labyrinth, Zeichen des Labyrinths der Welt. Trittst du ein, weißt du nicht, wie du wieder herauskommst. Man soll die Säulen des Herkules nicht antasten" (201). Das Eindringen in diese Welt ist Hybris, die dem Profanen verwehrt bleiben muß.

William von Baskerville sucht die Lösung der rätselhaften Morde in der Bibliothek, wo, wie sich später herausstellt, das (verlorene) 2. Buch der aristotelischen Poetik über Komik, Komödie und Lachen, die die Ordnung gefährdende, destruierende Kräfte freisetzen können, von Jorge de Burgos bewacht wird, was den Schlüssel zu allen Morden darstellt.

Soll eine systematisch geplante Mordserie im Mittelalter nicht als modernistischer Anachronismus auffallen, muß sie vom Autor gegen das starre mittelalterliche Ordo-Denken motiviert werden, was Eco auf mannigfache und sehr geschickte Weise unternimmt. Das Kloster erscheint nur äußerlich als architektonisch wie auch sozial abgestufter und durchdachter Kosmos. Wie eine Frucht, die im Innern bereits von Würmern zernagt ist, aber nach außen noch ein glattes Äußeres bietet, ist die innere Ordnung gestört, da einige Mönche sich homosexuell betätigen (149; 175f.; 178; 348), andere ehemalige Anhänger des Ketzers Fra Dolcino sind und sich im Kloster verbergen (236ff.; 283ff.; 342ff.), wieder andere nachts heimlich Unbefugte aus dem Dorf ins Kloster einlassen (418f.) und so eine Gegenwelt errichten, 'eine verkehrte Welt'.

Die Verkehrung der Welt ist im Mittelalter aber nur wiederum in ritualisierter Form, d.h. im Rahmen der sozialen Ordnung, erlaubt, und zwar auf Zeit. Das ist, wie der russische Literaturwissenschaftler Michael Bachtin (›Literatur und Karneval. Zur Romantheorie und Lachkultur‹) herausgefunden hat – sein Buch wurde insbesondere von französischen und italienischen Semiotikern und Strukturalisten rezipiert und gelobt –, die Funktion des mittelalterlichen Karnevals, die Jorge wie folgt erläutert:

> Das Lachen ist die Schwäche, die Hinfälligkeit und Verderbtheit unseres Fleisches. Es ist die Kurzweil des Bauern, die Ausschweifung des Betrunkenen, auch die Kirche in ihrer Weisheit hat den Moment des Festes gestattet, den Karneval und die Jahrmarktsbelustigung, jene zeitlich begrenzte Verunreinigung zur Abfuhr der schlechten Säfte und zur Ablenkung von anderen Begierden, anderem Trachten ... Aber so bleibt das Lachen etwas Niedriges und Gemeines, ein Schutz für das einfache Volk, ein entweihtes Mysterium für die Plebs (602/603).

Jorge, der Benediktiner, dessen Ordensregel das Lachen verbietet (169), gestattet Heiterkeit nur dem einfachen Volk, weil sie durch eine nützliche Affektabfuhr die ständisch-soziale Ordnung letztendlich zementiert. Das kritische Lachen des Intellektuellen ist ihm ein Graus und bedeutet den Anfang von Rebellion, gar Revolution. In drei langen Auseinandersetzungen über das Lachen (105f.; 125f.; 165f.) prallen Williams und Jorges gegensätzliche Standpunkte aufeinander. Aristoteles hat das kritische Lachen zum wesentlichen Distinktivum zwischen Mensch und Tier erhoben (De part. an. III, 10), und das ist auch die Meinung Ockhams, „risibile est proprium hominis" (Op. phil. I). Das von William kurz vor der Vernichtung zitierte (erfundene) Fragment des 2. Buchs der Poetik hebt gerade auf die Nivellierung der Gegensätze und die Einreißung der Ordnung ab:

> Wir werden zeigen, wie das Lächerliche der Geschichte entsteht aus der Angleichung des Besseren an das Schlechtere und umgekehrt, aus der Überraschung

durch Täuschung, aus dem Unmöglichen und aus der Verletzung der Naturgesetze, aus dem Belanglosen und aus dem Widersinnigen, aus der Herabsetzung der Personen, aus dem Gebrauch der komischen und vulgären Pantomime, aus der Disharmonie, aus dem Rückgriff auf die weniger edlen Dinge (595).

Die Komödie im aristotelischen Sinn stellt demnach nicht eine ephemere 'Fastnacht' dar, eine 'verkehrte Welt', sondern sie korrigiert Wirklichkeit auf Dauer. Jorge, der Antiaristoteliker, der sein Wissen vornehmlich aus dem Geist der Patristik speist, bekämpft das Lachen, das destruiert, mit allen Mitteln. Als er selber zum ersten Mal lacht (611), und er ist der letzte Lacher des Buchs, kündet dies die Apokalypse an, die ihrerseits eine Form der 'verkehrten Welt' ist, auf die hier aber keine Neue Welt Gottes mehr folgt.

Nicht von ungefähr ist mit der Aristoteles-Handschrift einer der wichtigsten mittelalterlichen Texte über die 'verkehrte Welt' zusammengebunden, die ›Coena Cypriani‹ (559), von der es zwei Versionen gibt: eine aus dem 3. oder 5. Jh. und eine ›Coena Johannis‹ des 9. Jh. Adson hat kurz zuvor eine auf der späten Fassung basierende Vision (541 ff.), die ihm William als Mischung aus Realem und in der ›Coena Cypriani‹ Gelesenem deutet (556). Die Gestalten der Bibel tun etwas ihrem wahren Wesen Entgegengesetztes, tafeln und betrinken sich, und die Mönche des Klosters mischen sich unter sie. Die Vision antizipiert bereits das Ende, denn Jorge wiehert vor Lachen (544), das Mädchen trägt ein Gefäß mit vergifteter Salbe, Jesus hat schwarze Fingerkuppen, zerreißt ein Buch und gibt es in einer Abendmahlsparodie den Zechkumpanen zum Verzehr (548), alle plündern den Klosterschatz, der Leib des Mädchens löst sich in Staub auf, die Gebäude verglühen in Flammen. Die ›Coena Cypriani‹ (MGH Poet. lat. Medii Evi IV, 2, 1914/1978, 870–898) wird hier fälschlich einem Magister Alcofribas zugeschrieben, wohinter sich François Rabelais verbirgt, dessen Name, anagrammatisch verschlüsselt, ALCOFRIBAS NASIER ergibt. Eco verweist damit erneut auf Bachtins Karneval-Buch, dessen Gedankengänge am Werk Rabelais' exemplifiziert werden, zumal Adsons Vision auch Epistemons Unterweltsreise (›Pantagruel‹, Kap. 30), einer besonders satirisch-witzigen Form der Nekyia, gleicht.

Die Gefährdung der Ordnung und ihre schrittweise Auflösung konstituieren notwendigerweise die Kriminalgeschichte mit all ihren Rätseln. Bei deren Lösung und der Deutung der Mysterien geht William streng logisch vor:

‚Mein lieber Adson' [dies ist natürlich eine Conan-Doyle-Parodie – 'my dear Watson'; d. Verf.], dozierte mein Meister, ‚das Aufklären eines Geheimnisses ist nicht dasselbe wie das Deduzieren aus festen Grundprinzipien. Es gleicht nicht einmal dem Sammeln von soundsovielen Einzeldaten, um aus ihnen dann auf ein allgemeines Gesetz zu schließen. Es ist eher so, daß man vor einer Anzahl von Tatsachen steht, die anscheinend nichts miteinander zu tun haben, und nun versuchen muß, sie sich als ebenso viele Einzelfälle eines allgemeinen Gesetzes vorzustellen, eines Gesetzes aber, das man nicht kennt und das womöglich noch nie formuliert worden ist‘ (389).

In einem Nachwort zu den ›Sechs Aufgaben für Don Isidro Parodi und andere Erzählungen von J. L. Borges und A. Bioy Casares‹ nennt Eco diese Methode 'Abduktion' ('die Abduktion in Uqbar'). Die Abduktion geht auf den amerikanischen Logiker Charles Sanders Peirce (1839 bis 1914) zurück und ist die gleiche Methode wie die von Sherlock Holmes. (Vgl. Thomas A. Sebeok–Jean Umiker-Sebeok, ›'Du kennst meine Methode'. Charles S. Peirce und Sherlock Holmes‹, Frankfurt a. M. 1982 bzw. Umberto Eco–Thomas A. Sebeok, ›'Der Zirkel oder im Zeichen der Drei'. Dupin – Holmes – Peirce‹, München 1985). Es handelt sich um einen instinktiven Wahrscheinlichkeitsschluß, bei dem von einem gesicherten Obersatz und einem wahrscheinlichen Untersatz auf eine wahrscheinliche Konklusion geschlossen, besser kombiniert, wird.

Abduktion geht von den Tatsachen aus, ohne von Anfang an eine spezielle Theorie zu verfolgen, obwohl sie durch das Gefühl motiviert wird, daß eine Theorie erforderlich ist, um die überraschenden Tatsachen zu erklären. Die Induktion geht von einer Hypothese aus, die sich selbst zu empfehlen scheint, ohne daß zu Beginn irgendwelche spezielle Fakten verfolgt werden, auch wenn ein Gefühl dafür besteht, daß Tatsachen erforderlich sind, um die Theorie zu stützen. Die Abduktion sucht nach einer Theorie. Die Induktion sucht nach Tatsachen. In der Abduktion legt die Betrachtung der Fakten eine Hypothese nahe. In der Induktion führt die Untersuchung der Hypothese zu Experimenten, die genau die Fakten ans Tageslicht fördern, auf die die Hypothese verwiesen hatte (Peirce, Collected Papers 7, 218, zit. nach Sebeok/Umiker-Sebeok, 54).

Die Arbeit des Detektivs ist ein griffiges Exempel der wissenschaftlichen Abduktion und der Tätigkeit des Geisteswissenschaftlers schlechthin, jedenfalls will Eco uns das glauben machen, denn Sherlock Holmes sei der Vater der Semiotik, wobei die Semiotik auf antike medizinische Abhandlungen zurückgeführt wird, die sich mit Diagnostik befassen. Der studierte Mediziner Conan Doyle habe sie in seine Romane eingebracht. Eco sagt selber, es handele sich nur um eine Pseudowissenschaft.

Man kann die Ironie nicht übersehen, mit der William (deshalb?) Adsons tastende Abduktionsversuche kommentiert:

‚Versuch doch mal, eine Hypothese aufzustellen. Du müßtest inzwischen gelernt haben, wie man das macht.‘ ‚Wenn ich's gelernt habe, Meister, dann hab ich gelernt, daß ich mindestens zwei Hypothesen aufstellen muß, eine der anderen entgegengesetzt und beide recht unwahrscheinlich. Also gut ...‘ Ich schluckte,

Hypothesenaufstellen ist eine schwierige Sache … ‚Gute Arbeit, Adson, du fängst allmählich an, richtig zu kombinieren‘ (573f.).

Aber da der Detektiv Baskerville scheitert, weil seine Abduktionen oder Retroduktionen der Morde auf die Öffnung der sieben Posaunen in der Apokalypse des Johannes eher eine Trial-and-Error-Methode sind und auf falschen Prämissen beruhen, verfremdet Eco erneut sein eigenes Abduktionsverfahren. Sollte er letztlich der Auffassung sein, das Mittelalter sei für uns doch nur ein Buch mit sieben Siegeln, ein unentwirrbares Labyrinth, dem man sich allenfalls in der Gestalt des Kriminalromans nähern könne? Man fühlt sich lebhaft an einen bekannten Satz des Krimifreundes Dürrenmatt erinnert: „Wie besteht der Künstler in einer Welt der Bildung, der Alphabeten? Eine Frage, die mich bedrückt, auf die ich noch keine Antwort weiß. Vielleicht am besten, indem er Kriminalromane schreibt, Kunst da tut, wo sie niemand vermutet. Die Literatur muß so leicht werden, daß sie auf der Waage der heutigen Literaturkritik nichts mehr wiegt: Nur so wird sie wieder gewichtig“ (›Theaterprobleme‹, Zürich 1963, 60).

Italiener haben darüber hinaus zum Kriminalroman, dieser angloamerikanischen Gattung par excellence, zu der allenfalls die Franzosen noch genuine Beiträge beigesteuert haben, ein gebrochenes Verhältnis, so daß der Kriminalroman, sieht man von Augusto de Angelis, Giorgio Scerbanenco und anderen ‘rarae aves’ einmal ab, dort eigentlich erst nach dem Krieg Fuß fassen konnte. Leonardo Sciascia hat in seinem kurzen Abriß der Gattung in Italien dargelegt (›Epoca‹ 1302, 1975, 66), es sei eigentlich unmöglich, in Italien Kriminalromane zu schreiben, da zwar laufend Verbrechen geschähen, deren Lösung auch jedermann kenne, dies aber niemals zur Bestrafung der Übeltäter führe:

Wir können mit Gadda enden, der den vollkommensten ‘Krimi’ geschrieben hat, der jemals geschrieben wurde, einen ‘Krimi’ ohne Lösung, eine ‘völlig verwikkelte Geschichte’ *(pasticciaccio)*. Man kann ihn, gemessen an der Wirklichkeit wie auch an der Literatur als Gleichnis für die Unmöglichkeit der Existenz des Kriminalromans in einem Land wie dem unseren verstehen, in dem viele Leute die Lösung eines jeden kriminellen Geheimnisses und auch die Schuldigen kennen, diese Lösung aber nie offiziell wird und die Schuldigen niemals, wie man so sagt, der Justiz überantwortet werden.

Während die Popularität des Genres ansonsten damit erklärt wird, der Leser erwarte, die durch das Verbrechen, zumal den Mord, gestörte Ordnung durch Polizei und Detektiv wiederhergestellt zu sehen, könne der Italiener nur Parodien auf den Kriminalroman schreiben, wenn überhaupt, die um das Scheitern des Detektivs kreisten. Eine lapidarere Sozialkritik ist eigentlich nicht mehr denkbar: Die italienische Alltagswirklichkeit mit Mafia und Camorra ist ein ewiger Kriminalroman ohne

Retablierung der prästabilierten Harmonie. Dies könnte erklären, warum ein kritischer Beobachter wie Eco seinen Roman sogleich ins Mittelalter zurückverlegt und bereits 1327 seinen Detektiv zum Scheitern verurteilt. Die Vergangenheit wird einmal mehr zum unerbittlichen Spiegel der Gegenwart.

Ein weiterer von Eco nicht genannter Grund für die Wahl des Kriminalgenres hängt mit der 'Offenheit' des Kunstwerks zusammen. Eco hat darüber zuerst ausführlich in der gleichnamigen Abhandlung ›Das offene Kunstwerk‹ (Opera aperta, 1962; vgl. aber auch die überarbeiteten späteren Fassungen) geschrieben. Letztlich verbirgt sich dahinter eine Fragestellung, die seit Benedetto Croce die italienische Literaturkritik stark beschäftigt hat und auf die Unterscheidung zwischen 'poesia' und 'non-poesia' hinausläuft, was Eco nur moderner formuliert und semiotisch verbrämt, zudem mit der Lehre vom Mehrfachen Schriftsinn garniert. Es muß hier gesagt werden, daß der Romancier Eco trotz der zahlreichen Pastiches und Anlehnungen um ein Vielfaches origineller ist als der Semiotiker.

Ein Kunstwerk ist per definitionem 'offen', d. h., man kann es immer wieder neu und auf verschiedene Weisen deuten; es entzieht sich der Festlegung und verlangt nach einem aufmerksamen detektivischen Leser. Ein 'geschlossenes Werk' hingegen wendet sich an ein fest umrissenes Zielpublikum und läßt sich in seinem Aufbau formalisieren, in wiederkehrende Sequenzen zerlegen, wie Eco in seiner Untersuchung zu Ian Flemings Bond-Romanen gezeigt hat (›Der Fall Bond‹, München 1966 [= dtv 360], 185–200; ›Il caso Bond‹, 1965) bzw. in seiner Einleitung zu Eugène Sues ›Les mystères de Paris‹ (›I misteri di Parigi‹, Milano 1967). Der Autor kennt sein Publikum und seinen 'Erwartungshorizont' genau, und beide wissen voneinander, was sie erhoffen dürfen.

Bereits Viktor Sklovskij hatte in seiner ›Theorie der Prosa‹ Kriminalromane von A. Conan Doyle analysiert und damit formalistischen, strukturalistischen und semiotischen Forschern den Weg gewiesen. In ›Opera aperta‹ hatte Eco auch ganz folgerichtig den Kriminalroman, den 'giallo', wie er wegen der ersten so eingebundenen Reihen des Verlags Mondadori per antonomasiam heißt, zum Sonderfall des geschlossenen (Kunst)werks erklärt (it. Ed. 273 ff.; dt. Ed. 274 ff.), weil dort am Anfang und am Ende Ordnung herrsche, die nur durch den Täter gestört, aber durch den Detektiv wiederhergestellt werde; das Publikum wisse dies und erwarte einen solchen Schluß.

In ›Lector in fabula‹ (1979) rückt Eco aber von dieser Auffassung wieder ab und macht auf ein Paradox aufmerksam: Der Kriminalroman ist gegen falsche Interpretationen resistenter als 'offene' Literatur. Wenn man, so sagt er, in den Romanen von Rex Stout die Beziehung zwischen

Nero Wolfe und Archie Goodwin als kafkaeske Beziehung deutet, übersteht der Text dies unbeschadet und Plot und Auflösung blieben gleich spannend. Liest man aber den ›Prozeß‹ als Kriminalroman, so könnte man aus den Seiten von Kafkas Buch genausogut Marihuanazigaretten drehen! (Ed. 1979, 60).

Im nachhinein wird somit auch der Kriminalroman 'geöffnet' und literaturfähig gemacht, weil Eco die 'Apokalyptiker', die Vertreter einer elitären Hochkultur, mit den 'Integrierten', den Verfassern von Massenware, versöhnen will (›Apocalittici e integrati‹). Diese Öffnung gelingt in NR deshalb so vorzüglich, weil, wie wir sagten, eine mehrfache Lektüre nicht ausgeschlossen wird und erst die multiplen Deutungsschichten enthüllt; die Suche nach dem Täter ermöglicht stets neue Divagationen in Wissensgebiete, die mit dem eigentlichen Kriminalroman nichts oder nur peripher zu tun haben. Im Rahmen unserer Thematik wollen wir zum Abschluß näher auf die Strukturen des Kriminalromans eingehen, die NR zugrunde liegen. Wenn U. Schulz-Buschhaus den Kriminalroman auf den Dreischritt 'Mystery – Analysis – Action' reduziert, so findet dieser sich wieder: Den rätselhaften Morden folgen jeweils Williams Erklärungsversuche, und die Ekpyrosis, deren geistiger Urheber vermutlich Dr. Peter Kien aus Elias Canettis ›Die Blendung‹ (1936) ist, welche den Kampf der Geistesgiganten Jorge und William besiegelt, ist das großartigste Finale, das man sich vorstellen kann, ist die totale Verkehrung der Welt in einen infernalischen Karneval (U. Eco/V. V. Ivanov/ M. Rector, ›Carnival‹. Ed. by Th. Sebeok 1984).

Aber auch die berühmten zwanzig Van-Dine-Regeln bzw. die zehn Regeln Hans Deibers werden im großen und ganzen beachtet: 1. Die Mechanik des Detektivromans wird durch einen rätselhaften Mord ausgelöst. 2. Der Detektiv darf nicht mehr wissen als der Leser, denn der Leser muß mitdenken können. 3. Es ist unfair, wenn der Autor nur dem Detektiv hilft und nicht auch dem Leser. 4. Im Detektivroman gibt es keinen Zufall. 5. Der Autor muß die Wahrheit sagen, nur seine Geschöpfe dürfen lügen. 6. Er muß sich auf das Notwendigste beschränken. 7. Der Detektiv darf nicht der Mörder sein. 8. Der Mörder darf kein Held sein. 9. Die Geschichte endet mit dem Tod des Mörders. 10. Die Schlußanalyse klärt alles auf.

Die phonetischen Anklänge weisen, so sagten wir, auf Sir Arthur Conan Doyles ›Der Hund von Baskerville‹ (The Hound of the Baskervilles) als literarisches Muster, und in der Tat gibt es viele Ähnlichkeiten zwischen beiden Romanen, was Personen, Ort und Handlung angeht. In beiden Fällen begegnet uns ein Detektiv-Paar: Dem genialisch kombinierenden Privatdetektiv Sherlock Holmes aus der Baker Street 221 B, der anregende Drogen wie Morphium und Kokain, Tabak und Kaffee nicht verschmäht – er hat sogar ein Werk über Zigarrenasche geschrieben –, steht als Alter ego der Chronist und Ich-Erzähler Dr. Watson zur Seite, der ihm intelligenzmäßig zwar weit unterlegen ist, sich aber auch an scharfsinnigen Deutungen der geheimnisvollen Fälle mehr oder minder erfolgreich versucht, was jedoch meist danebengeht. Wir haben es mit einer der spätestens seit Don Quijote und Sancho Pansa so beliebten Herr-Knecht(Diener)-Relation zu tun, in die die Interpreten (fälschlich) homoerotische Komponenten hineingeheimnissen. Sie ist einfach literarisch notwendig! Die gebotene Bescheidenheit hindert das Genie, den Detektiv, sich selber ständig zu loben; dazu bedarf es einer inferioreren Intelligenz. Aber wenn Dr. Watson schon nicht so brillant wie sein Meister kombinieren und abduzieren kann, so kann er doch anregend und spannend erzählen.

Analoges gilt für William von Baskerville und Adson. William ist Engländer und gehört damit der Nation an, die sich auf ihren besonderen Humor viel zugute hält. Er kann lachen, sich selber ironisieren, was für das Verständnis des Romans äußerst wichtig ist. Er war lange Inquisitor, also das mittelalterliche Pendant des modernen Polizisten oder Detektivs. Er ist arrogant und exzentrisch, kaut stimulierende Kräuter, um sich zu entspannen, und ist einer der frühesten Brillenträger (209ff.; 353ff.), die ja eben erst (um 1300) erfunden worden war (angeblich von Salvino degli Armati) und das materialisierte Symbol seines logisch-naturwissenschaftlich, an Roger Bacon und William von Ockham geschulten Spürsinns ist. Was Sherlock Holmes seine Lupe, das ist William seine Brille. Besonders witzig ist, daß gegen Ende nicht der Verbrecher, sondern der Detektiv Handschuhe überstreifen muß, um nicht zu Tode zu kommen, d. h. durch die Aristoteles-Handschrift vergiftet zu werden (593). Als weiteres technisches Hilfsmittel kennt William bereits den von Petrus Peregrinus (Pierre de Maricourt) beschriebenen Kompaß und will ihn zur Orientierung im Labyrinth benutzen (273).

Beide Romane beginnen mit einer abduktionistischen kombinatorischen Meisterleistung der Detektive, die Indizien, ‘Zeichen’, richtig deuten. Dieser Auftakt hat eine lange literarische Tradition, die möglicherweise schon Conan Doyle inspiriert hat. In Voltaires Conte philosophique ›Zadig‹ (Kap. ›Le Chien et le cheval‹) schließt der genaue Beobachter Zadig aufgrund von Spuren auf das Aussehen der Lieblingshündin der Königin bzw. des schönsten Pferdes des königlichen Marstalls, das entlaufen ist. Ohne die Tiere zu sehen, kann Zadig sie genau beschreiben. Und der Philosoph Peirce, dem auf der Überfahrt mit dem Dampfer ‘Bristol’ seine kostbare Ankeruhr bzw. sein Überzieher entwendet werden, macht den Täter, ohne ihn zuvor gesehen zu haben, auf eine ähnliche Weise dingfest. Anhand eines Spazierstocks und seiner Beschriftung identifiziert Holmes seinen Eigentümer, den Landarzt James Mortimer, seinen neuen Auftraggeber, richtig, so wie William von Baskerville den Brunellus, das entlaufene Pferd des Abts, präzis beschreiben kann, ohne es je gesehen zu haben. All diese 'saggi di bravura' gelingen durch intuitive Abduktion.

Wie Sherlock Holmes, der tüchtige Fechter und Boxer, ist auch William körperlich äußerst gewandt, verbindet 'vita activa' und 'contemplativa' in geradezu idealer Weise. Die Schauplätze sind beide Male von der Außenwelt abgeschnittene kleine Universen: Hier das verschachtelte Herrenhaus Baskerville Hall im Moor (Dartmore) mit seinen Geheimnissen; dort die Benediktinerabtei auf dem Hochplateau, die einen Kosmos für sich bildet. Der Mörder ist jeweils ein brillanter Kopf und damit ein dem Detektiv ebenbürtiger Gegner. In ›Der Hund von Baskerville‹ handelt es sich um Roger II. Baronet Baskerville alias Vandeleur alias Stapleton, einen hochrangigen Naturwissenschaftler, der aus der Bahn geworfen wurde, und in NR um den ehemaligen, durch seine Erblindung ebenfalls karrieregeschädigten Bibliothekar Jorge von Burgos. Der eine versteckt sich im Labyrinth des Moors – „Den Weg *hinein* findet er vielleicht, aber niemals wieder den Weg heraus" (162) –, der andere im Labyrinth der Bibliothek. Warum Eco Jorge, dem er ideenmäßig so viel verdankt (also Borges), negativ zeichnet, ihn gar zum Antichristen stilisiert, müßte Gegenstand einer eigenen Untersuchung sein; vermutlich, weil Borges die Phantastik ernst nimmt und sein Werk bar jeden Anflugs von Humor ist, es sei denn des unfreiwilligen.

Hier enden jedoch die Gemeinsamkeiten. Die Lösung des Baskerville-Geheimnisses bei Conan Doyle ist viel banaler und platter als bei Eco, der sein intertextuelles Vorbild weit hinter sich läßt. Es geht um eine Erbschaft; auch werden beide Morde auf die gleiche Weise ausgeführt, indem der Täter einen phosphoreszierenden Riesenbluthund auf die Opfer losläßt. Den Kampf um die Entdeckung und Divulgierung des (verlorenen) 2. Buchs der aristotelischen Poetik zum Angelpunkt der Morde zu machen, ist vielleicht der originellste Gedankenblitz Ecos in einem an Überraschungen nicht eben armen Roman. Die geometrisch-numerische Abfolge der sieben Todesfälle an sieben Tagen, auch wenn manchmal zwei Morde oder an einem anderen Tag dafür keiner geschehen, erinnert aber, sieht man von der Zahlensymbolik einmal ab (die Sieben als die Zahl Gottes und die Sechs als die des Antichristen spielen eine besondere Rolle, vgl. 32; 567 u. ö.), nicht mehr an Conan Doyle, sondern an Agatha Christie. Rekapitulieren wir: William von Baskerville ahnt, daß die mysteriösen Selbstmorde und Morde mit der Bibliothek zu tun haben, deren engste Mitarbeiter eine homosexuelle Clique bilden. Aber da alle Ereignisse auf wunderbare Weise durch die

Apokalypse des Johannes aufgeklärt werden können, glaubt er an einen religiösen Hintergrund. Die Spiritualen haben das Kommen des Antichrist vorausgesagt, und dem geht die Öffnung der Sieben Siegel wie das Blasen der Sieben Posaunen voraus (Ap. 8/9/11):

Wegen eines Satzes von Alinardus hatte ich angenommen, daß die Serie der Verbrechen dem Rhythmus der sieben Posaunen in der Apokalypse folge: für Adelmus der Hagel, dabei war es ein Selbstmord; für Venantius das Blut, dabei war es eine verrückte Idee von Berengar; für Berengar selbst das Wasser, dabei war es ein Zufall; für Severin der dritte Teil des Himmelsgewölbes, dabei hatte Malachias die Armillarsphäre nur genommen, weil sie gerade zur Hand war; und schließlich für Malachias die Skorpione (597).

Adelmus von Otranto stürzt bei Hagel und Graupelschauer aus dem Fenster; Venantius von Salvemec ertrinkt (angeblich) in einem Bottich mit Schweineblut, denn es ist die Zeit des Herbstschlachtens; Berengar von Arundel wird tot im Badehaus gefunden; Severin von St. Emmeran wird mit einer Armilla, der Darstellung der Haupt-Himmelskreise, einer Abart des Astrolabs, erschlagen; Malachias von Hildesheim beim Umblättern der vergifteten Aristotelesseiten wie von einem Skorpionstachel gestochen. Fügen wir noch den Abt hinzu, der in der geheimnisvollen Wendeltreppe erstickt, und Jorge selber, der nach Ap. 10,9 die Seiten der vergifteten Handschrift verschlingt ('Bibliophagie').

Die Morde waren scheinbar berechenbar, vorhersehbar, da sie vermeintlich einem bekannten Text, der Apokalypse, folgten. Man fühlt sich deutlich an Agatha Christies Erfolgskrimi ›Zehn kleine Negerlein‹ (›Ten Little Niggers‹, 1934) erinnert, wo Richter Wargrave, dessen Charakter auffallend dem von Jorge von Burgos ähnelt, was Humorlosigkeit, Fanatismus und Sadismus angeht, nach dem Ablauf des bekannten Kinderlieds von den 'Zehn kleinen Negerlein' zehn sonst nicht justiziable Personen ins Jenseits befördert: die kleinsten Sünder zuerst, die größten am Ende, weil Angst und Mißtrauen proportional zum Dezimieren des Personenkreises wachsen. Agatha Christie verwendet ähnliche Schemata auch in ›ABC-Murder‹, ›A Pocketful of Rye‹ und anderen Romanen, wo jeweils Merkverse, Abzählreime, ein Kursbuch die Auflösung bringen. Aber wiederum pastichiert Eco sein Muster, nimmt es nicht für voll: Die Erklärung Williams war irrig und zufällig, der Sachverhalt ganz anders, unentwirrbar, denn schon der Tod des Abts hätte nach der Apokalypse bei den Pferdeställen oder durch Pferde erfolgen müssen (Ap. 9, 13 ff.), was nicht geschieht:

‚Aber Meister', wagte ich einzuwenden, ‚Ihr redet jetzt so, weil Ihr in tiefster Seele verletzt seid. Mir scheint, es gibt durchaus eine Wahrheit, nämlich jene, die Ihr gestern abend entdeckt habt, jene, zu der Ihr gelangt seid, indem Ihr die Spuren gedeutet habt, die Ihr in den letzten Tagen fandet. Jorge mag gesiegt

haben, aber Ihr habt Jorge besiegt, denn Ihr habt seine Intrige aufgedeckt ...'
,Es gab keine Intrige', sagte William, ,und ich habe sie aus Versehen aufgedeckt.'

Die Antwort war ein Widerspruch in sich selbst, und mir war nicht klar, ob William das so gewollt hatte. ,Aber es ist doch wahr, daß die Spuren im Schnee auf Brunellus verwiesen', sagte ich, ,es ist wahr, daß Adelmus Selbstmord begangen hatte, es ist wahr, daß Venantius nicht im Bottich ertrunken war, es ist wahr, daß das Labyrinth so angelegt war, wie Ihr es vermutet hattet, es ist wahr, daß man ins Finis Africae eindrang, wenn man das Wort *quatuor* berührte, es ist wahr, daß die geheimnisvolle griechische Handschrift von Aristoteles stammte ... Ich könnte die Liste der wahren Dinge, die Ihr mit Hilfe Eurer Wissenschaft aufgedeckt habt, noch lange fortsetzen ...' ,Ich habe nie an der Wahrheit der Zeichen gezweifelt, Adson, sie sind das einzige, was der Mensch hat, um sich in der Welt zurechtzufinden. Was ich nicht verstanden hatte, war die Wechselbeziehung zwischen den Zeichen' (624/625).

So bleiben am Ende nur Unsicherheit und Zweifel, oder, anders ausgedrückt, nur bloße Zeichen und Namen, der Name der Rose, nicht die Rose selber, und nur sie überleben die Menschen und ihr Handeln, die Dinge und ihre Veränderungen, aber auch nur sie erlauben die mehrfache Deutung der Geschehnisse.

Auswahlbibliographie

1. Wichtige Primärtexte Umberto Ecos

Il problema estetico in San Tommaso, Torino 1956; Milano ²1970; Opera aperta, Milano ⁴1976 (dt.: Das offene Kunstwerk, Frankfurt a. M. 1973); Apocalittici e integrati, Milano ⁴1977 (dt.: Apokalyptiker und Integrierte, Frankfurt a. M. ²1984); Il caso Bond, Milano 1965 (dt.: Der Fall Bond, München 1966); Lector in fabula, Milano 1979; Il nome della rosa, Milano 1980 (dt.: Der Name der Rose. Aus d. Ital. von Burkhart Kroeber, München 1982; München 1986 [TB-Ausgabe]); Postille a 'Il nome della rosa', in: Alfabeta Nr. 49, Juni 1983; dann: Milano 1984; ab ed. 1985 im Anhang von ›Il nome della rosa‹ (dt.: Nachschrift zum 'Namen der Rose', München 1984; München 1986 [TB-Ausgabe]); On symbols, in: Recherches sémiotiques/Semiotic Inquiry 3,3, Toronto Sept. 1983, 284–296; Semiotica e filosofia del linguaggio, Torino 1984 (dt.: Semiotik und Philosophie der Sprache. Übers. von Christiane Trabant-Rommel u. Jürgen Trabant, München 1985); Gott und die Welt. Essays und Glossen. Aus d. Ital. von Burkhart Kroeber, München 1985; Beato di Liébana, in: Miniature del Beato de Fernando I y Sanche (Codice B. N. Madrid Vit. 14–2), testo e commenti alle tavole di Umberto Eco. Introduzione e note bibliografiche di Luis Vásquez de Parga Iglesias, Parma 1973.

Achille Bonito Oliva/Paolo Portoghesi/Umberto Eco/Paolo Santarcangeli, Luoghi del silenzio imparziale. Labirinto contemporaneo. Katalog, Milano 1981; Die Abduktion in Uqbar. Nachwort zu: J. L. Borges/A. Bioy Casares, Gemeinsame Werke 1: Sechs Aufgaben für Don Isidro Parodi und andere Erzählungen, München 1983, 271–286; U. Eco/Thomas E. Sebeok, Der Zirkel, oder Im Zeichen der Drei. Dupin – Holmes – Peirce. Aus d. Engl. von Christiane Spelsberg u. Roger Willemsen, München 1985.

2. Sekundärliteratur zu ›Der Name der Rose‹

Teresa de Lauretis, Umberto Eco, Firenze 1981 (= Il Castoro 179); sie belegt S. 103–106 ca. 80 Rezensionen aus dem Erscheinungsjahr und kurz danach; Hartmut Panskus, Interview mit 'Umberto Eco, ein bestsellernder Professor gibt Auskunft'. Ecco Eco! ›Der Name der Rose‹ – Scherz? Seitensprung? Kult? Jedenfalls ein Welterfolg, in: Börsenblatt für den dt. Buchhandel 38, 1982, 2756 bis 2757; Ulrich Wyss, Die Urgeschichte der Intellektualität und das Gelächter. Ein Vortrag über 'Il nome della rosa', Erlangen 1983; Contemporary Literary Criticism. Excerpts from Criticism of the Works of Today's Novellists, Poets, Playwrights, Short Story Writers, Filmmakers, Scriptwriters, and Other Creative Writers, ed. Jean C. Stine, Bridget Broderick, Daniel G. Morowski, Detroit/ Mich. 1984, Bd. 28, 130–133; Ursula Schick, Erzählte Semiotik oder intertextuelles Verwirrspiel? Umberto Ecos 'Il Nome della rosa', in: Poetica 16, 1984, 138 bis 161; Werner Hüllen, Erzählte Semiotik. Betrachtungen zu Umberto Ecos ›Der Name der Rose‹, in: Literatur im Kontext. Festschrift für Helmut Schrey zum 65. Geburtstag am 6. 1. 1985, hrsg. von Renate Haas u. Christine Klein-Braley, St. Augustin 1985 (= Duisburger Studien, Geistes- u. Gesellschaftswissenschaften 10), 113–132; Lektüren. Aufsätze zu Umberto Ecos ›Der Name der Rose‹, hrsg. von Hans-Jürgen Bachorski, Göppingen 1985 (= Göppinger Arbeiten zur Germanistik 432); Saggi su 'Il Nome della Rosa', a cura di Renato Giovannoli, Milano 1985 (enthält 36 Beiträge, wobei die von Elena Costiucovich, Walter E. Stephens, Rocco Capozzi, Nunzia Rossi, Theo van Velthoven, Giuseppe Zecchini, Carl A. Rubino, Douglass Parker besonders ergiebig sind; ab S. 441 eine nützliche Auswahlbibl.); Jürgen von Stackelberg, Die deutsche Edelrose. Anmerkungen zur Übersetzung von Umberto Ecos 'Nome della Rosa', in: Colloquium Helveticum 1, 1985, 85–95; Horst Heintze, Umberto Ecos Kriminalroman, in: Weimarer Beiträge 33, 1987, 2, 256–276; Klaus Ickert/Ursula Schick, Das Geheimnis der Rose entschlüsselt. Zu Umberto Ecos Weltbestseller ›Der Name der Rose‹, München 1986.

3. Primärtexte von Jorge Luis Borges

Prosa completa, Barcelona 1980, 2 Bde. (= Narradores de Hoy); Gesammelte Werke, München–Wien 1980, bes. Bd. 3, 1: Erzählungen 1935–44. Nach der Übers. von Karl August Horst bearb. von Gisbert Haefs; 3, 2: Erzählungen 1949–1970; 4: Erzählungen 1975–1977. Übers. von Dieter E. Zimmer; 5, 1: Essays 1932–36. Übers. von Karl-August Horst u. a.; 5, 2: Essays 1952–1979; 6: Borges und ich. Nach einer Übers. von Karl-August Horst.

4. Sekundärliteratur zu Borges

Gillian Gayton, Jorge Luis Borges y K. G. Chesterton, in: Actas del sexto congreso internacional de hispanistas: celebrado en Toronto ... 1977, Toronto 1980, 312–315; Harriet S. Turner, Configuraciones del laberinto de Juan Rulfo, in:

Estructura y espacio en la novela y en la poesía, Sacramento/Calif. 1980, 71–95; Ricardo Gutiérrez-Mouat, Borges and the center of the labyrinth, in: Romance Notes 21, 1981, 287–292; Khachig Tololyan/Aden W. Hayes, The Cross and the Compass: Patterns of Order in Chesterton and Borges, in: Hispanic Review 49, 1981, 395–405; John P. Dyson, On Naming in Borges's 'La Muerte y la Brújula', in: Comparative Literature 37, 1985, 140–168.

5. Historischer Roman

Louis Maigron, Le roman historique à l'époque romantique, essai sur l'influence de Walter Scott, Paris 1898; Georg Lukács, Der historische Roman, Neuwied 1965; Hans Vilmar Geppert, Der 'andere' historische Roman, Tübingen 1965; K. Massmann, Die Rezeption der historischen Romane Sir Walter Scotts in Frankreich (1816–1832), Heidelberg 1972.

6. Kriminalroman

Ulrich Mölk, Vom Detektivroman zum Nouveau Roman – Versuch über Alain Robbe-Grillets 'Les Gommes', in: Gießener Universitätsblätter 1, 1968, 40–51; Jochen Vogt (Hrsg.), Der Kriminalroman. Zur Theorie und Geschichte einer Gattung, München 1971, 2 Bde. (TB-Ausgabe 81/82); Ulrich Schulz-Buschhaus, Formen und Ideologien des Kriminalromans. Ein gattungsgeschichtlicher Essays [sic!], Frankfurt a. M. 1975 (= Schwerpunkte Romanistik 14); Knut Hickethier/Wolf Dieter Lützen, Der Kriminalroman, in: Annamaria Rucktäschel/Hans Dieter Zimmermann, Trivialliteratur, München 1976, 267–295; Hinrich Hudde, Das Scheitern des Detektivs. Ein literarisches Thema bei Borges sowie Robbe-Grillet, Dürrenmatt und Sciascia, in: Romanistisches Jahrbuch 29, 1978, 322 bis 342; Hartmut Kircher, Zur Destruktion des Kriminalromans bei Dürrenmatt, Robbe-Grillet und Handke, in: Germanisch-Romanische Monatsschrift 59 [28], 1978, 195–215; Reclams Kriminalromanführer, hrsg. von Armin Arnold u. Josef Schmidt, Stuttgart 1978, passim; Twentieth-Century Crime and Mystery Writers, ed. John M. Reiley, London & Basingstoke 1980, passim.

7. Verschiedenes

Emile Mâle, L'art religieux du XIIe au XVIIIe siècle en France, Paris 1946; Johan Huizinga, Herbst des Mittelalters. Studien über Lebens- und Geistesformen des 14. u. 15. Jahrhunderts in Frankreich und in den Niederlanden, Stuttgart ^{9}1965; Michael Bachtin, Literatur und Karneval. Zur Romantheorie und Lachkultur, München 1969 (gekürzte Ausgabe; man konsultiere besser Mikhail Bakhtine, L'Œuvre de François Rabelais et la culture populaire du Moyen Age et sous la Renaissance, Paris 1970 oder dens., Rabelais and His World, Cambridge/Mass. 1968); Hermann Kern, Labyrinthe. Erscheinungsformen und Deutungen. 5000 Jahre Gegenwart eines Urbilds, München 1982; Thomas A. Sebeok/Jean Umiker-Sebeok, 'Du kennst meine Methode'. Charles S. Peirce und Sherlock Holmes, Frankfurt a. M. 1982.

Nachtrag 1988: Vgl. den neuesten Forschungsbericht von Thomas Stauder; s. in diesem Band, S. 213.

ZEITBEZUG UND MITTELALTERVERSTÄNDNIS IN UMBERTO ECOS ›DER NAME DER ROSE‹

Von MAX KERNER

Schaurige Mordfälle und deren Aufklärung

An einem spätherbstlichen Novembermorgen des Jahres 1327 erreichen der gelehrte englische Franziskaner William von Baskerville und sein österreichischer Begleiter Adson von Melk, ein junger Benediktinernovize und gleichzeitig treuer Chronist des nachfolgenden Geschehens, eine nicht näher genannte benediktinische Abtei an den Hängen des Apennin. Hier soll William als Vertreter des deutschen Königs Ludwig des Bayern an Verhandlungen teilnehmen, bei denen Abgesandte der avignonesischen Kurie sowie Repräsentanten der radikalen franziskanischen Minoriten aufeinandertreffen werden. Die Situation ist brisant genug: König Ludwig der Bayer ist vom Papst in Avignon exkommuniziert und befindet sich auf einem Italienzug nach Rom zu der dort geplanten stadtrömischen und papstunabhängigen Kaisererhebung. Bei ihm, dem deutschen König und baldigen Kaiser, suchen jene Franziskanerspiritualen Schutz, die wegen ihrer Forderung nach absoluter Armut und Besitzlosigkeit bereits von den päpstlichen Inquisitoren als Ketzer verfolgt werden.

Bevor aber über diese heikle Situation verhandelt und über die anstehenden politischen wie religiösen Grundfragen diskutiert werden kann, ereignen sich in dem Apenninenkloster – noch vor Ankunft der päpstlichen und der franziskanischen Gesandtschaft – merkwürdige Todesfälle, die den guten Ruf der alten Benediktinerabtei zu kompromittieren drohen. Der Miniaturenmaler der klösterlichen Bibliothek, Adelmus von Otranto, wird tot im Schnee am Fuße einer Felsenwand aufgefunden. Wenig später entdeckt man in einem Bottich mit frischem Schweineblut die Leiche des Venantius von Salvemec, des Griechischfachmannes der Abtei. Im klösterlichen Badehaus stößt man auf den toten Bibliotheksassistenten Berengar von Arundel. Den Kräuterexperten Severin von S. Emmeram findet man erschlagen in seinem Laboratorium, und der Klosterbibliothekar Malachias von Hildesheim stirbt mit einem rätselhaften Satz auf den Lippen, einem Satz über die Gewalt von tausend Skorpionen. Seltsam sind auch die geschwärzten Fingerkuppen und die dunkle Zunge bei drei der Toten, bei Venantius, Berengar und Malachias, erste Indizien, die offenbar auf eine gleiche Todesursache schließen lassen.

Hier ist nun William von Baskerville – vom Abt des Klosters mit der Aufklärung der Todesfälle beauftragt – als Zeichendeuter und Freund eines empirisch-induktiven Vorgehens besonders gefordert und offenkundig auch bestens geeignet. Trotzdem führen seine Hypothesen lange Zeit zu keinem schlüssigen Ergebnis. Zunächst glaubt William nämlich an ein apokalyptisches Muster, nach dem sich die Morde als angebliche Zeichen des kommenden Antichrist vollziehen. Darauf scheinen die Umstände, unter denen die Leichen gefunden werden – die eine liegt im Schnee, die andere im Blut, die dritte im Wasser –, hinzuweisen; sie scheinen die Weissagungen zu bestätigen, die an die sieben Posaunen des Jüngsten Gerichts geknüpft sind. Diese Vermutung, die der zahnlose und altersschwache Alinardus von Grottaferrata dem William einzureden sucht, stellen genauso eine falsche Fährte dar wie das Geständnis des Kellermeisters Remigius de Varagine, der unter den diabolischen Methoden der Inquisition und unter Androhung von Folter zugibt, selbst alle Morde begangen zu haben. Neben diesen falschen Lösungen weisen aber die von William und seinem Assistenten Adson entdeckten Spuren immer wieder auf die labyrinthische Klosterbibliothek mit ihren verschlüsselten Manuskripten und geheimen Schriften. Im Innersten dieser – wie es heißt – größten Bibliothek der damaligen Welt stößt William auf das Zentrum des ganzen Geheimnisses und den Ausgangspunkt aller Mordfälle: auf das zweite Buch der aristotelischen Poetik über das Lachen sowie auf den blinden Seher des Klosters, auf Jorge von Burgos. Nur dieser greise und gelehrte Mönch kennt den Inhalt der genannten aristotelischen Schrift, deren Lektüre er für gefährlich hält und deren Benutzung er durch das Bestreichen der Manuskriptblätter mit einem tödlich wirkenden Gift bisher zu verhindern gewußt hat. Aristoteles hatte nämlich in seiner Poetik einen aufgeklärten Skeptizismus, die Haltung einer lachenden Vernunft vertreten, die für den alten Jorge eine zerstörerische Kraft darstellt, weil sie vor nichts, auch nicht vor den heiligsten Gütern des Glaubens haltmacht und deshalb in der Lage ist, das auf Autorität und Gehorsam aufgebaute Wertesystem der mittelalterlichen Welt ins Wanken zu bringen. Jorge glaubt sich deshalb berechtigt, unerbittlich und unbeugsam mit allen zu Gebote stehenden Mitteln – auch denen des Mordes – die lachende rationalistische Zersetzung des Glaubens verhindern zu müssen. Blasphemien und Obszönitäten sollten jedenfalls nicht durch ihn bzw. durch die Freigabe der von ihm behüteten Aristotelesschrift die heilsnotwendigen Überzeugungen zerstören. Als William in der abschließenden Überführungsszene dem blinden Jorge die kostbare, weil allein in dieser Bibliothek vorhandene Aristotelesschrift zu entreißen sucht, ist dieser in seiner letzten Verzweiflung bereit, das unersetzliche Manuskript selbst zu verschlingen, den Gifttod zu sterben und damit die Welt vor Unheil zu bewahren bzw. das Heilige vor seiner Profanisierung zu schützen. Durch eine bei diesem Handgemenge umgestürzte Lampe fangen jedoch die Bücher Feuer, so daß am Ende die ganze Bibliothek in Flammen steht und die Abtei in Schutt und Asche versinkt – offenkundig ein Fanal jenes Weltunterganges, den nicht nur gottesfürchtige Fanatiker wie Jorge von Burgos, sondern auch die häretischen Spiritualen unter Hinweis auf die verweltlichte Papstkirche in Avignon und ihren gottlosen Führer, den unduldsamen Johannes XXII., als unmittelbar bevorstehend immer wieder beschreiben.

Derjenige, der uns diese Geschichte erzählt, ist – wie bereits angedeutet – Williams junger Gehilfe, der Benediktinernovize Adson von Melk. Aber auch er berichtet das von ihm Erlebte nicht unmittelbar nach dessen Abschluß, sondern erst aus großer zeitlicher Distanz, am Ende seines eigenen Lebens, im österreichischen Benediktinerstift Melk dem Tode entgegenharrend. Die letzten Worte seines Berichtes sind deshalb auch düster und von tiefer Resignation geprägt:

Ich gehe und hinterlasse dies Schreiben, ich weiß nicht, für wen, ich weiß auch nicht mehr, worüber: Stat rosa pristina nomine, nomina nuda tenemus (dt. Fassung S. 635).

Daß freilich dieser Adsonschen Niederschrift ein wirkungsvolles Nachleben beschieden sein sollte, dafür hat – wenn man dies so sagen darf – Umberto Eco selbst gesorgt. Im Vorspann zu seinem Roman beschreibt er ausführlich mit zahlreichen gelehrten wie amüsanten Andeutungen die fiktive Geschichte vom überraschenden Fund und erneuten Verlust des Adsontextes sowie die imaginäre Suche nach Sekundärzeugnissen für die verlorene Handschrift. Gefunden hat er den Adsontext im Sommer 1968 in Prag, und zwar als neugotisch-französische Übersetzung eines gewissen Abbé Vallet aus der Mitte des 19. Jh., der seiner Übertragung wiederum die lateinische Ausgabe des gelehrten Mauriners Jean Mabillon aus dessen ›Vetera Analecta‹ von 1675/85 zugrunde gelegt hatte. Als Umberto Eco jedoch Ende August 1968 beim Einmarsch der Warschauer-Pakt-Truppen in Prag fliehen mußte, konnte er den wertvollen Prager Fund zwar mitnehmen, aber der Nachwelt nur durch eine Abschrift bzw. italienische Übersetzung erhalten, die er eigenhändig auf dem Weg von Wien nach Salzburg donauaufwärts, vorbei am Kloster Melk, angefertigt hatte. In der Nähe des Mondsees war ihm nämlich der Prager Text selbst auf merkwürdige Weise abhanden gekommen. Da er nun auch in der großen Klosterbibliothek Melk mit ihren heute gut 75 000 Bänden, 1800 Handschriften und 800 Inkunabeln keinerlei Hinweis auf den von ihm entdeckten Adson von Melk bzw. dessen spätmittelalterlichen Bericht gefunden hatte, begibt er sich nach Paris, wo er den großen französischen Philosophiehistoriker unserer Tage, Etienne Gilson, nach der erwähnten lateinischen Fassung des Adsonschen Berichtes bei Mabillon fragt. Aber auch in dessen ›Vetera Analecta‹ aus dem späten 17. Jh. – die bekanntlich umfangreiches Quellenmaterial enthalten, das Mabillon auf einer Bibliotheksreise durch die großen Benediktinerklöster Süddeutschlands und der Schweiz gesammelt hatte – ist keine Spur von Adsons Schrift zu finden. In dieser Ratlosigkeit, als Eco schon anzunehmen beginnt, daß es offenkundig auch „Visionen von Büchern [gebe], die noch nicht geschrieben [seien]“ (dt. Fassung S. 9), stößt er bei einem Antiquar in Buenos Aires auf die kastilianische Version eines ursprünglich georgischen Buches von einem gewissen Milo Temesvar – ›Über den Gebrauch von Spiegeln beim Schachspiel‹ –, das 1934 in Tiflis erschienen war und in seinen Anmerkungen ausführliche Zitatstücke aus der schrecklichen Geschichte des Adson enthielt – dieses Mal allerdings nicht unter Hinweis auf den genannten Mabillon, sondern auf einen anderen Universalgelehrten des 17. Jh., auf den Jesuiten, Naturwissenschaftler und Sinologen Athanasius Kircher, der – wie man weiß – nicht nur durch seine Forschungen auf dem Gebiet der orientalischen Sprachen hervortrat, sondern auch als Erfinder einer der frühesten Rechenmaschinen und als Verfasser wichtiger kartographischer und medizinischer Arbeiten gilt.

Fragt man nun danach, was dieses verwirrende Vexierspiel Umberto Ecos am Beginn seiner Romangeschichte zu bedeuten habe, dann lassen sich sicherlich verschiedene Antworten finden. Zunächst hat diese quasi-gelehrte Einkleidung zweifellos die Funktion, in ironischer Abwandlung des Topos von der verlorenen Handschrift die phantastische Erzählung des Adson von Melk als wirkliches Geschehen hinzustellen und gleichsam durch einen Augenzeugen als authentischen Bericht zu kennzeichnen. Es geht aber nicht allein um den gut belegten Realitätsgehalt einer angeblich spätmittelalterlichen Mönchsgeschichte. Wie Eco selbst in einer aufschlußreichen Nachschrift zu seinem Roman betont, konnte er sich mit der Fiktion des von ihm aufgefundenen Adsontextes eine Maske anlegen, hinter der er sich verbergen und verstecken wollte, um von seinen Ängsten frei zu sein. Er war durch dieses Stilmittel in der Lage, seine eigene Erzählung in drei andere zu verpacken: in die französische Übersetzung des Abbé Vallet, in die lateinische Ausgabe des Mabillon und schließlich in das Manuskript des Adson selbst. Mit diesem – wie Eco es nennt – vierten Grad der Verpuppung ist demnach ein zwar maskierter, aber trotzdem vorhandener Gegenwartsbezug angedeutet. Wie dieser genau zu kennzeichnen ist, wird noch zu behandeln sein. Hier sei deswegen nur die These von Ulrich Wyss, Professor für Ältere Deutsche Sprach- und Literaturwissenschaft in Erlangen, zitiert. Für Wyss sind mit Ecos Hinweisen auf das Prag und Paris des Jahres 1968 sowie auf das georgische, an die Heimat Stalins erinnernde Tiflis des Jahres 1934 sinnbildliche Stationen eines politisierenden Theoretikers markiert, der Eco in seinen früheren Jahren mit kulturkritischen Essays und politischen Artikeln in linksgerichteten Gazetten Italiens tatsächlich auch war. Dieses politische Engagement eines öffentlich agierenden Intellektuellen scheint für Eco – so die These von Wyss – mit der Entführung und Ermordung Aldo Moros 1978 zu Ende gegangen zu sein, als der linke Intellektuelle mit seiner kritischen Analyse nur noch die Ohnmacht seiner eigenen Situation erfahren konnte und seitdem nicht mehr zu einer politischen Theorie, sondern allein noch zu einer historischen Erzählung fähig war, ganz in Anlehnung und Abwandlung eines berühmten Satzes aus dem logisch-philosophischen Traktat des Ludwig Wittgenstein: „Worüber man theoretisch nicht sprechen kann, darüber muß man erzählen." Für einen Mediävisten und Historiker ist es schwer, der weitreichenden Deutung von Ulrich Wyss in allen Punkten folgen zu können. Nur um die Distanz zwischen dieser stark auf die Gegenwart bezogenen und einer engeren mediävistischen, für manche bereits antiquarischen Deutung aufzuzeigen, sei folgendes Detail erwähnt. Bei der Suche nach Milo Temesvar, dem angeblichen Verfasser des georgischen Buches über Spiegel und Schachspiel, ließ sich zwar kein mittelalterlicher Autor gleichen oder ähnlichen Namens ermitteln, wohl aber ein gewisser Pilbartus Ladislai von Temesvar ausfindig machen, der Franziskaner und angesehener Prediger seines Ordens war, 1504 in Temesvar gestorben ist und uns eine stattliche Kompilation franziskanischer Sentenzenkommentare mit dem schönen Titel hinterlassen hat: ›Aureum sacrae theologiae rosarium‹, ein theologisches 'Rosenwerk' als vielleicht ferner Titel-Vorläufer von Ecos literarischem 'Rosenroman'.

„... eine finstere und fast unglaubliche Geschichte"?

Nach dieser Zusammenfassung des fulminanten Romangeschehens wird man vielleicht auf den Buchtitel der vorliegenden mediävistischen Notizen verweisen und sagen wollen: „... eine finstere und fast unglaubliche Geschichte"! Wenn man eine solche Einschätzung übernimmt, dann sollte man aber auch wissen, daß dieses Zitatfragment von der 'finsteren und fast unglaublichen Geschichte' unmittelbar aus Ecos Roman stammt (dt. Fassung S. 379) und dort die Auffassung der franziskanischen Spiritualen über den damaligen Avignoneser Papst wiedergibt, über Johannes XXII. und dessen theologische Lehrmeinung von der 'Visio Dei beatifica', von der seligmachenden Anschauung Gottes im Paradies. Dieser Johannes XXII. – in Adsons Bericht ein verwachsener, schwindsüchtiger Gnom von gut 70 Jahren, gerissen und rücksichtslos, im Urteil der heutigen Geschichtswissenschaft ein in seinen Mitteln nicht eben wählerischer Kirchenmann und nur mäßiger Theologe – dieser Johannes XXII. war der festen Überzeugung, daß die Seelen der Gerechten, selbst der Gottesmutter Maria und der Apostel wie Märtyrer, nicht direkt nach ihrem Tod, sondern erst am Tag des Jüngsten Gerichts, am Ende der Zeiten, zur Anschauung Gottes gelangen würden. Eine solche Lehrmeinung mußte die kultische Verehrung der Heiligen überflüssig und die von ihnen erhoffte Fürbitte bei Gott unmöglich machen. Man kann es deshalb den franziskanischen Minoriten in Adsons Chronik gut nachfühlen, wenn sie den in ihren Augen päpstlichen Ketzer Johannes verfluchen und ihn nicht zuletzt deswegen verwünschen, weil er ihnen in ihrer Not auch noch ihren heiligen Franz weggenommen hat, der jetzt durch den Urteilsspruch des Papstes „irgendwo sitzt und auf das Jüngste Gericht wartet, ohne den Herrn schauen zu können von Angesicht zu Angesicht" (dt. Fassung S. 425).

Nun soll hier nicht – ausgehend von Ecos Roman – über den Pontifikat Johannes' XXII. und dessen wenig geistliche Ausrichtung gehandelt werden. Ein solches Unternehmen wäre in historischer Hinsicht schon deswegen recht unergiebig, weil Johannes XXII. seine Lehrauffassung von der 'Visio beatifica' schon bald wieder zurückgenommen, genauer auf seinem Sterbebett – also noch rechtzeitig vor seiner eigenen möglichen Anschauung Gottes – widerrufen hat. Nein, in unserem Zusammenhang soll das Zitatfragment von der 'finsteren und fast unglaublichen Geschichte' dazu dienen, Inhalt und Bedeutung des Ecoschen Erfolgsromans aus der Sicht eines Mediävisten zu ergänzen. Für diese Absicht eignet sich die zitierte Formel um so gezielter, als in ihr eine griffige Kampfparole und gängige Fehleinschätzung anklingt, mit der man die mittelalterliche Welt immer wieder bedacht und etikettiert hat: ich meine die Parole vom 'finsteren Mittelalter'. Bekanntlich ist diese Einschätzung in der frühen Neuzeit, im Zeitalter von Renaissance, Reformation und Aufklärung entwickelt worden und auch heute noch ein stereotypes Mittel, die staatlichen, religiösen und kulturellen Lebensformen des Mittelalters abzuwerten. Bei dieser Vorstellung vom Mittelalter denkt man an die Inquisition, an die Hexen auf dem Scheiterhaufen, an die Bauern, die von König, Adel und Kirche ausgebeutet wurden, an die zahlreichen Arten geistiger Unfreiheit und scholastischer Spitzfindigkeit. Nun soll hier weder bestritten werden, daß es auch solche Erscheinungsformen im Mittelalter gegeben hat, noch soll behauptet werden, daß Umberto Ecos Mittelalterbild ausschließlich von jenen Phänomenen bestimmt ist. Versucht werden soll lediglich, unter Hinweis auf das äußerst einseitige Fehlurteil vom finsteren Mittelalter und mit Hilfe eines von Eco stammenden Zitates dessen Vorstellung vom Spätmittelalter einer geschichtswissenschaftlichen Erläuterung zu unterziehen.

Man kann dieses unser Vorgehen allerdings aus verschiedenen Gründen als äußerst fragwürdig ansehen. Ist nicht Umberto Eco gerade wegen seiner trefflichen Beschreibung der spätmittelalterlichen Welt hoch gelobt worden? Hat man nicht in den Literaturbeilagen großer Tageszeitungen seinen Mittelalterroman als das erzählende Gegenstück zu Jan Huizingas ›Herbst des Mittelalters‹ von 1924 (dt. Fassung), einem historiographischen Klassiker über die Geistes- und Lebensformen des 14./15. Jh., bezeichnet? Hat nicht der bereits erwähnte Altgermanist Ulrich Wyss festgestellt, daß Eco auf unterhaltsame Art über zahlreiche geschichtliche Realitäten des frühen 14. Jh. unterrichte, so etwa über die Wirren um König Ludwig den Bayern, über den Papst in Avignon und über die verschiedenen Tendenzen in den Bettelorden und daß es gerade einen nicht geringen Vorzug dieser kurzweiligen Lektüre ausmache, hier auch noch korrekt berichtete Fakten vermittelt zu bekommen? Hat nicht schließlich und vor allem Horst Fuhrmann – Präsident der renommierten deutschsprachigen Institution für die Erforschung des Mittelalters, der Monumenta Germaniae Historica in München – selbst den ernsthaften Mittelalterforschern das Lesevergnügen von Ecos Roman empfohlen? Wenn der Mittelalterforscher Horst Fuhrmann den Sprachwissenschaftler Eco aus Bologna als einen Kenner der mittelalterlichen Geisteswelt bezeichnet, als einen Autor, der sich in den Schriften der von ihm behandelten Zeit auskennt und der seine Kriminalgeschichte derart mit mediävistischem Salz gewürzt hat, daß nur die wenigsten Rezensenten dies überhaupt so richtig geschmeckt haben, dann ist – so wird man mit gutem Recht sagen können – selbst die fragende Andeutung eines möglicherweise falschen Mittelalterbildes eher eine böswillige Unterstellung als eine geeignete Ausgangsposition kritischer Überlegungen.

Man würde demnach Umberto Eco, der sein mediävistisches Forschungsinteresse durch Untersuchungen über die ästhetische Philosophie des Thomas von Aquin oder über die apokalyptische Theologie des Beatus von Liebana aus dem späten 8. Jh. unter Beweis gestellt hat, mit der angedeuteten Parole vom finsteren Mittelalter sehr Unrecht tun. Wie will man mit einem solchen Kampfbegriff einem Autor gerecht werden, der das Mittelalter als die Kindheit des modernen Europa ansieht, und der die mittelalterliche Welt als notwendigen Gegenstand unserer eigenen Anamnese bezeichnet hat?

Wenn trotz all dieser gewichtigen Bedenken die zitierte Kampfparole zunächst beibehalten werden soll, dann aufgrund einer anderen Einschätzung Ecos, die er in seiner ›Nachschrift‹ über Sinn und Zweck eines historischen Romans formuliert hat (dt. Fassung S. 85–89). Er wollte – so sagt er – zum besseren Verständnis der Geschichte dort, wo es nötig sei, Ereignisse und Personen erfinden, um auf diese Weise über die Vergangenheit Dinge berichten zu können, die von den Geschichtsbüchern nicht in der gebotenen Klarheit formuliert würden. Er habe seinen historischen Roman nicht geschrieben, weil der Mystiker und Spirituale Ubertin von Casale, weil der franziskanische Ordensgeneral Michael von Cesena, weil der dominikanische Inquisitor Bernard Gui oder auch der apokalyptische Schwärmer Fra Dolcino wirklich existiert hätten und in seiner Geschichte mehr oder weniger das sagten, was sie wirklich gesagt haben. Nein, nicht das historisch Gesicherte einer Zeit wolle er darstellen, sondern das in einer Epoche Denkmögliche: Deswegen sollten vor allem seine fiktiven Personen wie William von Baskerville all das ausdrücken, was in jener Epoche denk- und sagbar war. Dieses in einer Epoche Sagbare ist nach Auffassung von Eco vor allem das von ihr in der Folgezeit Bewirkte: die vergangenen Ursachen dessen will er aufspüren, was in der Folge entstanden ist, den Prozeßverlauf will er angeben, durch den jene Ursachen allmählich ihre Wirkungen zeitigten.

Um ein Beispiel zu nennen: in der faszinierenden Zitatenmontage seines Romans bringt er nicht nur authentische Auszüge aus gut 30 mittelalterlichen Quellen – so etwa aus der theologischen Summe des Thomas von Aquin, aus der Friedensschrift des Marsilius von Padua, aus dem philosophischen Dialog des Wilhelm von Ockham oder aus der burlesken Parodie der ›Cena Cypriani‹ – nein, er projiziert auch moderne Texte in das Mittelalter zurück und kleidet sie in ein entsprechendes Sprachgewand. Das bekannteste Beispiel dieser Art ist die dem William von Baskerville in den Mund gelegte mittelhochdeutsche Version des Wittgenstein-Satzes von der Erkenntnisleiter, die man wegwerfen muß, wenn man an ihr hinaufgestiegen ist. Dazu Eco wörtlich:

> In solchen Fällen wußte ich schließlich sehr genau, daß es nicht meine Mittelalterlichen waren, die da modern redeten, sondern allenfalls die Modernen, die ein bißchen mittelalterlich dachten (dt. Fassung S. 88).

Umberto Eco will also mit seiner spätmittelalterlichen Staffage von frei erfundenen Personen und erdachten Texten offenkundig eine geschichtliche Wirklichkeit schaffen, die einen höheren Realitätsgrad beansprucht, als ihn der Historiker mit seiner von den Quellen und deren Kritik abhängigen Rekonstruktion jemals zu erreichen vermag. Im Gegensatz zum Schriftsteller und dessen Möglichkeit, literarische Gesamtbilder zu entwerfen, ist der Historiker an die Faktizität seines Gegenstandes, an die immer fragmentarische und häufig tendenziöse Form seiner Überlieferung gebunden und niemals berechtigt, über die Menschen und deren Schicksal zu verfügen. Die schriftstellerische Freiheit in einem historischen Roman und die quellenbezogene kritische Analyse einer geschichtswissenschaftlichen Erklärung sind deswegen immer unterschiedliche, wenn auch nicht unbedingt gegensätzliche oder gar widersprüchliche Formen, sich der Vergangenheit zu nähern. Deswegen hat ein Historiker und Mediävist in unserem konkreten Fall Ecos fiktiv erschlossenes Mittelalterbild nicht etwa besserwisserisch zu korrigieren, sondern das bei Eco Sagbare von dem geschichtswissenschaftlich Rekonstruierbaren zu trennen und in Ecos Entwurf zum Spätmittelalter das Literarische und Historische genauer auszumachen.

Eine solche historiographische Ergänzung darf allerdings nicht in kleinlicher Manier betrieben werden, wie dies vor einiger Zeit Cesare Grassi, Professor für Lateinische Literatur in Florenz, in einer großen italienischen Zeitung unter dem Titel ›Die Entblätterung der Rose‹ getan hat. Obgleich Grassi dem Zeichenwissenschaftler aus Bologna eine große Gelehrsamkeit und gute historische Bildung zubilligt, stören ihn in dessen Roman einige literarhistorische Ungenauigkeiten und Versehen, so z.B., daß Eco den Venantius von Salvamec, den Griechenkenner der Abtei, die angeblich griechischen Metamorphosen des Apuleius aus dem 2. Jh. übertragen läßt, obwohl doch in Wirklichkeit diese Schrift immer schon lateinisch abgefaßt war. Einmal abgesehen davon, daß Eco dies so nicht einmal behauptet hat, führt ein solcher Streit um Quisquilien nicht recht weiter. Warum sollte etwa der Historiker und Mediävist dem Literaten Eco vorwerfen, daß er den berühmten papstfeindlichen Traktat über die franziskanische Armutsfrage – den König Ludwig der Bayer 1324 zur Begründung seines Häresievorwurfs gegen Johannes XXII. in seine Sachsenhausener Appellation einrücken ließ –, daß Eco diesen Traktat dem Ubertin von Casale als Verfasser und dem William von Baskerville als Überbringer an den königlichen Hof zuschreibt, obwohl in Wirklichkeit gerade die genaue personelle Zuordnung dieses Textes bis heute in der Geschichtswissenschaft ungeklärt ist. Eine solche krittelnde Zurechtweisung trifft nicht das Grundsätzliche und soll deswegen hier auch nicht weiter verfolgt werden. Es sei aus diesem Grund dazu übergegangen, Ecos mittelalterlichen Mönchsroman in Inhalt und Bedeutung mit den – wie angedeutet – begrenzten Möglichkeiten eines Mediävisten ein wenig zu erschließen und dabei zunächst die Kriminalgeschichte im engeren Sinn, dann die handelnden Personen und schließlich den geschichtlichen Hintergrund historisch zu erläutern.

Eine bloß spannende und geheimnisvolle Detektivstory?

Beginnen wir mit der näheren Analyse der Kriminalgeschichte. Man hat die detektivische Aufklärung der rätselhaften Mordserie und der raffinierten Verbrechen in Adsons Chronik häufig mit einem waschechten Krimi verglichen. Nach klassischem Muster würde dort der Detektiv William von Baskerville zunächst jeden als möglichen Täter verdächtigen, um am Ende dann den zu überführen, von dem man es am wenigsten erwartet hätte. Das genaue Vorbild dieses klassischen Musters sei in den Detektivgeschichten des Arthur Conan Doyle zu sehen, genauer in dessen Roman, der 1902 unter dem Titel ›Der Hund von Baskerville‹ herausgekommen sei und der dem Ecoschen Kriminalkommissar den Beinamen gegeben habe. Auch Williams begriffsstutziger Adlatus Adson von Melk sei unschwer als frühe Inkarnation des Dr. Watson zu identifizieren. Wie dieser versucht auch Adson, durch seine Fragen und Fehlschlüsse die gedanklichen Operationen seines Meisters William, des spätmittelalterlichen Sherlock Holmes, ins Dialogische aufzulösen und damit für den Leser leichter nachvollziehbar zu machen. Ähnlich stehe es mit den nüchternen und analytischen Teilen der Ecoschen Erzählung. Wie in den Detektivgeschichten Doyles würden die vorsichtigen Hypothesen und scharfsinnigen Folgerungen immer wieder mit spannenden Aktionen verbunden, und in der Tat kann man beobachten, daß die Spannung des Ecoschen Kriminalromans nicht allein aus dem Geheimnis der einzelnen Morde erzielt wird, sondern auch aus all den kleinen Hindernissen und Gefahren, die die beiden Helden William und Adson im finsteren Beinhaus der Abtei mit ihren unterirdischen Gewölben oder im gespenstischen Labyrinth der Klosterbibiliothek mit ihren vermauerten Gemächern und ihren kryptographisch versiegelten Geheimtüren zu überwinden und zu bestehen haben.

Aber Ecos Detektiv William von Baskerville ist nicht allein der aristokratischen Gestalt des Sherlock Holmes nachgebildet. Darauf verweist bereits dessen erstes, von Adson staunend erzähltes Bravourstück, als nämlich William den verblüfften Benediktinern das Lieblingspferd des Klosterabtes, den Rappen Brunellus genau schildert, ohne dieses edle Pferd je gesehen zu haben. Das Kunststück, ein Tier nicht vom Augenschein her, sondern aufgrund bestimmter Zeichen, genauer der Hufspuren, der örtlichen Umstände sowie des einschlägigen, hier aus der Enzyklopädie des Isidor von Sevilla stammenden Wissens zu beschreiben, hat als Novellenmotiv eine lange Tradition, die vom späten Mittelalter bis zu Voltaire reicht. Letzterer scheint dieses Motiv durch seine philosophische Erzählung in dem orientalischen Märchen über den jungen Babylonier Zadig von 1747 auch populär gemacht zu haben.

Eco hat sich jedenfalls von der aufklärerischen List dieses Zadig offenkundig so beeinflussen lassen, daß er seinen William von Baskerville mit einer ähnlichen Scharfsichtigkeit ausstattete, die – wie es bei Voltaire heißt – „hundert Unterschiede dort wahrnahm, wo alle anderen Menschen nur Gleichförmigkeit zu entdecken vermochten".

Aber gerade diese Scharfsichtigkeit Williams macht aus Ecos Kriminalroman eben nur zunächst eine gelungene Detektivgeschichte mit zahlreichen kriminologischen Finessen – man denke nur an den tödlichen Fingerabdruck, mit dem sich nicht der Mörder, sondern die Toten zu erkennen geben, oder an die Handschuhe, die sich nicht der Täter, sondern der Detektiv überstreift. Williams Scharfsinn, sein Verständnis, Zeichen zu deuten, geht bald über die Vorbilder der klassischen Kriminalliteratur, ob sie nun Arthur Conan Doyle, Edgar Allen Poe oder Dorothy Sayers heißen, deutlich hinaus. Denn am Ende kann Ecos Detektiv die Todesfälle zwar aufklären und den blinden Jorge von Burgos als den verantwortlichen Veranlasser der Mordserie entlarven, aber den gesamten Kriminalfall nicht etwa in der Weise lösen, daß der moralische und rechtliche Zustand von vorher wiederhergestellt, der Mörder gefunden und bestraft wird und die Welt wieder in Ordnung ist. Denn trotz der meisterlichen Aufklärung oder genauer als ihre unausweichliche Folge geht die Abtei am Ende in Feuer und Flammen auf, wird die Welt, als deren Mikrokosmos das Benediktinerkloster zu gelten hat, vom Antichrist heimgesucht. William von Baskerville wird zum Vollstrecker des Bösen, er scheitert als Detektiv, als jemand, der die Wahrheit aufdecken, der Spuren und Indizien als Zeichen einer verborgenen, aber letztlich vorhandenen Ordnung ausmachen wollte, der aber dann erkennen mußte, daß es in der Welt keine Ordnung gibt. Ganz im Gegensatz zu seinen Kollegen aus der traditionellen Kriminalliteratur gerät William nach der Entschlüsselung der rätselhaften Verbrechen in einen tiefen Zweifel an seiner Vernunft. William ist demnach mehr als nur ein spätmittelalterlicher Sherlock Holmes, eher schon ein ferner philosophischer Vorläufer des Zeichentheoretikers Eco, der in seiner ›Nachschrift‹ deswegen auch unmißverständlich feststellte (dt. Fassung S. 63–66), daß nur der naive Leser den Bericht des Adson von Melk als einen reinen Kriminalroman betrachten könne. In Wirklichkeit gehe es um eine Geschichte des Vermutens und Mutmaßens, bei der angesichts eines scheinbar unerklärlichen Tatbestandes, eines dunklen Sachverhalts oder mysteriösen Befundes die Aufstellung und Überprüfung von Hypothesen gewagt werde. In diesem Sinne handle der ermittelnde Detektiv wie der Arzt bei seiner Diagnose, der Forscher bei seiner wissenschaftlichen Urteilsbildung oder der Metaphysiker bei seiner philosophischen Fragestellung. Für dieses weit gefaßte Verständnis von Vermutung und

Aufklärung sei das Labyrinth ein abstraktes Modell und die labyrinthische Klosterbibliothek in Adsons Chronik ein sinnbildlicher Ausdruck. Als Strukturmodell sei dieses Labyrinth weniger dem klassischen Vorbild nachempfunden, aus dem man sich bekanntlich mit dem Faden der Ariadne befreien könne, auch nicht einem barocken Irrgarten, sondern eher schon der rhizomförmigen und vieldimensionalen Vernetzung, bei der es weder ein Zentrum noch eine Peripherie und erst recht keinen Ausweg gebe.

Vor dem Hintergrund dieser Ecoschen Metaphysik seines Kriminalromans versteht man sicherlich den lateinischen Hinweis des greisen Alinardus von Grottaferrata besser, der da lautet:

Hunc mundum tipice laberinthus denotat ille ... Intranti largus, redeunti sed nimis artus. Die Bibliothek ist ein großes Labyrinth, Zeichen des Labyrinthes der Welt. Trittst du ein, weißt du nicht, wie du wieder herauskommst (dt. Fassung S. 201).

Die Welt und die Bibliothek als ausweglose Labyrinth – diese Vorstellung weist unausweichlich auf den großen argentinischen Dichter und Bibliothekar Jorge Luis Borges, der über ein etwas ungenaues Anagramm an den alten und blinden Jorge von Burgos und dessen apokalyptische Besessenheit zu erinnern scheint. Ob der kürzlich verstorbene, in seinen letzten Jahrzehnten erblindete Erzähler und Lyriker Borges, der Adolf Hitler für einen Menschenfreund, den spanischen Diktator Franco für eine Wohltat hielt, der sich mit Pinochets Chile einverstanden erklärte und die Demokratie als einen Aberglauben betrachtete, ob dieser Borges mit seinem spätmittelalterlichen Fast-Namensvetter und dessen autoritärer Gesellschaftsvorstellung mehr als nur die Ähnlichkeit des Namens gemein hat, ist hier nicht zu entscheiden. Näher liegt für uns eine andere, eine literarische Parallele. Unter den spanischen Erzählungen des argentinischen Schriftstellers gibt es eine, die ebenfalls über eine labyrinthische Bibliothek handelt und diese als ein Symbol für die Welt und deren unbegrenzte Erklärungsmöglichkeit betrachtet. Borges erzählt von den Menschen, die in ihrer labyrinthischen Welt wie in einem Irrgarten – der voll ist an Kombinationen und Kommentaren, an Häresien und Spekulationen – nach einer verbindlichen geistigen Orientierung, nach einem Buch suchen, das alles Wesentliche und Eigentliche enthält und damit alles andere Geschriebene überflüssig macht. Da zu einem solchen Buch aber nur eine göttliche Intelligenz fähig ist, meinen die Menschen, diesem Gott beständig beweisen zu müssen, daß auch sie eine geordnete Welt nach ihren Gesetzen und Ideen formen können, womit sie aber notwendigerweise scheitern müssen. In dieser Absurdität menschlicher Existenz, in einer chaotischen, weil letztlich unerklärlichen Welt leben und gleichzeitig nach einer nicht auffindbaren Ordnung streben zu müssen, in dieser gleichsam labyrinthischen Feststellung treffen sich der argentinische Schriftsteller unserer Tage und der spätmittelalterliche Semiotiker William von Baskerville in Adsons Chronik. Dort spricht William die rätselhaften Sätze:

Ich bin wie ein Besessener hinter einem Anschein von Ordnung hergelaufen, während ich doch hätte wissen müssen, daß es in der Welt keine Ordnung gibt ... Es fällt schwer, den Gedanken zu akzeptieren, daß es in der Welt keine Ordnung geben kann, da [dies] den freien Willen Gottes und seine Allmacht einschränken würde. So gesehen ist die Freiheit Gottes unsere Verdammnis, oder jedenfalls ist sie eine Verdammnis unserer Hoffart (dt. Fassung S. 625f.).

In dieser schier ausweglosen menschlichen Situation, die gottgesetzte Ordnung nicht fassen zu können bzw. aufgrund des erkennbaren Chaos in der Welt am Ende vielleicht die Existenz Gottes leugnen zu müssen, weiß der Empiriker und Philosoph William nur einen zunächst bescheidenen, dafür aber äußerst lebenspraktischen Rat: „[die Menschen] über die Wahrheit zum Lachen [zu] bringen, die Wahrheit [selbst] zum Lachen zu bringen, denn die einzige Wahrheit heißt, lernen, sich von der krankhaften Leidenschaft für die Wahrheit zu befreien" (dt. Fassung S. 624).

Hier, in der befreienden Kraft des Lachens ist aber nicht nur ein weiterer Schnittpunkt zwischen Ecos engerer Kriminalstory und der von ihm beabsichtigten tieferen Dimension seines Romans angedeutet, sondern für den Mediävisten auch die Möglichkeit gegeben, mit einigen historischen Anmerkungen die kriminalgeschichtliche Erklärungsstufe zu Ecos 'Rosenroman' abzuschließen.

Die erste dieser mediävistischen Bemerkungen soll sich auf das zweite Buch der Poetik des Aristoteles beziehen, dessen einzigen Textzeugen allein die Benediktinerabtei in der Adsonschen Chronik besessen haben soll und dessen Text der finstere Jorge von Burgos unter keinen Umständen an die Öffentlichkeit gelangen lassen wollte. In der schon erwähnten gespenstischen Überführungsszene am Ende der Handlung versucht William von Baskerville, den Anfang des bisher verloren geglaubten zweiten Buches von Aristoteles' Poetik zu übersetzen und laut vorzutragen:

Im ersten Buch haben wir [sc. Aristoteles] die Tragödie behandelt und dargelegt, wie sie durch Erweckung von Mitleid und Furcht eine Reinigung von ebendiesen Gefühlen bewirkt. Hier wollen wir nun, wie versprochen, die Komödie behandeln (nebst der Satire und dem Mimus) und darlegen, wie sie durch Erweckung von Vergnügen am Lächerlichen zu einer Reinigung von ebendieser Leidenschaft führt. Inwiefern diese Leidenschaft der Beachtung wert ist, haben wir schon im Buch über die Seele gezeigt, insofern nämlich der Mensch als einziges aller Lebewesen zum Lachen fähig ist (dt. Fassung S. 595).

Um die Einmaligkeit dieser von William vorgetragenen Leseprobe richtig würdigen zu können, muß man wissen, daß uns von der aristotelischen Poetik nur der erste Teil erhalten und bekannt ist, der über Epos und Tragödie handelt. Der zweite und hier wichtige Teil dieser Schrift – die Komödie und die Theorie des Lächerlichen thematisierend – ist nach unserem heutigen Kenntnisstand bereits am Ende der Antike verlorengegangen und nicht etwa – wie Adsons Chronik vorgibt – bis zum Spätmittelalter in einer benediktinischen Klosterbibliothek erhalten geblieben. Trotzdem oder besser gerade deswegen ist Umberto Ecos literarische Fiktion von der mittelalterlichen Überlieferung der aristotelischen Komödientheorie ein glänzender Einfall, der einen Mediävisten allerdings fragen läßt, wie das Mittelalter, genauer die mittelalterliche Kirche, zu Theorie und Praxis des Lachens gestanden haben.

Die Definition des Aristoteles, der Mensch unterscheide sich von allen anderen Lebewesen durch die Fähigkeit des Lachens, war dem Mittelalter durchaus vertraut. In den logischen Schriften des spätantiken Philosophen Porphyrius, dessen Arbeiten im Mittelalter mehrfach kommentiert wurden und zahlreich verbreitet waren, konnte man lesen: Vom 'genus' her sei der Mensch ein Lebewesen wie das Pferd oder der Esel, die der Mensch aber wiederum übertreffe durch seine Eigentümlichkeit ('proprium') zu lachen. Aber trotz dieser Kenntnis der aristotelischen Definition vom Menschen bzw. auch einiger Reste von dessen Komödientheorie hat das Mittelalter in der Ausformung seiner konkreten Lebenswelt den Menschen als lachendes Wesen nicht sonderlich geschätzt. Daran waren vor allem die alten Mönchsregeln schuld, die das Lachen als anstößig und unziemlich verboten und wie in der Benediktinerregel das belanglose und zum Lachen geeignete Geschwätz, die „verba vana aut risui apta" genauso untersagten wie das häufige und laute Lachen. Seit dem frühen griechischen Mönchstheologen Johannes Chrysostomus verwies man zudem ständig darauf, daß Jesus in seinem Leben nie gelacht habe, die heiligen Schriften jedenfalls darüber nichts berichteten. Von diesem monastisch geprägten Verständnis über den Unwert des Lachens ist erst das hohe Mittelalter ein wenig abgerückt. So gelangte Johannes von Salisbury im 12. Jh. zu der Auffassung, daß eine „modesta hilaritas" gestattet und auch gegen kurzweilige Theatervorführungen nichts einzuwenden sei, solange alles mit Anstand zugehe. Trotz mancher Konzilianz ist man aber in der kirchlichen Bewertung des lachenden Christen oder scherzenden Klerikers von dem moralischen Rigorismus der Anfänge nie ganz abgegangen. Erst in der frühen Neuzeit war es möglich, einen Freund des Humors zum Heiligen zu machen und etwa Filippo Neri zum Patron der Humoristen zu erklären. Für den mittelalterlichen Menschen dagegen war die Welt nicht so beschaffen, daß er in ihr hätte lachend bestehen können; für ihn war sie ein Tal der Tränen und eine Zeit des Weinens, die man allein durch die wahre Freude auf das Jenseits zu überwinden vermochte. Nur alberne Narren und Toren konnten diese wichtige Vorbereitungszeit mit schlüpfrigem Geschwätz oder schändlichem Gerede zubringen und damit der zutiefst verhaßten 'vanitas' verfallen. In dieser Hinsicht – so wird man sagen dürfen – ist Umberto Ecos blinder Seher Jorge von Burgos ein wahrhaft mittelalterlicher Mensch.

Ecos 'dramatis personae' und die mittelalterliche Wert- und Aktionswelt

Kommen wir nun zu den handelnden Personen! Der Hanser-Verlag in München, der Ecos Buch durch Burkhart Kroeber in ein vorzügliches Deutsch übertragen ließ, hat dieser deutschen Ausgabe einen Handzettel beigefügt, auf dem nicht nur in einer köstlichen Buchstabenillumination Umberto Eco, angetan mit einer franziskanischen Kutte, in einem stilisierten großen U (wie Umberto) zu erkennen ist, sondern auch die 'dramatis personae', die handelnden Personen verzeichnet sind. In dieser Liste stehen historisch faßbare Gestalten wie die bereits erwähnten Bernard Gui, Michael von Cesena oder Ubertin von Casale neben fiktiven Personen. Unter den letzteren finden sich merkwürdige Vertreter und mysteriöse Namen.

Da ist zunächst Salvatore, der Gehilfe des klösterlichen Kellermeisters zu nennen, der nachts schöne Bauernmädchen ins Kloster holt und mit schwarzen Katzen einen primitiven Liebeszauber ausprobiert. Die Sprache dieses Salvatore ist voll von romanischen Dialektstücken und lateinischen Brocken, und trotzdem erscheint er auf dem erwähnten Handzettel unter der näheren Kennzeichnung „armer Teufel und Sprachgenie". Wie kann – so wird man sich fragen müssen – ein wissenschaftlich anerkannter Sprachforscher, der Eco nun einmal ist und der offenkundig auch die jeweiligen Kennzeichnungen des Hanser-Handzettels autorisiert hat, wie kann ein renommierter Semiotiker den in babylonischer Sprachverwirrung redenden Salvatore ein Sprachgenie und einen Retter (eben einen Salvatore) nennen?

Genauso rätselhaft scheinen Ecos Namengebungen im Falle des Adelmus von Otranto, der in Adsons Chronik vor den begehrlichen Nachstellungen eines klösterlichen Mitbruders aus dem Fenster sprang, oder im Falle des Berengar von Arundel, der als des Adelmus lüsterner Verführer bald selbst im Badehaus der Abtei enden sollte. Vielleicht hat bei der Benennung des klösterlichen Miniaturenmalers Adelmus der bekannte Schauerroman des Horace Walpole von 1765 über das Schloß von Otranto Pate gestanden, der ähnlich wie in Ecos Buch die Handlung seiner Geschichte ins Mittelalter, genauer in die Zeit um 1200, verlegt und dessen Erzählung sich am Anfang auch als Übersetzung, hier als Übertragung einer italienisch-mittelalterlichen Ritterromanze, ausgibt. Möglicherweise aber waren es auch die Bodenmosaike im Mittelschiff der Kathedrale von Otranto, die in auffallender Weise den von Adson beschriebenen Miniaturmalereien des Adelmus gleichen und von daher zu dieser Namengebung geführt haben könnten. Ähnlich steht es mit der Bezeichnung des Berengar von Arundel. Hier ist es ebenfalls nicht ganz abwegig, in der berühmten Sammlung lateinischer Gedichte aus dem späteren 12. Jh., die aus der Bibliothek der englischen Grafen von Arundel stammt, heute als Handschrift in London aufbewahrt wird und vornehmlich freizügige Liebeslieder, auch über die Knabenliebe, enthält, in dieser Arundelsammlung die Anregung für den Beinamen des Berengar zu sehen.

Mit größerer Erklärungssicherheit bewegt man sich bei den Vermutungen über die fiktiven Gestalten des William von Baskerville und Adson von Melk, deren Persönlichkeitsbilder Eco selbst in der schon mehrfach zitierten ›Nachschrift‹ eingehend beschrieben hat. Mit dem jungen Novizen Adson, der als 80jähriger Greis erzählt, was er in seiner Jugend erlebt hatte, konnte Eco nach eigener Aussage die schützenden Trennwände zwischen sich als erzählendem Autor und den erzählten Romanpersonen wie -situationen noch einmal verdoppeln und damit die eingangs erwähnte Taktik der Verpuppung nochmals erweitern. Darüber hinaus war Adson von Melk dem Umberto Eco auch deswegen wichtig, weil dieser das Geschehen mit photographischer Treue berichtet und trotzdem nichts begreift: „Alles begreiflich machen durch einen, der nichts begreift“ – dies mußte die Lesbarkeit seines Romans gerade für jene Leser erhöhen, die „sich mit der Unschuld des Erzählers identifizieren [konnten] und sich [auch dann noch] gerechtfertigt fühlten, wenn sie nicht alles verstanden“ (dt. Fassung S. 42).

In den Augen Ecos ist Adson von Melk bis in sein hohes Alter der unverständige und wenig gelehrige Zeitgenosse seines Meisters William geblieben. Als Adson lange nach den schrecklichen Geschehnissen des Jahres 1327 noch einmal zu den Ruinen der einst stolzen Apenninabtei zurückkehrt und dort nur verödete Trümmer und unleserliche Buchfetzen vorfindet, verfällt er in eine trostlose Trauer und tritt eine Flucht ins göttliche Nichts an, die nach Auffassung Ecos „nicht das war, was ihn sein Meister gelehrt hatte“ (Nachschrift, dt. Fassung S. 42). Es sei erlaubt, diese pantheistische Schwermut des Adson von Melk kurz im Wortlaut anzuführen:

Mir bleibt nur zu schweigen. ‚Oh, wie heilsam, wie erfreulich, und süß ist es, in der Einsamkeit zu sitzen und zu schweigen und mit Gott zu reden!‘ Bald schon werde ich wieder vereint sein mit meinem Ursprung, und ich glaube nicht mehr, daß es der Gott der Herrlichkeit ist, von welchem mir die Äbte meines Ordens erzählten, auch nicht der Gott der Freude, wie einst die Minderen Brüder glaubten, vielleicht nicht einmal der Gott der Barmherzigkeit. Gott ist ein lauter Nichts, ihn rührt kein Nun noch Hier ... Ich werde rasch vordringen in jene allerweiteste, allerebenste und unermeßliche Einöde, in welcher der wahrhaft fromme Geist so selig vergehet. Ich werde versinken in der göttlichen Finsternis, in ein Stillschweigen und unaussprechliches Einswerden, und in diesem Versinken wird verloren sein alles Gleich und Ungleich, in diesem Abgrund wird auch mein Geist sich verlieren und nichts mehr wissen von Gott noch von sich selbst noch von Gleich und Ungleich noch von nichts gar nichts. Und ausgelöscht sein werden alle Unterschiede, ich werde eingehen in den einfältigen Grund, in die stille Wüste, in jenes Innerste, da niemand heimisch ist. Ich werde eintauchen in die wüste und öde Gottheit, darinnen ist weder Werk noch Bild ... (dt. Fassung S. 634 f.).

Mit dieser dumpfen Ahnung am Ende seines Lebens hat Adson den Gott der Benediktiner und Franziskaner, ja auch den des Neuen Testamentes weit hinter sich gelassen und ist zu einer Gottversenkung und -einigung gelangt, die an die spätmittelalterliche Mystik eines Meister Eckart erinnert, der bekanntlich 1327 in Avignon während eines dort gegen ihn gerichteten Ketzerprozesses gestorben ist. Aber Adsons Seele scheint selbst jenes Hoffnungsfunkens entbehren zu müssen, den Meister Eckart noch in des Menschen Herz durch göttliche Gnade gesenkt sah. Adson hat keine Hoffnung, auch kein Wissen mehr. In düsterer Melancholie muß er feststellen, daß ihm nur noch bloße Namen geblieben sind, daß die Rose von einst vergangen ist, die Sinnordnung der Welt sich ihm entzogen hat. Richtungslos treibt er auf das Nichts und die große Einsamkeit zu.

Wie angedeutet, wissen wir zwar nicht aus Adsons Bericht, wohl aber aus Ecos ›Nachschrift‹, daß William von Baskerville diese pessimistische Antwort seines Schülers auf die grundlegenden Lebens- und Sinnfragen nicht akzeptiert hätte. William war aus einem anderen geistigen Holz als Adson geschnitzt, worüber uns Umberto Eco genau informiert hat. Als Detektiv mußte William von Baskerville eine gute Beobachtungsgabe und einen ausgeprägten Sinn für die Deutung von Zeichen besitzen. In diesem Verständnis eines philosophischen Kriminalkommissars konnte William nach Meinung Ecos nur ein englischer Franziskaner des späten Mittelalters sein, der die geistigen Eigenschaften der beiden großen franziskanischen Philosophen dieser Zeit, des Roger Bacon und des Wilhelm von Ockham, haben mußte. Man wird erfahren wollen, wodurch sich diese beiden Denker auszeichnen und welche ihrer denkerischen Eigenschaften in Ecos Kunstfigur des William von Baskerville übernommen worden sind.

Wilhelm von Ockham – um 1300 in der Nähe von London geboren, Mitglied des Franziskanerordens, Philosophielehrer in Oxford und Paris sowie politischer Parteigänger König Ludwigs des Bayern in dessen Kampf gegen das Avignoneser Papsttum – ist 1349 in München, wahrscheinlich an den Folgen einer Pesterkrankung, gestorben, also unmittelbarer Zeitgenosse des in Adsons Chronik berichteten Geschehens. Seine philosophiegeschichtliche Bedeutung liegt auf dem Gebiet der Erkenntnistheorie, auf dem er die seinsmäßige Existenz der Allgemeinbegriffe, der Universalien, entschieden geleugnet und unsere Begriffe als Zeichen verstanden hat, die die einzelnen, in der Wirklichkeit existierenden Dinge weder abbilden noch rekonstruieren, sondern allein zeichenhaft erfassen. Nicht in der Abbildung aufgrund einer wesensmäßigen Ähnlichkeit, sondern in der bloßen gedanklichen Zuordnung liegt, so Ockham, das adäquate Verhältnis von Begriff und Sache begründet. Die Welt der Dinge ist damit nicht identisch mit der Welt des Bewußtseins, und erst recht läßt sich ein Zugang zu Gott und seiner notwendigen Existenz nicht aus den Universalien als den angeblich eigentlichen Wirklichkeiten gewinnen. Man kann nach Ockham vielleicht mit dem einen oder anderen Analogieschluß die Existenz Gottes wahrscheinlich, niemals aber verbindlich machen. Für Ockham liegt gerade in dieser natürlichen Unwissenheit des Menschen die notwendige Voraussetzung der übernatürlichen Offenbarung. Wissen und Glauben, Vernunft und Offenbarung sind für ihn durch eine abgründige Kluft getrennt und Gott ist in eine für das Denken unerreichbare Ferne und Verborgenheit gerückt. „Credo quia absurdum", diese Ockhamsche Absurdität des Glaubens sollte bekanntlich später für Martin Luther ein wichtiger Ansatzpunkt seiner glaubensgerechten Theologie werden und läßt offenkundig auch für den William von Baskerville des Eco-Romans einen anderen geistigen Lösungsweg erkennen als den dumpfen Mystizismus eines Adson von Melk.

Eine klare Ab- und Ausgrenzung von Philosophie und Theologie forderte auch Roger Bacon, der zweite spätmittelalterliche Philosoph, der den William von Baskerville geprägt hat. Über diesen kurz nach 1292 gestorbenen Franziskaner, der vornehmlich an der Pariser Universität lehrte und dort neben philosophischen und mathematischen Studien auch naturwissenschaftliche Experimente betrieb, haben wir wenig sichere biographische Daten, wohl aber ein umfangreiches Erbe an theoretischen Schriften und praktischen Untersuchungen. Gerade die letzteren scheinen Umberto Eco bzw. seinen William von Baskerville in ihrer natur- und erfahrungswissenschaftlichen Ausrichtung besonders interessiert zu haben. Adsons Chronik liefert jedenfalls verschiedentlich Kostproben von Bacons empirischem Methodenbewußtsein, das man häufig als modern bezeichnet hat und das von einem äußerst differenzierten Erfahrungsbegriff bestimmt ist.

Erfahrung nennt Roger Bacon zunächst jene äußere Form der Wahrnehmung, die die empirisch greifbaren Tatsachen mit Hilfe der Sinne beobachtet und dieser äußeren Beobachtung die innere, mehr intuitive Wahrheitserkenntnis hinzufügt, die sich ihrerseits im Innern des Geistes vollzieht und ebensowenig wie die äußere Erfahrung durch schlußfolgerndes Denken zu ersetzen ist. Bacon ist allerdings weit davon entfernt, in der so verstandenen Erfahrung den einzigen Weg zu wahrer und gewisser Erkenntnis zu sehen. Auch die Vernunft, die deduktiv vorgeht, und selbst die Autoritäten behalten ihr Recht. Das Besondere an Bacons Denken aber liegt in seiner Forderung, auch die natürliche Welt wissenschaftlich zu befragen und dies nicht zuletzt durch Experimente unter Anwendung mathematischer und optischer Gesetze dann auch zu erproben. Mit einem Wort: Bacons zukunftsträchtiger Ansatz liegt in einer mathematisch konzipierten Naturwissenschaft und in der Idee exakter Experimente begründet. Die zahllosen erfahrungswissenschaftlichen Versuche, über die uns Bacon berichtet hat, versetzen uns noch heute in ihrer genauen Naturbeobachtung, aber auch in ihrem phantastischen Einfallsreichtum in Erstaunen. So beschrieb er Ende des 13. Jh. Maschinen, mit denen man gefahrlos in der Luft fliegen und in die Meerestiefe hinabtauchen könne, oder winzige Geräte, mit denen man ohne Mühe große Lasten zu heben in der Lage sei, oder Spionagevorrichtungen, mit denen man feindliche Heere aus weitester Entfernung beobachten könne.

Man hat oft beklagt, daß Roger Bacon mit diesen ingenieurwissenschaftlichen Ansätzen und Methoden in seiner Zeit kaum geistige Gefährten und Schüler gefunden hat. Umberto Eco muß sich diese Klage wohl zu Herzen genommen haben, als er seinen William von Baskerville in Adsons Chronik nicht nur ausführlich über Roger Bacon berichten ließ, sondern ihn selbst mit dessen geistigen Vorzügen ausstattete, ja ihn offenbar in Anspielung auf Bacons Lehre von der Optik ein merkwürdiges Glasinstrument tragen ließ, die „oculi de vitro cum capsula“, die Augen aus Glas mit Fassung, die in der benediktinischen Klosterwelt des beginnenden 14. Jh. allerdings nur skeptische Bewunderung hervorrufen mußten.

Wofür aber Williams Brille auch stehen mag – ob sie nun allein die geistige Herkunft des William von Baskerville aus dem erfahrungswissenschaftlichen Denken des Roger Bacon bekunden soll oder ob sie darüber hinaus eine Geisteshaltung andeutet, der es mehr um die Klarheit des Naheliegenden als um eine realitätsferne Abstraktion und Systematisierung geht, oder ob sie in ironischer Anspielung auf die Kurzsichtigkeit eines Pragmatikers hinweisen soll, Williams Brille ist nicht allein für Adson oder Eco ein unverkennbares Merkmal seiner Persönlichkeit. Nicht nur daß die italienische Gesellschaft für Optometrie Umberto Eco auszeichnete „in Anerkennung der in seinem Roman enthaltenen Verherrlichung der Brillen", nein auch der französische Verlag Grasset hat sich von dieser optischen Ausrichtung des William von Baskerville leiten lassen, als er aus einer illuminierten altfranzösischen Bibelhandschrift des Spätmittelalters – die sich heute in der Pariser Nationalbibliothek befindet – die dort innerhalb der Paulusbriefe befindliche Darstellung des Apostels mit Glatze, Bart und Brille dem Umschlagbild für seine Taschenbuchausgabe von Ecos Roman zugrunde legte und in diese Illumination dann noch mit roter Tinte das klösterliche Aedificium einzeichnen ließ.

Faßt man das über William von Baskerville Gesagte zusammen, dann wird man feststellen können, daß dieser William als nüchterner Pragmatiker, als Feind dogmatischer Heilslehren und als Gegner absoluter Wahrheiten in seiner Person die fortschrittlichen Ideen der spätmittelalterlichen Geisteswelt zu verkörpern scheint: als Erkenntnistheoretiker hält er sich an Wilhelm von Ockham, als Erfahrungswissenschaftler an Roger Bacon, als Vertreter einer modernen politischen Philosophie an den hier nicht näher vorgestellten Marsilius von Padua und dessen Friedensschrift von 1324, die man wegen ihrer Lehre von einer kirchlich unabhängigen und freien Staatsgewalt als das in Begründung wie Folgerung radikalste Werk gegen den päpstlichen Reichtums- und Herrschaftsanspruch bezeichnet hat.

Dieser fiktiv geschaffenen, allerdings nach geschichtlichen Vorlagen erdachten Gestalt des William von Baskerville, dem offenkundig die ganze Sympathie Ecos gehört, ist eine andere gegenüberzustellen, die ebenfalls von Eco breit ausgestaltet wurde, aber im Unterschied zu William als Einzelperson auch historisch greifbar ist: ich meine den Mystiker Ubertin von Casale. Dieser Ubertin, um 1300 lebend, Theologielehrer in Paris, dann aber unter dem Einfluß der franziskanischen Spiritualen mit ihrer Lehre von der absoluten Armut sowie durch Übernahme der prophetischen Ideen des Joachim von Fiore über den Ablauf und das Ende der Zeiten mehr Eiferer und Prediger als Lehrer und Wissenschaftler, dieser Ubertin ist tatsächlich Zeitgenosse der von Adson erzählten Ereignisse. Er hatte sich nach unserem heutigen Kenntnisstand um 1325 in Avignon bei dem ihn schützenden Kardinal Napoleone Orsini aufgehalten, war von dort wegen eines ihm drohenden Ketzerprozesses nach Oberitalien gegangen und hatte schließlich am Hof König Ludwigs des Bayern Zuflucht gefunden, mit dem er im März 1327 dann wieder nach Italien zog. Wenn William von Baskerville in Adsons Chronik, dem Heer König Ludwigs des Bayern vorauseilend, den Ubertin von Casale bereits in der norditalienischen Benediktinerabtei antrifft, dann mag das historisch nicht ganz korrekt sein, dafür aber sind die von Adson referierten Ausführungen Ubertins, d.h. dessen Informationen über die Geschichte des franziskanischen Armutsstreites oder auch der spätmittelalterlichen Mystik von beeindruckender Quellennähe und Sachkenntnis. Darüber hinaus dürfte Ubertins breit geschilderte mystische Erfahrung, die für William allerdings einen schon bedenklichen Ansturm der Sinne darstellte, dem kontemplativen Gebets- und Bußgeist des Spätmittelalters näher kommen als Adsons dumpfe Ahnungen einer göttlichen Finsternis.

Man sieht es: Umberto Ecos Gestalten sind insgesamt Figuren, die in einem Zwielicht von literarischer Erfindung und historisch kontrollierbarer Wirklichkeit stehen. Sie sind fiktive Personen, die unter den verschiedensten Anleihen aus der spätmittelalterlichen Geschichte unterschiedliche Lebens- und Geistesformen demonstrieren, pragmatische, dogmatische, mystische und andere mehr.

Zur historischen Rahmensituation: die letzte Auseinandersetzung von Papsttum und Kaisertum

Umberto Eco in seinem Roman bzw. Adson von Melk in seiner Chronik haben die schaurigen klösterlichen Ereignisse des ausgehenden Jahres 1327 in eine geschichtliche Rahmensituation gestellt, die es in ihrer politischen Ausrichtung und Bedeutung kurz zu kennzeichnen gilt.

Im Deutschen Reich hatte es nach dem Tode Kaiser Heinrichs VII. im August 1313 eine Doppelwahl gegeben: die habsburgische Partei hatte Herzog Friedrich den Schönen von Österreich, die luxemburgische Seite den militärisch bewährten Herzog Ludwig von Oberbayern aus dem Hause der Wittelsbacher zum König gewählt. In der Schlacht von Mühldorf Ende September 1322 hatte Ludwig der Bayer seinen habsburgischen Konkurrenten schlagen und gefangennehmen können. Damit war der Thronstreit in Deutschland, längst aber noch nicht im lombardischen Reichsitalien entschieden. Hier kreuzten sich nämlich die deutschen Reichsinteressen mit den päpstlichen Ambitionen der Avignoneser Kurie. In Avignon vertrat Johannes XXII. energisch die Auffassung, daß während der Vakanz des Kaiserthrones dem Papst die rechtmäßige Vertretung des Kaisers zustehe und dieses päpstliche Vikariat erst mit der Approbation des gewählten deutschen Königs durch den Papst zu Ende gehe. Deshalb hatte Johannes XXII., seit 1316 im Amt, selbst nach der Schlacht von Mühldorf 1322, immer noch keine besondere Neigung oder Eile bekundet, Ludwig den Bayern anzuerkennen, sicherlich auch deswegen nicht, weil er in Oberitalien mit seinen päpstlichen Truppen und Legaten die kaisertreuen Ghibellinen zu unterwerfen suchte. Als die letzteren den deutschen König um Hilfe riefen und Ludwig der Bayer dieser Bitte auch nachkam, sah sich Johannes XXII. veranlaßt, Anfang Oktober 1323 gegen Ludwig den Bayern den Prozeß zu eröffnen, und ihn bereits im März des folgenden Jahres trotz rechtsförmlicher Proteste des Königs auch zu exkommunizieren, die Untertanen vom Treueeid zu entbinden bzw. bei weiterem Treueverhalten mit Bann und Interdikt zu bedrohen. Eine neuerliche Rechtsverwahrung Ludwigs des Bayern, die berühmte und eingangs schon erwähnte Sachsenhausener Appellation vom 22. Mai 1324, die feierlich an ein zukünftiges Konzil appellierte, verschärfte zwar den Ton, änderte aber nichts an der konsequenten päpstlichen Linie, die am 11. Juli 1324 zu einer nochmaligen Verurteilung des deutschen Königs führte und ihm androhte, bei weiterer Hartnäckigkeit auch noch seine Ansprüche als Reichsfürst zu verlieren.

Um dieses Netz juristischer Verwicklungen zu durchschlagen, entschloß sich Ludwig der Bayer – von den lombardischen Ghibellinen immer wieder dazu gedrängt und von seinen gelehrten Ratgebern wie etwa Marsilius von Padua dazu ermuntert –, im März 1327 selbst nach Italien zu ziehen und sich in Rom ohne bzw. gegen den Papst vom römischen Senat und Volk zum Kaiser erheben zu lassen (17. 1. 1328), dann den Gegner in Avignon für abgesetzt zu erklären (18. 4. 1328) und schließlich einen neuen Papst, den frommen Franziskaner Petrus von Corvaro als Nikolaus V. ohne Mitwirkung der Kardinäle wählen zu lassen – alles Haupt- und Staatsaktionen, die in ihrem letzten Teil deutlich nach dem November 1327 liegen, also nach dem eigentlichen Geschehen in Adsons Chronik, deren Epilog sie allerdings dort bilden.

In der Geschichtswissenschaft sind diese radikalen Lösungsversuche König Ludwigs des Bayern, der am Ende weniger an der theoretischen Kühnheit seines Konzeptes als vielmehr an fast chronischem Geldmangel gescheitert ist, äußerst unterschiedlich bewertet worden. Die einen sahen darin den Kulminationspunkt in der säkularen Auseinandersetzung zwischen Papsttum und Kaisertum im Mittelalter, während andere an einen grotesken Schattenkampf der Spätzeit dachten, an die theatralische Wiederholung eines längst obsolet gewordenen Streites. Zutreffender ist es wohl, das stadtrömische Kaisertum Ludwigs des Bayern als die faktisch zwar mißlungene, aber theoretisch und in Ansätzen auch praktisch demonstrierte Entkoppelung von päpstlicher und kaiserlicher Universalgewalt zu betrachten. Daß der Versuch einer solchen Entkoppelung – wenigstens ansatzweise – gelingen konnte, lag zweifellos an der großen Unterstützung, die Ludwig der Bayer nicht nur durch die theoretische Untermauerung seiner Position in der Friedensschrift des Marsilius erhielt, sondern insbesondere auch durch große Teile des Franziskanerordens, der wegen seiner Weltauffassung und Armutsgestaltung mit dem Papst in Avignon in Streit lag und deswegen dem deutschen König durch so bedeutende franziskanische Persönlichkeiten wie den Ordensgeneral Michael von Cesena oder den Philosophen Wilhelm von Ockham seine Hilfe anbot.

Fragt man nun vor diesem geschichtlichen Hintergrund danach, was der historische Rahmen des Ecoschen Romans zu bedeuten habe, dann wird man immer wieder auf den Gegenwartsbezug des Eco-Buches verwiesen. Für den Münchener Sprachwissenschaftler Harald Weinrich ähnelte die große Politik des Ecoschen Romans – d. h. die Auseinandersetzung zwischen dem deutschen Kaiser und dem Papst in Avignon, dann der Streit zwischen den Benediktinern, Franziskanern und zahlreichen anderen Bruderschaften und Sekten, weiter die vom Armutsideal bedrohte Kirche und deren inquisitorische Gegenoffensive – für Weinrich glich dies alles auf verblüffende Weise der politischen Welt unserer Zeit, zumal in ihrer spezifisch italienischen Verfassung. „Hier kann" – so Weinrich wörtlich – „jeder Leser selber zum Detektiv werden, der sich das intellektuelle Vergnügen nicht entgehen läßt, alle möglichen Schlüssel auszuprobieren, um diesen mittelalterlichen Mönchsroman in seinem Zeichenwert für gegenwärtige Verhältnisse zu entziffern." Das hat man dann auch fleißig getan und etwa in den fanatischen Dolcinianern die Roten Brigaden oder in den franziskanischen Spiritualen die Sozialisten und Eurokommunisten unserer Tage gesehen.

Aus solchen einfachen Gleichsetzungen hat sich der Historiker herauszuhalten, weil Gleichungen dieser Art äußerst beliebig und wenig belegfähig sind sowie das komplexe Verhältnis von Gegenwart und Vergangenheit verfehlen. Bei einer solchen Art von Geschichtsbetrachtung steht die gesellschaftspolitische These vor der historischen Information, wird die Historie leicht zu einer Geschichte der Wünschbarkeiten und die Beweiskraft ihrer Argumente eher zu einer selbstgefälligen Bestätigung als zu einer wirklich überzeugenden Erklärung. Um einer solchen gewagten Deutung des Mittelalterromans von Umberto Eco zu entgehen, ist es geboten, in einem Ausblick einige vorsichtige Überlegungen zum Gegenwartsbezug des Eco-Buches anzudeuten.

Zum Geheimnis des Bucherfolges und Romantitels

Wenn auch Umberto Eco die aktuellen Bezüge seines Romans in dem Sinne geleugnet hat, daß er keinerlei Fakten oder Gestalten nach der heutigen Welt geformt habe, so wird man jedoch andererseits – schon wegen der springflutartigen Verbreitung seines Buches – nach einem Zusammenhang der spätmittelalterlichen Chronik des Adson von Melk mit der Lebenswelt unserer Tage fragen dürfen und suchen müssen. Bekanntlich hat Ecos Roman nicht allein in Italien eine Auflagenhöhe von einer guten Million Exemplaren erreicht und bei uns Spitzenplätze in den Bestsellerlisten eingenommen, sondern Ecos Buch ist auch in den USA mit großer Resonanz aufgenommen worden. Weitere Übersetzungen werden aus Brasilien und Japan gemeldet. Dieser zunächst überraschenden Popularität wird man sicherlich kaum gerecht, wenn man etwa allein auf das gestiegene Geschichtsinteresse der Öffentlichkeit oder auf Ecos mitreißende Erzählkunst hinweist. Hier mögen zweifellos plausible Motive vieler Eco-Leser gelegen haben, aber sie erklären insgesamt doch noch zu wenig die wirklich atemberaubende Verbreitungsgeschichte des Romans. Vielleicht helfen aus dieser Verlegenheit zwei tiefergehende Erklärungsversuche heraus, die zu Ecos Roman bekannt geworden sind: ich meine die Thesen des Bonner Theologen Heinz Robert Schlette und den Vorschlag des eingangs erwähnten Erlanger Altgermanisten Ulrich Wyss.

Für den Theologen Schlette hat eine Gesamtdeutung des Eco-Buches vom Ende der Erzählung auszugehen, wo nicht nur die Todesfälle aufgeklärt, sondern auch Absicht und Motiv des Autors Eco entschlüsselt würden. Mit dem Abbrennen der Abtei sei deutlich gemacht, daß nicht nur die Epoche des Mittelalters definitiv und unwiederbringlich zu Ende gegangen sei, sondern auch und vor allem die in ihr entwickelte christliche Weltdeutung ihre Kraft und Wahrheit verloren habe: „Christentum und abendländische Kultur existieren nur noch als der Name einer ehemals blühenden, aber längst verblühten Rose." Die Gestalt des ererbten Christentums habe sich in eine mystische Ödnis und Wüste aufgelöst.

Dieser radikal religiösen Ausdeutung setzt der Literaturwissenschaftler Wyss eine ideologiekritische entgegen. Im Zentrum seiner Überlegungen steht Umberto Ecos Auffassung über das Lachen, genauer über die Intellektualität des Gelächters. In Ecos Roman sei das Lachen in der Einschätzung des reaktionären Jorge von Burgos als subversive Kraft dargestellt, die alle Hierarchie zerrütte und Gutes wie Böses relativiere, während die Gestalt des William von Baskerville ein Ethos des Gelächters propagiere, einen universalen Karneval, der das Oben und Unten, das Wahre ins Falsche, das Gute ins Böse verkehre und in dieser lachenden Verkehrung der Welt ein Instrument nicht allein praktischer Vernunft, sondern auch dialektischer Aufklärung erblicke. Aber gerade in dieser von Eco beabsichtigten und erzählend demonstrierten Funktion des intellektuellen Gelächters sieht Ulrich Wyss den Abschied von einer notwendigen gesellschaftskritischen Theorie und die trügerische Selbsttäuschung des Intellektuellen Eco. Und in der Tat scheint die bisherige kulturelle Tradition des Gelächters – die von den antiken Fruchtbarkeitsfesten über die mittelalterlichen Narrenspiele bis zu den Harlekingestalten eines Picasso oder den Fastnachtsbildern eines Max Beckmann reicht – dem Literaturhistoriker Wyss in der Weise recht zu geben, daß die literarische und künstlerische Opposition des Spottes die Ordnung der Welt eher in wehmütiger Melancholie stabilisiert als erschüttert hat.

Wie dem auch sei – ob Umberto Eco nun mit seinem 'Rosenroman' der christlichen Weltdeutung endgültig absagen wollte oder den Intellektuellen unserer Tage die am Ende freilich stumpfe Waffe einer lachenden Verkehrung der gesellschaftlichen Ordnung andienen wollte und in dieser grundsätzlichen Absicht die Zustimmung durch zahlreiche Leser erfahren hat, ist hier nicht zu beurteilen. Ich kann – wie bereits an vielen Stellen der bisherigen Ausführungen – diesen gewaltigen Erklärungsversuchen nur eine eher bescheidene Variante an die Seite stellen, eine erläuternde Lesart, die von dem geheimnisvollen Titel des Romans ausgeht.

Eco, der seinen Roman zunächst ›Abtei des Verbrechens‹ und später in aller Schlichtheit ›Adson von Melk‹ nennen wollte, hat uns die Herkunft des Rosentitels verraten. Er ist dem bereits mehrfach zitierten Schlußsatz „Stat rosa pristina nomine ..." über die verblühte Rose entnommen, ein Schlußsatz, der wiederum einen Hexameter wiedergibt und aus der moralisch-asketischen Schrift des Bernhard von Morlas aus der Mitte des 12. Jh. über die Verachtung der Welt stammt. Für den Benediktiner Bernhard, der das menschliche Leben mit all seiner Mühsal, seinen Übeln und Lastern aus der Sicht des Jüngsten Gerichtes darstellt, sollte das Bild der verblühten Rose die Vergänglichkeit der irdischen Dinge, ihrer Schönheit und ihres Reichtums ausdrücken und zu einer Abkehr von der Welt ermuntern. Für den Semiotiker Eco ist aber in diesem Schlußsatz und damit im Titel seines Romans sicherlich weniger die moralische als die zeichentheoretische Aussage wichtig, d. h. die philosophische Frage nach der Bedeutung von Namen und Begriffen, die Frage nach den Möglichkeiten wie Grenzen der mit ihnen erreichbaren Erfassung unserer Wirklichkeit. Diese Wirklichkeit ist in Ecos Roman eine spätmittelalterliche Benediktinerabtei, die zwar keinen Namen trägt, aber andererseits offenbar als Mikrokosmos der Welt zu denken ist, als ein an der Geschichte gewonnenes Abbild menschlicher Lebens- und Geistesformen, die nicht erzählt werden, um aus der eigenen Gegenwart zu entfliehen, sondern um umgekehrt dieser Gegenwart die für unsere Freiheit und Humanität notwendige Erinnerung zu ermöglichen.

Bibliographie

Dieser Studie, die erstmals am 25.4.1985 als Vortrag im Rahmen der Veranstaltungen des Außeninstitutes der Technischen Hochschule Aachen vorgestellt wurde, lagen neben U. Ecos eigener ›Nachschrift‹ (›Postille a 'Il nome della rosa' 1983‹, dt. Fassung 1984, jetzt auch als TB-Ausgabe, 1986) insbesondere die beiden auch im Text genannten Arbeiten von U. Wyss, Die Urgeschichte der Intellektualität und das Gelächter. Ein Vortrag über 'Il nome della rosa', Erlanger Studien 41, 1983 (jetzt auch in: B. Kroeber [Hrsg.], Zeichen in Umberto Ecos Roman 'Der Name der Rose' 1987, S. 85–106) sowie von H. R. Schlette, „Nur noch nackte Namen ...", Überlegungen zu Umberto Eco: Der Name der Rose, in: Orientierung 48 (1984), S. 133–138 zugrunde. Weitere Einschätzungen zu Ecos Roman hat B. Kroeber in der zitierten Sammelschrift zusammengetragen, an deren Ende neben U. Ecos theoretischen Schriften und Essays sowie den bis heute erschienenen Ausgaben seines Romans zwei weitere einschlägige Bibliographien genannt sind: B. Niederer, Il trionfo della rosa. Indagine sulla ricezione del 'Nome della rosa' (Tesi di laurea, Université de Fribourg 1985) und R. Giovannoli (Hrsg.), Saggi su Il Nome della rosa (1985). Aus mediävistischer Sicht sind diese Literaturlisten um jene Hinweise zu ergänzen, die sich als Anhang zu den jeweiligen Beiträgen des vorliegenden Buches finden; man vergleiche deshalb zu den literatur- und bibliothekshistorischen Aspekten des Eco-Romans die Angaben bei F.-R. Hausmann (S. 50ff.), R. Köhn (unten S. 111–114) und P. v. Moos (unten S. 161–168) sowie zu den philosophie-, ketzer- und inquisitionsgeschichtlichen Fragen die Hinweise bei J. Miethke (zu Wilhelm von Ockham, vgl. unten S. 126f.), A. Patschovsky (zu den mittelalterlichen Häresien, vgl. seine Anmerkungen, unten S. 186–190) und B. Schimmelpfennig (zu Bernard Gui und der Inquisition, vgl. unten S. 212f.). Darüber hinaus sollen hier nur noch einige wenige bibliographische Bemerkungen gemacht werden, die das oben im Text Gesagte belegen und erweitern können. Zur allgemeinen Bewertung der mittelalterlichen Epoche (vgl. oben S. 58ff.) sei auf folgende Arbeiten hingewiesen: J. Huizinga, Zur Geschichte des Begriffes 'Mittelalter', in: Geschichte und Kultur. Gesammelte Aufsätze (1954), S. 213–227; K. Arnold, Das 'finstere Mittelalter'. Zur Genese und Phänomenologie eines Fehlurteils, in: Saeculum 32 (1981), S. 287–300; Th. Nipperdey, Die Aktualität des Mittelalters, jetzt in: ders., Nachdenken über die deutsche Geschichte (1986), S. 21–30 sowie H. Fuhrmann, Einladung ins Mittelalter (1987). Des letzteren Einschätzung zu Ecos Roman (vgl. oben S. 59) kann nicht nur in diesem Band (S. 1–20) ausführlich nachgelesen werden, sondern findet sich in knapper Form auch als Besprechung in: Deutsches Archiv für Erforschung des Mittelalters 39 (1983), S. 718f. E. Grassis

Kritik (vgl. oben S. 61) stammt aus ›Il Tempo‹ vom 19. 6. 1981, S. 23, dort unter dem Titel: ›Sfogliando la rosa‹. Die literarhistorischen Bemerkungen zu Voltaires Zadig bzw. zu dem damit zusammenhängenden Novellenmotiv der induktiv erschlossenen Tieridentifikation (vgl. oben S. 62f.) gehen auf die Studie von Wyss (a. a. O., S. 92f.) zurück; das Zadig-Zitat findet sich in der Voltaire-Ausgabe von dessen durch R. Groos edierten ›Romans et Contes‹ (Bibliothèque de la Pléiade 30, 1954), S. 10. Die politische Kennzeichnung des Jorge Luis Borges (vgl. oben S. 64) ist der Einleitung eines ZEIT-Gespräches entnommen, das F. J. Raddatz mit dem argentinischen Schriftsteller führte und das in ›Die Zeit‹ vom 13. 7. 1984, S. 29 veröffentlicht wurde. Borges' Erzählung über die Bibliothek von Babel (vgl. oben S. 64f.) ist leicht zugänglich in der gleichnamigen Ausgabe bei Reclams UB 9497 (1974), S. 47–57, dort (S. 73–83) mit einem Nachwort von J. A. F. Zapata versehen, das ebenfalls benutzt wurde. Bei Reclam (UB 7828, 1982) ist in einer griechisch-deutschen Ausgabe von M. Fuhrmann auch die Poetik des Aristoteles (vgl. oben S. 65f.) erschienen und einzusehen. Über die mittelalterliche Ablehnung des Lachens (vgl. oben S. 66f.) bieten folgende Untersuchungen eine erste Orientierung: H. Fluck, Der Risus Paschalis. Ein Beitrag zur religiösen Volkskunde, in: Archiv für Religionswissenschaft 31 (1934), S. 188–212; E. R. Curtius, Europäische Literatur und lateinisches Mittelalter (1948), ^{8}1973, S. 419–434; K. R. Kremer, Das Lachen in der deutschen Sprache und Literatur des Mittelalters (Bonner maschinenschr. Diss. 1961); G. Schmitz, „. . . quod rident homines, plorandum est". Der 'Unwert' des Lachens in monastisch geprägten Vorstellungen der Spätantike und des frühen Mittelalters, in: Festschrift E. Naujoks (1980), S. 4–15 und H. Fuhrmann, 'Jubel'. Eine historische Betrachtung über den Anlaß zu feiern, in: ders., Einladung ins Mittelalter (wie oben), S. 239–252. Eine kurze, hier herangezogene Einführung in das Leben und Werk des Roger Bacon (vgl. oben S. 70f.) hat J. Vennebusch, in: Exempla historica, Mittelalter (1984), S. 111–124 mit einer weiterführenden Bibliographie gegeben; vgl. dazu jetzt auch K. Flasch, Das philosophische Denken im Mittelalter. Von Augustin bis Macchiavelli (1987), S. 348–354 und S. 648. Zu Leben und Ideen des Ubertin von Casale (vgl. oben S. 72f.) sei auf den Überblick von P. Godefroy im ›Dictionnaire de Théologie Catholique‹ 15, 2 (1950), Sp. 2021–2034 sowie auf das Buch von B. Töpfer, Das kommende Reich des Friedens. Zur Entwicklung chiliastischer Zukunftshoffnungen im Hochmittelalter (Forschungen zur mittelalterlichen Geschichte 11, 1964), S. 232–237 verwiesen. Für Marsilius von Padua und dessen politische Schriften sollen hier nur die wichtigsten jüngeren Arbeiten angeführt werden: A. Gerwirth, Marsilius of Padua. The Defender of Peace (Records of Civilization 46, 1951); C. Pincin, Marsilio (Pubbl. dell'Istituto di scienze politiche dell'Università di Torino 11, 1967) und J. Quillet, La philosophie politique de Marsile de Padoue (L'Eglise et l'Etat au Moyen Age 14, 1970). Die historische Wirklichkeit des spätmittelalterlichen Papsttums und Kaisertums (vgl. oben S. 73ff.) ist in dem Beitrag von H. Fuhrmann in diesem Band (vgl. oben S. 7–11) skizziert. Die oben im Text angeführte Einschätzung zur Auseinandersetzung zwischen Johannes XXII. und Ludwig dem Bayern (vgl. oben S. 74f.) ist dem Beitrag von J. Miethke, Kaiser und Papst im Spätmittelalter. Zu den Ausgleichsbemühungen zwischen Ludwig dem Bayern und der Kurie in Avignon, in: Zeitschrift für historische Forschung 10 (1983), S. 421–446 entnommen, wo sich auch weiterführende Angaben finden. Das zitierte Urteil von H. Weinrich (vgl. oben S. 75) stammt aus dessen Beitrag ›Unser Mann im Mittelalter‹, in: Merkur. Deutsche Zeitschrift für europäisches Denken 415 (1983), S. 95 ff. (jetzt auch in B. Kroeber, a. a. O., S. 81–84). Erste Informationen zu Bernardus Morlanensis und dessen Schrift ›De contemptu mundi‹ (vgl. oben S. 77 f.) finden sich bei M. Manitius, Geschichte der lateinischen Literatur des Mittelalters 3 (Handbuch der Altertumswissenschaft IX, 2, 3, 1931), S. 780 ff.

Nachtrag: Über Eco und die Beatus-Handschrift in Madrid vgl. Peter K. Klein, La fonction et la «popularité» des *Beatus*, ou Umberto Eco et les risques d'un dilettantisme historique, in: Études rousillonaises offertes à Pierre Ponsich (ed. par M. Grau et O. Poisson), Perpignan 1987, S. 313–327. – Dem Autor gebührt für seine Bemühungen um die Beschaffung der Bildvorlage für die Einbandgestaltung unseres Bandes besonderer Dank.

„UNSERE BIBLIOTHEK IST NICHT WIE DIE ANDEREN ...“
Historisches, Anachronistisches und Fiktives in einer imaginären Bücherwelt

Von ROLF KÖHN

Wahrhaftig – die Bibliothek in Ecos Roman ist einzigartig und unvergleichlich. Das Aedificium der abgelegenen Benediktinerabtei beherbergt eine Büchersammlung, wie sie im christlichen Europa damals an keinem anderen Ort zu finden gewesen wäre. Ist doch die Bibliothek dieses Klosters in jeder Hinsicht außergewöhnlich. Nicht nur, daß sie sich als nahezu unzugänglich erweist – darauf zielt die Bemerkung des Abtes gegenüber William: „Unsere Bibliothek ist nicht wie die anderen ...“ (S. 49). Auch ihr Buchbestand ist umfangreicher und kostbarer als der anderer Bibliotheken, das Gebäude massiger, weitläufiger und beeindruckender als andere Bibliotheksbauten. Kurzum: Der Konvent an den südlichen Abhängen des Apennin besitzt die bei weitem reichste, wertvollste und bedeutendste Bibliothek der damaligen Welt. Ihr Ruhm strahlt in alle Teile Europas und zieht aus allen christlichen Ländern Besucher, Leser und Forscher an. Nur überschwengliches Lob und ausgefallene Superlative können eine Vorstellung davon geben, wie herausragend und bewundernswert die Bibliothek der Abtei ist.

Das weiß auch William von Baskerville. Denn auf die zitierten Worte des Abtes antwortet er mit einer Beschreibung des schier unglaublichen Reichtums der Klosterbibliothek. Sie besitze, so William, „mehr Bücher als jede andere Bibliothek der Christenheit“. Gemessen an ihrem Buchbestand gleichen sogar die Bibliotheken der Abteien von Bobbio oder Pomposa, Cluny oder Fleury „eher dem Spielzimmer eines Kindes, das gerade zu lernen beginnt“. Selbst die „sechstausend Codizes, derer sich Novalesa vor mehr als einem Jahrhundert rühmte, [sind] im Vergleich zu den Euren wenig“, räumt William dann ein. Doch damit nicht genug! Er mißt die Größe der Klosterbibliothek am märchenhaften Glanz arabischer Bibliotheken: „Ich weiß, daß Eure Abtei das einzige Licht ist, das die Christenheit den sechsunddreißig Bibliotheken von Bagdad, den zehntausend Handschriften des Wesirs Ibn al-Alkami entgegenzusetzen hat, daß die Zahl Eurer Bibeln den zweitausendvierhundert Koranabschriften gleichkommt, derer sich Kairo rühmt, und daß die Realität Eurer Schätze eine glänzende Widerlegung der stolzen Legende jener

Ungläubigen darstellt, die vor Jahren behaupteten (vertraut mit dem Fürsten der Lüge, wie sie es sind), die Bibliothek von Tripolis besitze sechs Millionen Bände und sei bewohnt von achtzigtausend Kommentatoren und zweihundert Schreibern." Dies bekräftigt Abt Abbo mit den Worten: „So ist es, gelobt sei der Herr!" (S. 50).

Staunend vernimmt der Leser Williams Lobeshymnen – und glaubt, was ihm über Umfang und Pracht dieser Bibliothek erzählt wird. Ob er die Lektüre für einen Moment unterbricht, um nachzurechnen, wieviel Bücher die Abtei tatsächlich besitzen soll? Wohl kaum, denn er würde bald stutzig werden und sich wundern: Mehr als sechstausend Codizes sind es gewiß, denn das Kloster Novalesa nannte bereits vor Beginn des 13. Jh. so viele Handschriften sein eigen. Doch muß die Zahl der Bücher weit höher liegen, wenn allein etwa zweitausendvierhundert Bibeln darunter sein sollen. Demnach doch zehntausend Codizes oder mehr? Vielleicht sogar mehr als die sechs Millionen Bände der Bibliothek von Tripolis? Sicherlich sehr viele Handschriften, kaum zu übersehen. Also eine unvorstellbar große Bibliothek mit zahllosen Büchern!?

Doch halt! Wird ein Leser für bare Münze nehmen, was ihn Eco alias Adson alias William glauben machen will? Ein historisch Unkundiger mag alles glauben, wird ehrfürchtig für wahr und historisch halten, was im ›Namen der Rose‹ steht. Wer aber aufmerksam zu lesen versteht, mit der Ironie umzugehen weiß und literarischer Phantasie ein Eigenleben zugesteht, benötigt nicht einmal geschichtliches Wissen, um zu begreifen, daß Williams Hymnus auf Größe und Reichtum jener Klosterbibliotheken nicht wörtlich zu nehmen ist. Vielmehr sieht er den augenzwinkernden Erzähler vor sich, nickt bei der Lektüre in lächelndem Einverständnis und amüsiert sich über das Spiel mit den scheinbar historischen Details. Er wird es genießen, langsam auf das Glatteis literarischer Fiktionen in geschichtlichem Gewande geführt zu werden, beginnend mit der despektierlichen Charakterisierung berühmter Klosterbibliotheken wie jener der Benediktiner in Bobbio und Pomposa, Fleury und Cluny. Bei der Erwähnung von Novalesa blitzt dann der Schalk auf: Diese piemontesische Benediktinerabtei besaß allem Anschein nach keine nennenswerte Bibliothek, geschweige denn sechstausend Handschriften. (Übrigens eine für mittelalterliche Bibliotheken nirgends belegte Anzahl von Büchern: Schon tausend oder mehr Codices sind im 14. Jh. selten, nur für die Sorbonne in Paris und die päpstliche Bibliothek in Avignon belegt, denn sie besaß 1722 bzw. über 2000 Bände.) Vollends in den Strudel phantastischer Zahlenangaben führen die Vergleiche mit arabischen Büchersammlungen. Dabei steigen die Zahlen in schwindelerregende Höhe: erst zweitausendvierhundert, dann zehntausend, schließlich sechs Millionen! Spätestens jetzt müßte jedem Leser deutlich werden, welches Spiel mit ihm getrieben wird: Es ist das Spiel mit imaginären Details, die als historische Realien auftreten, tatsächlich aber literarische Fiktionen in scheinbar geschichtlichem Gewande sind. Hat man dies freilich einmal durchschaut und Ecos Technik der Camouflage begriffen, fängt der Spaß an der Lektüre erst richtig an. Dann liest man den ›Namen der Rose‹ weder als historischen Roman noch als Sachbuch übers Mittelalter. Statt geschichtliche Wirklichkeit zu vermuten, wird der aufmerksame und kundige Leser Hyperbeln, Anachronismen und Phantasien entdecken. Die Freude an den geschichtlichen Fiktionen wird um so größer sein, je weniger sie auf den ersten Blick als solche zu identifizieren sind. Je mehr Eco alias Adso den Leser in den Strudel der Erzählung hineinreißt, desto geringer droht freilich dessen kritische Distanz zu werden. Weil er zunächst darauf achtet, was erzählt wird, übersieht er leicht Hintergründiges und Doppelbödiges, setzt den Stoff des Romans mit seinem Inhalt gleich und verkennt die literarische Technik. Das Vergnügen an der Lektüre setzt aber den Blick hinter die scheinbar so authentische Mittelalterkulisse voraus. Wer den ›Namen der Rose‹ im geheimen Einverständnis mit dem allwissenden, phantasievollen und ironischen Erzähler liest, wird allerdings reich belohnt. Denn Ecos Roman ist nicht wie die anderen historischen Romane übers Mittelalter – erst recht nicht dort, wo er von Handschriften, einem einzigartigen Codex und einer ungewöhnlichen Klosterbibliothek handelt, den eigentlichen Hauptpersonen seines Buches über Bücher und Bibliotheken.

Freilich kann es nicht Zweck dieses Essays sein, in fachborniertem Entdeckerdrang Ecos Übertreibungen, Ungereimtheiten, Erfindungen oder 'Irrtümer' aufzuspüren. Die Beckmesserei des Mittelalterhistorikers wäre noch peinlicher als die Gutgläubigkeit eines naiven Lesers. Erstens würde sie die Kompetenz und das Faktenwissen des Mediävisten Umberto Eco leugnen, also überall dort ein Versehen oder einen Fehler unterstellen, wo doch Absicht und Hintersinn bestimmend gewesen sein dürften. Zweitens nähme die Entschlüsselung bewußter Anachronismen und historischer Fiktionen der Lektüre des Romans ihren köstlichen Genuß, nämlich die Freude an den eigenen Entdeckungen und den Spaß an Ecos virtuosem Spiel mit den scheinbar so authentischen Mittelalterrequisiten. Jeder Fingerzeig auf solche Textstellen entzaubert leider das märchenhafte Gespinst von Imagination und Abbildung, Fiktion und Realität. Dennoch ist es Ziel meines Essays, durch 'Enttarnung' einiger Hyperbeln, Anachronismen und Phantasien die literarisch-fiktionale Dimension des vermeintlich so historischen Romans deutlich zu machen. Jede naive, d. h. vorwiegend an den geschichtlichen Fakten und am Stoff des 'Klosterkrimis' ausgerichtete Lektüre verkennt das

Hintergründig-Doppelbödige im ›Namen der Rose‹. Erst beim wiederholten Lesen erschließt sich der Reiz dieses Romans: Er beruht auf dem nahezu unentwirrbaren Ineinander von geschichtlich bezeugten, historisch stilisierten und phantasievoll erfundenen Realien, Personen oder Ereignissen. Nicht das aus den Quellen erschlossene, sondern das in der Imagination erschaffene Mittelalter macht Ecos ›Name der Rose‹ zur vergnüglichen Lektüre für historisch gebildete, am Mittelalter interessierte Leser.

I. Das Aedificium

Was immer man über das Gebäude sagen mag, in dem die Bücher dieser Benediktinerabtei aufbewahrt werden – es ist ein seltsames Bauwerk. Schon seine Bezeichnung weist darauf hin. Denn das lateinische Wort soll in der deutschen Übersetzung des Romans wiedergeben, was im Italienischen mit 'l'Edificio' markanter benannt ist: das Gebäude schlechthin. (Deshalb im Original des Romans stets groß geschrieben!) Nach Größe, Höhe und Alter nimmt es innerhalb der Klosteranlage eine beherrschende Stellung ein. Isoliert von den übrigen Bauwerken stehend, übertrifft es in seiner Massigkeit sowohl das Monasterium mit seinen Gebäuden als auch die anderen Bauten. Es überragt die turmlose Kirche, ist sogar viel älter als Kirche, Kreuzgang und Kapitelsaal. Das architektonische Monstrum bleibt innerhalb der Benediktinerabtei ein Fremdkörper, obgleich es mit Küche und Refektorium, Schreibsaal und Bibliothek wichtige Teile des Klosters beherbergt. Denn seinem ursprünglichen Zweck nach war dieser steinerne Turm ein Verteidigungsbau, eine Festung, Felsenburg und Zitadelle. Das Aedificium bildete nämlich zunächst einen Bestandteil der kriegerischen Welt des Adels und der Ritter. Erst später gehörte es zur kontemplativen Abgeschiedenheit eines Klosters.

Allerdings ist das Aedificium auch kein herkömmlicher Bergfried, etwa ein Donjon, wie er sich im Laufe des 12. und 13. Jh. im französischen und anglo-normannischen Königreich als Sonderform der massiven Turmfestung aus Fels und Stein herausbildete. Eher gleicht sein Grundriß – ein viereckiger Zentralbau mit oktogonalem Innenhof und vier siebeneckigen Ecktürmen – einem Schloß als einer Burg. Denn zwei ebenerdige Zugänge und Reihen von je drei Fenstern sowohl im Erdgeschoß als auch im ersten und zweiten Stockwerk machen das Aedificium zur leichten Beute einer Belagerung oder Beschießung. Das Aedificium war seinem ursprünglichen Zweck nach ein Kastell oder eine Residenz. Der Vergleich mit Castel del Monte, dem berühmten Jagdschloß Kaiser Friedrichs II. in Apulien, oder mit Castel Ursino, einem anderen staufischen Kastell in Unteritalien, wird bereits im Roman gezogen (S. 32) und in der ›Nachschrift zum Namen der Rose‹ wiederholt (vgl. Abb. 2 und 3). Somit ergäbe sich ein plausibler, auch historisch überzeugender Zusammenhang: Bereits vor der Gründung der Benediktinerabtei stand auf diesem Hochplateau des Apennin ein Kastell, nicht unähnlich dem apulischen Castel del Monte; es wurde später in die Klosteranlage einbezogen und für die Zwecke des Konvents hergerichtet. Im Erdgeschoß brachten die Mönche ihre Küche und den Speisesaal unter, im ersten Stockwerk das geräumige Skriptorium und im oberen Geschoß die Bibliothek des Klosters. Mithin eine gelungene 'Zweckentfremdung' des wuchtigen Gebäudes.

Ganz so stimmig, wie dies nach einer ersten Lektüre zu sein scheint, sind Entstehung, Architektur und Funktion des Aedificiums freilich nicht. Wiederholt finden sich im Roman einzelne, manchmal beiläufige Bemerkungen, die darauf hindeuten, daß dieses Gebäude eine Mystifikation und ein Anachronismus sein will, eben eine phantasievolle Schöpfung in vermeintlich historischem Gewande. Dabei wird die Vorstellungskraft des Lesers in gegensätzliche Richtungen gelenkt: Einerseits erhält er exakte Angaben über Gesamtanlage und architektonische Einzelheiten des Aedificiums, andererseits finden sich Hinweise auf die rätselhafte Entstehungsgeschichte. Hervorgehoben werden die „Massigkeit" des Gebäudes, sein „festungsartiger" Charakter (S. 31, 38, 52). Exakt beschrieben sind Grundriß und Äußeres des Aedificiums, bis hin zu den „Fenstern, die sich in drei Reihen an den vier Seiten des großen Turmes zum Abgrund öffneten", einschließlich der „Butzenscheiben" (S. 48). Ungenau klingen dagegen alle Aussagen über Alter und Herkunft des Aedificiums. Es ist „wesentlich älter" als die „übrigen" Teile der Klosteranlage, „errichtet womöglich zu anderen Zwecken", heißt es an einer Stelle (S. 38). Wer aber die Erbauer waren, und zu welchem Zweck das Aedificium errichtet wurde, bleibt im mysteriösen Halbdunkel. An dem „Werk von Riesenhand, geschaffen in größter Vertrautheit mit Himmel und Erde" (S. 31), „haben gottesfürchtige Männer jahrhundertelang arbeiten müssen" (S. 52). Man stutzt. Haben also Mönche das Aedificium erbaut? Wohl kaum! Waren es gar Riesen, die das taten? Schon eher, denn die Entstehung der Klosteranlage und seiner Einzelgebäude wird bewußt in die graue Vorzeit verlegt. Wenn das Aedificium bereits vor der Benediktinerabtei entstanden war, deren Bauten im romanischen Stil errichtet sind und auf einen vor- oder frühromanischen Gründungsbau zurückgehen – der Kapitelsaal besteht aus „Resten einer sehr alten, womöglich durch einen Brand zerstörten Abteikirche" (S. 430) –, muß es sich bei ihm in der Tat um ein 'uraltes' Gebäude handeln. Wann es aber genau entstand, darauf geben nicht einmal

Indizien eine zuverlässige Antwort. Einmal mehr soll die Vorstellungskraft des Lesers ins Ungefähre abgelenkt werden, beispielsweise durch den Hinweis, die Fenster der Wendeltreppe ins Obergeschoß seien „vielleicht seit Jahrhunderten nicht geöffnet“ worden (S. 223). Der verunsicherte Leser sammelt nun die Belege systematisch – und findet lediglich Anhaltspunkte. Vom „Lauf der Jahrhunderte“ und „früheren Jahrhunderten“ (S. 205f.) ist mehrfach die Rede, doch fehlen präzise Daten. Man rechne nach: wenn die Glasfenster der (zweiten) Klosterkirche „bereits vor mindestens zweihundert Jahren vollendet worden“ sind, wie alt ist dann die Abteikirche? Offensichtlich um 1127 errichtet, doch wahrscheinlich früher. Aber wenig, viel oder sehr viel früher (S. 114)?

Ein exaktes Datum läßt sich nicht ermitteln, denn die Rechnung darf nicht aufgehen. Es soll bei chronologisch ungenauen Angaben bleiben, beim zeitlich unfixierten Imperfekt, bei Assoziationen wie ‘uralt’, ‘vor langer Zeit’, ‘vor Jahrhunderten’, ‘in grauer Vorzeit’. Genauere Zeitangaben würden eine präzise Datierung erlauben. Doch wäre das verräterisch und nicht im Sinne des Erzählers. Denn Eco alias Adso hat sich mit Aedificium und Klosteranlage eine anachronistische Architektur-Collage zusammenphantasiert. Schon eine oberflächliche Analyse der kunsthistorischen Zusammenhänge ergibt, daß hier das Spätere als das Ältere ausgegeben wird. Wenn die (zweite) Klosterkirche und deren Vorgängerbau im romanischen Stil errichtet worden sind, wie beispielsweise der Grundriß und die beiden Tympana beweisen, und das Aedificium als schloßartiges Kastell nicht vor Mitte des 13. Jh. entstanden sein kann, wie das ‘Vorbild’ Castel del Monte zeigt, ist das Aedificium keinesfalls „Jahrhunderte“ älter als die Klosteranlage, sondern etwa fünfzig bis hundert Jahre jünger. In der vorliegenden Form ist der Plan der Benediktinerabtei also ein Ding der Unmöglichkeit, jedenfalls kunst- und architekturgeschichtlich betrachtet. Überflüssig zu sagen, daß deshalb auch alle Hinweise auf Vorlagen oder Vorbilder blinde Spuren sind. Sie wollen den Leser unaufmerksam machen, indem sie ihn in falscher Gewißheit wiegen. Vielleicht hat sich die Phantasie des Erzählers von Bauwerken wie Castel del Monte oder Castel Ursino inspirieren lassen, als er in seiner Einbildungskraft das Aedificium schuf. Doch ist das Aedificium keineswegs ein Nachbau von Castel del Monte. (Die Verfilmung des Romans folgte freilich der falschen Fährte und bot dem Zuschauer einen getreuen Nachbau des apulischen Kastells: imitierte Kulisse statt freier Imagination!)

Doch nicht genug der Unstimmigkeiten und Anachronismen. Auch in der Aufteilung seiner Stockwerke ist das Aedificium derart unsinnig konstruiert, daß es eine wahre Freude ist. Wer kann sich das Lachen verkneifen, wenn Eco alias Adso mit todernster Miene berichtet, daß im

Erdgeschoß des massiven Kastells auf der eine Seite die Küche liegt, auf der anderen Seite das Refektorium, im ersten Stockwerk der Schreibsaal mit 40 Arbeitsplätzen und im Obergeschoß die Räume der Bibliothek? Einmal abgesehen von der naheliegenden Assoziation 'Unten der Bauch, oben das Gehirn' – man muß sich nachdrücklich fragen, ob die Mönche bei der Aufteilung der Räume von allen guten Geistern verlassen waren. Welcher einigermaßen vernunftbegabte und praktisch denkende Mensch käme auf den Gedanken, das Skriptorium und die Bibliothek über einer Küche einzurichten? Diese hochgefährliche Kombination aus Holz, Feuer, Pergament und Papier kann doch – sarkastisch gesprochen – nur den Zweck haben, daß das Aedificium am Schluß des Romans um so rascher und gründlicher abbrennt. Dagegen waren mittelalterliche Mönche auch ohne brandpolizeiliche Vorschriften niemals leichtfertig genug, ein derart großes Risiko einzugehen. Für den beinahe absurden Anachronismus ist vielmehr allein der Erzähler verantwortlich: In der Freiheit seiner grotesken Phantasie durfte es sich Eco erlauben, die Grenzen der geschichtlich bezeugten Realität und des im Mittelalter Möglichen zu überschreiten. Vergebens wird man nämlich den Plan einer mittelalterlichen Abtei suchen, die in ihrer Anlage dem Schauplatz des ›Namens der Rose‹ als Vorbild hätte dienen können. Überflüssig zu sagen, daß auch der Sankt Galler Klosterplan – ein idealtypischer Grundriß aus karolingischer Zeit – hier nicht Pate gestanden hat.

Aber wehe dem Leser, der einmal mehr auf die scheinbar so authentische Mittelalterkulisse hereinfiel, das Spiel mit den historischen Versatzstücken und phantasievollen Anachronismen nicht durchschaute! Er hat sich, abgesehen von dem ihm entgangenen Lesevergnügen, noch den Spott über seine Naivität eingehandelt.

II. Das Skriptorium

Gewitzt durch die Erfahrung, daß das Aedificium ein imaginäres Gebäude ist, kein irgendwann oder irgendwo historisch nachweisbares Kastell für Küche und Refektorium, Skriptorium und Bibliothek von Mönchen, wird man sich mit mehr Skepsis dem Skriptorium zuwenden. Wie sich bald herausstellt, zu Recht. Das Skriptorium nimmt das gesamte erste Stockwerk des Aedificiums ein und ist über drei Treppen erreichbar: Eine breite Treppe im Ostturm führt vom Refektorium aus in den Schreibsaal, hinzu kommen zwei engere, aber beheizte Wendeltreppen hinter dem Kamin und Backofen. Gewärmt wird der große Raum durch die Hitze der Rauchabzüge im West- und Südturm – hier liegen die beiden Küchenkamine – sowie durch einen offenen Kamin im

Nordturm des Skriptoriums. Dagegen ist das Skriptorium in der Nähe des Ostturms eher kühl: Über die breite Treppe dringt vom Refektorium aus kalte Luft in den Schreibsaal. Die hier gelegenen Arbeitsplätze sollen nämlich gemieden werden, weil die Treppe vom Skriptorium in die Bibliothek ebenfalls im Ostturm liegt. Auch die Anlage des Schreibsaals ist eben nicht ohne Hintersinn ausgedacht ...

Wer sich schon intensiver mit den Skriptorien mittelalterlicher Klöster befaßt hat, liest die Angaben über die Ausmaße des Schreibsaals im Aedificium mit einigem Staunen: Ein einziger Raum, der sich über das gesamte erste Stockwerk erstreckt, sehr hell ist, weil er insgesamt 40 unterschiedlich große Fenster zur Außenseite und zum Innenhof hat, verschiedenartig beheizt, innen 40 Arbeitsplätze und der Tisch des Bibliothekars (S. 96–98). Während der Konvent der Abtei aus 60 Mönchen besteht – für Benediktinerklöster des frühen 14. Jh. eine respektable Größe! –, besitzt der Schreibsaal so viele Plätze wie kaum ein anderes Skriptorium im mittelalterlichen Europa. Der mit dem Mittelalter vertrautere Leser ahnt bald, was ihm hier vorgesetzt wird: Wiederum nicht das Abbild eines historisch nachweisbaren Skriptoriums, sondern ein imaginäres Ideal, unerreicht in der Wirklichkeit der Mönchsgemeinschaften, selbst in der Phantasie mittelalterlicher Zeitgenossen niemals ausgedacht.

Wenn es nicht der Respekt vor dem Ansehen jenes ehrwürdigen Klosters verbieten würde, könnte man dieses Skriptorium mit dem Lesesaal einer modernen Großbibliothek und der Halle einer zeitgenössischen Buchbinderei vergleichen. Denn im ersten Geschoß des Aedificiums sind nicht nur Leser und Schreiber, Rubrikatoren und Buchmaler anzutreffen, sondern auch Restauratoren und andere Handwerker des Buches. Doch nicht genug damit! Hier wird gleichzeitig gelesen und geschrieben, übersetzt und abgefaßt, nachgedacht und diskutiert – als ob es sich bei diesem Saal sowohl um eine Schreibstube und Werkstatt als auch um einen Hörsaal und eine Akademie handle. Also zugleich klösterliche Abgeschiedenheit und lärmender Universitätsbetrieb, mithin eine internationale Begegnungsstätte für Gelehrte und Forscher, etwa ein 'Institute for Advanced Studies' und 'Wissenschaftskolleg' an den Hängen des Apennin, „zwischen Lerici und La Turbie".

Wirklich ein erstaunlich unzeitgemäßes Skriptorium, noch dazu in einer entlegenen Abtei des Cluniazenserordens – denn um eine Filiation der berühmten benediktinischen Reformzentrale Cluny soll es sich hier ja handeln –, der Anfang des 14. Jh. seine einstmals bedeutende Rolle beim Abfassen, Übersetzen, Kopieren und Illuminieren von Codices längst an städtische Lohnschreiber und Universitätsbuchhändler abgetreten hatte. Mochten die Benediktiner des Kathedralpriorates von Canterbury oder der Abteien in Fleury, Cluny und Tegernsee noch im Spätmittelalter beeindruckend viele Codices ihr eigen nennen – sie zehrten schon damals vom Ruhm vergangener Jahrhunderte. Daß sich auch Ecos imaginäre Benediktinerabtei in dieser Hinsicht selbst überlebt hatte, war vielleicht nicht all seinen Mönchen, aber den meisten Besuchern bewußt. Gegen die 'Fabrikation' von Handschriften in den Städten wettert ja Abt Abbo und verwahrt sich gleichzeitig dagegen, volkssprachliche Texte kopieren, übertragen oder gar verfassen zu lassen: Skriptorium und Bibliothek seines Klosters sind auch in dieser Hinsicht unzeitgemäß. Hier werden zwar Werke aus dem Griechischen oder Arabischen abgeschrieben bzw. ins Lateinische übersetzt, doch sind Schriften in der Volkssprache unerwünscht, ja verboten, weil häresieverdächtig (S. 50f., 159). Das ist historisch gesehen paradox: einerseits eigensinniges Festhalten am Lateinischen als traditioneller Bildungssprache, andererseits kosmopolitische Neugierde gegenüber griechisch-antiker und arabisch-mittelalterlicher Gelehrsamkeit. Beides ist in keiner Weise typisch für die Kultur der benediktinischen Klöster im frühen 14. Jh., denn sie war schon im frühen Mittelalter offen für die volkssprachliche Literatur, verschloß sich aber im späten Mittelalter weitgehend der Rezeption griechischer oder gar arabischer Literatur und Wissenschaft.

Wie sich Paradoxien und Anachronismen zu einem nahezu unentwirrbaren Knäuel verdichten, noch dazu unter dem Anschein der Historizität gerade auch in den vielfältigen Details, erweist sich an der Helligkeit des Skriptoriums. Adso alias Eco beschreibt es als einen einzigen, „in seiner ganzen immensen Weite" „von herrlichem Licht durchfluteten Saal": „An jeder der vier Hauptseiten öffneten sich drei mächtige Fenster, während fünf kleinere die fünf Außenmauern aller vier Türme durchbrachen und schließlich acht hohe und schmale Fenster das Licht aus dem achteckigen Innenhof eintreten ließen" (S. 96). Insgesamt sind es also vierzig, unterschiedlich große Fenster mit Butzenscheiben, durch deren „klare Gläser" „folglich das Tageslicht in denkbar reinster Form eintreten konnte, um, von keiner menschlichen Kunst moduliert, seinen hehren Zweck zu erfüllen, nämlich die Arbeit des Lesens und Schreibens aufs trefflichste zu erhellen". Der Hymnus auf die Lichtfülle im Obergeschoß steigert sich dann zu einem Lobpreis auf die 'claritas' des Schreibsaals als architektonisches Kunstwerk und gipfelt in der allegorischen Deutung des Skriptoriums als einer „fried- und freudvollen Werkstatt der Weisheit" (S. 97). Das erste Stockwerk des Aedificiums beherbergt demnach einen Ort geistigen Friedens und intellektueller Freude. Gleichsam eine Stätte trostspendender Weisheit, vielleicht ein Paraklet für Gelehrte.

Dies ist zweifelsohne die zeitlose Vision jedes Lesers und Wissenschaftlers, denn hier werden Reminiszenzen an erfüllte Lektürestunden in den Lesesälen der British Library, Bibliothèque Nationale oder Biblioteca Apostolica zurückprojiziert in das Skriptorium eines spätmittelalterlichen Klosters. Wer könnte etwas einwenden gegen solche nicht ganz unsentimentalen Assoziationen, zumal sie in einem Roman über eine einzigartige Handschrift und unvergleichlich reiche Bibliothek stehen? Und wer würde in einem mittelalterlichen Skriptorium etwas anderes finden wollen als die Glücksgefühle des Wissenschaftlers bei seiner Arbeit in einer modernen Bibliothek?

Dabei ist es unerheblich, ob die Skriptorien benediktinischer Mönche als Lesesäle gelten können, ob sie wirklich so geräumig, hell und warm waren, oder ob in ihnen tatsächlich disputiert wurde wie im Seminarraum einer Universität. Ein imaginärer Lese- und Schreibsaal darf nicht an der mittelalterlichen Realität gemessen werden, sein Bezugspunkt ist die literarische Phantasie eines historisch gebildeten, dazu mit den wissenschaftlichen Bibliotheken der Moderne vertrauten Professors. Also: Wehe dem, der im ›Namen der Rose‹ ein zuverlässiges Bild über die Schreibstube eines Cluniazenserkonventes erwartet! Er wird sich in den engen Maschen geschichtlicher Details, anachronistischer Fakten und literarischer Fiktionen verfangen und schnell getäuscht werden. Beispielsweise von der Mitteilung, der Bibliothekskatalog jener Abtei sei „ein voluminöser, mit einem goldenen Kettchen" am Tisch des Bibliothekars „befestigter Codex" (S. 99): Als 'liber catenatus' ist ein solcher Katalog zwar denkbar, doch war er kaum an einem Tisch befestigt, eher an einem Pult oder Regal, auf keinen Fall jedoch mit einem „goldenen Kettchen", sondern mit einer ziemlich groben Eisenkette. Oder ein anderes Beispiel, nochmals vom Erzähler des Romans anachronistisch verfremdet und ins Phantastische überhöht: Ein derart helles, mit vielen Fenstern ausgestattetes Skriptorium ist im europäischen Mittelalter nirgends nachzuweisen, auch in einem Nachbau von Castel del Monte undenkbar. Dieses Kastell besitzt an den Außenwänden beider Geschosse nur acht kleine, spitzbogige Fenster und zum Innenhof hin lediglich ein bzw. zwei schmale Öffnungen für jeden der acht trapezförmigen Räume: Weder kann von Geräumigkeit noch von Lichtfülle die Rede sein! (Vgl. den Grundriß von Castel del Monte mit dem Grundriß des Aedificiums im Plan der Klosteranlage aus dem ›Namen der Rose‹: Abb. 1 und 2.) Wer bei Ecos Schilderung des Skriptoriums eine Wendeltreppen-, Kamin- und Säulenkulisse vor sich sieht, folgt zwar getreu der Phantasie des Erzählers, doch orientiert diese sich nicht am Mittelalter, sondern an der Neugotik. Denn eher haben hierbei Elemente des Interieurs eines englischen Schlosses oder Colleges des 19. Jh. Pate gestanden als beispielsweise Castel del Monte.

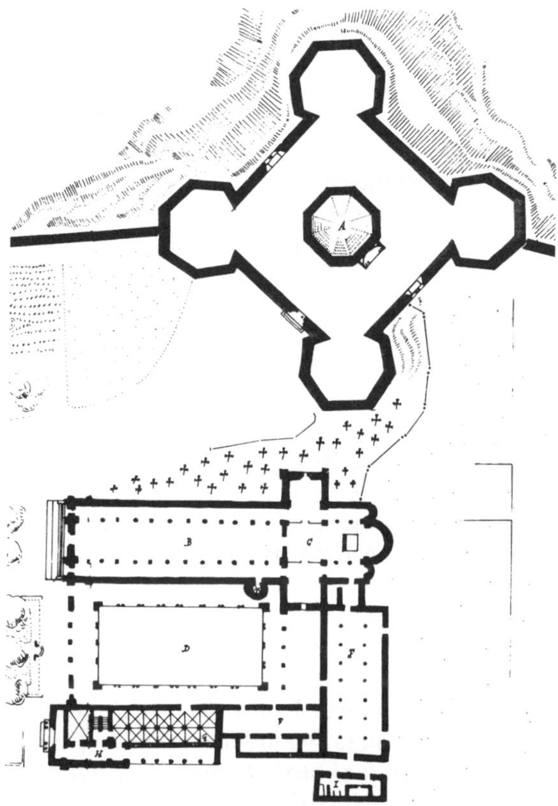

Abb. 1: Ausschnitt aus dem Plan des Klosters im ›Namen der Rose‹: Aedificium (oben) sowie Kirche (N. d. R., nach S. 655).

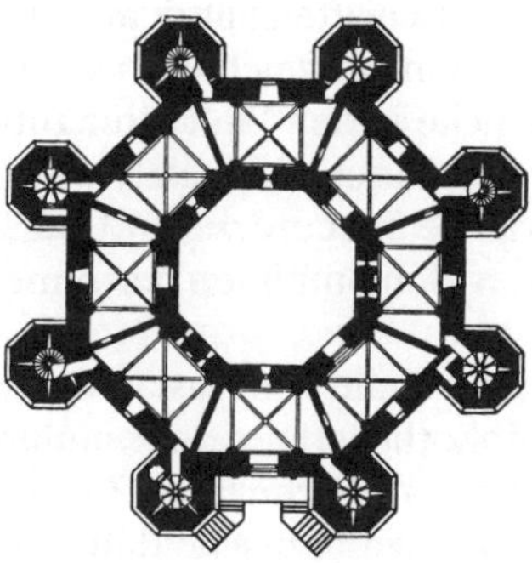

Abb. 2: Castel del Monte, Apulien: Grundriß des Erdgeschosses (Walter Hotz, Pfalzen und Burgen der Stauferzeit. Geschichte und Gestalt, Darmstadt 1981, Z 187, unten).

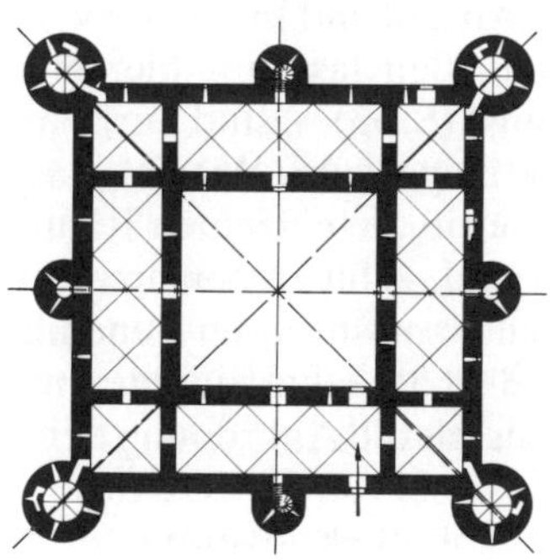

Abb. 3: Catania, Sizilien: Grundriß des Castel Ursino (Götze, Castel del Monte, Abb. 38).

Freilich wäre es ein Irrtum, zu meinen, das Skriptorium im ›Namen der Rose‹ sei allein aus solchen Hyperbeln, Anachronismen und Fiktionen zusammengesetzt. Ecos Patchwork-Technik greift ja auch auf genuin mittelalterliche Details zurück. Ohne sie gäbe es kein Zeitkolorit, keine angemessen weit zurückreichende geschichtliche Kulisse. Zu diesen authentischen Einzelheiten zählt etwa die Beschreibung des Arbeitsplatzes eines Restaurators, Buchmalers oder Kopisten: Tintenfässer bzw. -hörner, Vogelfedern, kleine Messer zum Ausradieren von Schreibfehlern oder zum Anspitzen der Vogelfedern und anderes Handwerkszeug (S. 98). Geschichtlich belegt ist ferner die von den Mönchen bestaunte Lesehilfe Williams von Baskerville, seine Brille (S. 99f.). Abweichend von der hier beschriebenen Form – zwei kreisrunde (nicht „mandelförmige"!) Gläser in einer Holzfassung (nicht „ovale Metallringe") – ist die Brille etwa seit dem ausgehenden 13. Jh. nachgewiesen, offensichtlich eine Erfindung oberitalienischer 'Optiker'. Mithin noch 1327 keineswegs in allen Teilen Europas bekannt oder gar benutzt – dennoch kein anachronistisches Produkt von Ecos Phantasie!

III. Die Bibliothek

Der geheimnisumwitterte Mittelpunkt des Aedificiums, ja des gesamten Klosters, befindet sich im zweiten Geschoß: Es ist die Bibliothek. Sie übt auf Mönche und Besucher der Abtei eine magische Anziehungskraft aus. Erstens wegen ihres unglaublich großen und kostbaren Bücherbestandes, zweitens wegen des Verbots, sie zu betreten. Während sich Anzahl und Inhalt der vorhandenen Handschriften aus dem Katalog erschließen lassen – hier gilt aber auch: „ein Verzeichnis besagt oft wenig" (S. 53) –, sind nur sehr wenige Mönche in den Plan ihrer Bibliothek eingeweiht. Wieviel Räume das zweite Geschoß besitzt, welchen Grundriß die einzelnen Räume haben, wie sie angeordnet und zugänglich sind, zählt zu den am besten gehüteten Geheimnissen der ohnehin reichlich mysteriösen Benediktinerabtei.

Selbst der scharfsinnige Amateurdetektiv William von Baskerville entschlüsselt die Anordnung der einzelnen Bibliotheksräume nur mühsam. Das Rätsel von 'Finis Africae' – des hermetisch abgeschirmten Zentrums der Bibliothek – vermag er allein nicht zu lösen. Entscheidende Hinweise verdankt er der unfreiwilligen Mithilfe einiger Mönche und zufälligen Funden oder Einfällen. Immerhin kann er sich auf die offen zugegebene Tatsache stützen, daß die Bibliothek ein Labyrinth sei (S. 52, 54). Wie ihm Abt Abbo verrät, kennt nur eine Person das Geheimnis des Labyrinthes: „Die Bibliothek ist nach einem Plan entstanden, der allen

Beteiligten dunkel geblieben ist in all den Jahrhunderten, keiner der Mönche war und ist je befugt, ihn zu kennen. Allein der Bruder Bibliothekar weiß um das Geheimnis, er hat es von seinem Vorgänger erfahren und gibt es vor seinem Tode weiter an seinen Adlatus, damit, falls ein plötzlicher Tod ihn heimsucht, die Bruderschaft nicht dieses kostbaren Wissens beraubt wird." (S. 52)

Als dieses Geheimnis endlich gelüftet wird – dramaturgiebedingt erst gegen Ende des Romans –, sieht das Ergebnis in nüchternen Fakten so aus: Das zweite Geschoß des Aedificiums ist in 56 Räume eingeteilt, davon sind vier siebeneckig, 52 nahezu quadratisch; dabei haben acht Räume kein Fenster; 28 Räume gehen nach außen, 16 nach innen; die vier Ecktürme besitzen je fünf Räume mit vier Wänden und einen siebeneckigen Innenraum; von den Innenräumen sind drei frei zugänglich, der vierte jedoch nur mittels einer Geheimtür – es ist das rätselhafte 'Finis Africae'. Ganz so undurchschaubar oder zusammenhangslos, wie man zunächst meinen möchte, ist die Anordnung der Bibliotheksräume jedoch nicht. Denn abgesehen von der architektonisch-geometrischen Logik des Grundrisses sorgt ein geographisches Prinzip für eine gewisse Gliederung des Aedificiums: Jeweils mehrere Räume sind zu einer Einheit zusammengefaßt und mit dem Namen eines Landes oder Kontinents bezeichnet. Dadurch ergeben sich elf Zonen: 'Anglia', 'Germania' und 'Gallia' im Norden und Nordwesten, 'Acaia', 'Iudaea' und 'Fons Adae' (gemeint ist das Paradies) im Osten und Südosten, 'Aegyptus', 'Leones' (gemeint ist Afrika als Heimat des Löwen), 'Roma' und 'Yspania' im Süden und Südwesten, 'Hibernia' im Westen. Anschaulich zeigt der Grundriß des zweiten Stockwerkes (S. 411 bzw. Abb. 4), wie jeder einzelne Raum durch einen Buchstaben gekennzeichnet und somit Teil eines geographischen Namens ist, durch den mehrere Räume zu einer Einheit zusammengefaßt sind.

Freilich gibt es in diesem scheinbar so gut durchdachten Gliederungsprinzip einige Schönheitsfehler. So gehören einige Räume verschiedenen Bereichen der Bibliothek an, beispielsweise 'NIA' zu 'Germania' und 'Anglia', 'A' zu 'Acaia' und 'Iudaea', 'AE' zu 'Fons Adae' und 'Iudaea'. (Das sind Übergangszonen, denn hier überschneidet sich die inhaltliche Aufstellung der Bücher: Zum Beispiel können in einem Raum sowohl antike Autoren als auch Bibelkommentare stehen. Doch ist auf die Anordnung der Buchbestände und das System der Signaturen später ausführlicher einzugehen.) Eine weitere Unstimmigkeit besteht darin, daß ein Raum doppelt 'gezählt' wird: Weil 'Acaia' nur vier Räume umfaßt, hat man das erste 'A' auch für den letzten Buchstaben des Namens verwendet. (Daß damit das Signatursystem ad absurdum geführt werden kann, sei schon jetzt vorweggenommen!) Eine dritte Unregelmäßigkeit ergibt sich aus der fehlenden Kennzeichnung zweier Bibliotheksräume: Während ein Raum im Ostturm – er liegt zwischen 'O' und 'N' – den Aufgang der Treppe vom Skriptorium in das zweite Stockwerk beherbergt, erhielt der unzugängliche Innenraum des Südturms absichtlich keine Kennzeichnung durch einen Buchstaben. In Anspielung auf seine Lage innerhalb der Zone 'Leones' wird das abgeschirmte, ausgesparte Siebeneck 'Finis Africae' genannt.

Doch gibt es im Obergeschoß des Aedificiums noch andere Merkwürdigkeiten. Die Räume sind nicht einfach durch Großbuchstaben markiert, sondern durch einen über jedem Türbogen in Stein eingemeißelten Vers aus der Apokalypse des Johannes. Es ist nun der Anfangsbuchstabe des Bibelzitates, der den betreffenden Raum kennzeichnet. Darüber hinaus haben diese Verse, von denen sich einige wiederholen, keine Bedeutung. Sie weisen also nicht auf den Inhalt der Bücher des jeweiligen Raumes. Daß die 'Konstrukteure' der Bibliothek die Geheime Offenbarung auswählten, als sie sich an die Bezeichnung der Räume machten, ist innerhalb des Romans bzw. für dessen Handlung nicht ganz zufällig. Doch steht dies auf einem anderen Blatt ... Übrigens erscheint die Ausgestaltung der Bibliothek, was diese Inschriften über den Eingängen betrifft, nicht gerade tiefsinnig. Denn bei den Versen aus der Apokalypse handelt es sich „offenkundig um reine Eselsbrücken" (S. 410). William grübelt bei seiner Spurenentzifferung lange darüber nach, warum die Bibelzitate über den Türbogen meist schwarz ausgemalt sind, manche aber rot. Schließlich kommt er zu der richtigen Lösung, daß die Farbe der Inschriften ebensowenig eine Bedeutung besitzt wie der Inhalt der ausgewählten Verse aus der Geheimen Offenbarung. Einmal mehr also blinde Spuren, damit die Geheimnisse der Bibliothek bewahrt bleiben!

Die Räume des zweiten Geschosses im Aedificium variieren nicht nur hinsichtlich Fläche und Benennungen, sondern auch in der Zahl der Zugänge. Manche Räume, etwa die siebeneckigen Innenräume im Nord- und Ostturm, besitzen vier Türbögen, andere Räume sind von drei Seiten aus zugänglich, viele haben nur zwei Türen, einige lediglich einen einzigen Zugang. Aus dem Durcheinander der verschiedenen Ein-, Durch- und Ausgänge entsteht der Eindruck, die Bibliothek sei wie ein Labyrinth angelegt: Wer nichts von der Anordnung der Räume wisse, verwechsle die Lage der einzelnen Räume, verliere die Orientierung und verirre sich im scheinbar undurchschaubaren Gewirr der Zugänge und Räume. Deshalb die Warnung an alle diejenigen, die trotz des nachdrücklichen Verbots die Bibliothek betreten wollen: „Trittst du ein, weißt du nicht, wie du wieder herauskommst" (S. 54). Durch ihre unübersichtliche Anlage schreckt die Bibliothek Nichteingeweihte und

Unerwünschte ab. Sie selbst sorgt dafür, daß das Verbot, sie zu betreten, wirksam bleibt. Denn „die Bibliothek verteidigt sich selbst" (S. 54) – übrigens nicht nur auf diese Weise ...

Wer sich in der Bibliothek des Klosters zurechtfinden will, muß demnach in den Plan ihres Grundrisses eingeweiht sein. Doch würde man selbst dann nicht ins 'Finis Africae' gelangen. Denn der siebeneckige Innenraum des Südturmes wird sowohl durch eine Spiegeltür mit eingebautem Geheimmechanismus als auch durch abschreckende Gerüche und Geräusche geschützt, nämlich durch betäubende Düfte verbrennender Kräuter und angsteinflößendes „Seufzen" der Kaltluft, die aus den Belüftungsschlitzen des Mauerwerks in die Bibliothek strömt. Dazu kommen noch andere Mittel, mit denen die Unantastbarkeit der Bibliothek und ihre Unzugänglichkeit für Uneingeweihte garantiert werden soll, beispielsweise Geheimgänge. Der eine von ihnen führt von der östlichen Seitenkapelle der Kirche aus unterirdisch in das Erdgeschoß des Aedificiums, der andere verbindet den verborgenen Zugang zum Aedificium direkt mit 'Finis Africae'.

Muß man noch betonen, daß die Bibliothek jener romanhaften Benediktinerabtei kein geschichtlich nachweisbares Vorbild besitzt und auch in vielen Details gänzlich unmittelalterlich ist? Daß der Erzähler – mag er nun Eco oder Adso heißen – wiederum seiner Phantasie freien Lauf gelassen hat? Spätestens bei den mechanischen Tricks der geheimen Zugänge ins Aedificium bzw. ins 'Finis Africae' sollte jedem mit dem Mittelalter vertrauten Leser klarwerden, daß hier nicht historisch beschrieben, sondern augenzwinkernd phantasiert wird. In Schauerromanen des 19. und 20. Jh. oder in Psychothrillern aus den Studios von Hollywood mögen unsichtbare Türen, versteckte Schlösser, unterirdische Gänge und dergleichen Requisiten ihren angestammten Platz haben – in einem abgelegenen Kloster des frühen 14. Jh. sind sie unvorstellbar!

Schon die 'Gebrauchsanweisungen' zum Öffnen der Türen sind verräterisch unzeitgemäß. Sie setzen auf den Humor des kritischen Lesers, nicht auf geschichtliche Kenntnisse eines Gebildeten ohne Sinn für Anachronismen und Fiktionen. „Führe zwei gespreizte Finger in die tiefen Augenhöhlen des vierten Totenschädels von rechts, dann ertönt ein dumpfes Knirschen und der Altar dreht sich um einen verborgenen Zapfen, um schließlich eine dunkle Öffnung freizugeben; über zehn oder zwölf Stufen gelangt man in einen schmalen Gang, ins unterirdisch gelegene Ossarium" – so der geheime Weg von der Klosterkirche ins Aedificium (S. 201, 205 f.). Nicht weniger 'modern' ist der Mechanismus ersonnen, der es gestattet, durch Drehen der Spiegeltür ins 'Finis Africae' zu gelangen: „Drücke nacheinander den ersten und siebten Buchstaben des vierten Wortes der Inschrift 'Super thronos viginti quatuor' über dem Spiegel; daraufhin springt die gläserne Tür auf, indem sie sich links um eine Angel dreht' (S. 584f.). Das klingt so einfach – und ist doch im Spätmittelalter undenkbar. Kein Wunder, daß William von Baskerville die Lösung des Rätsels erst findet, nachdem ihm die verschlüsselten Notizen des Venantius von Salvemec den Weg gewiesen und beiläufige Bemerkungen Adsos eine Dechiffrierung dieser Aufzeichnungen möglich gemacht hatten.

Überflüssig zu sagen, daß die Anlage von Bibliotheksräumen als Labyrinth gänzlich unmittelalterlich ist, meines Wissens selbst bis in die Gegenwart hinein weder entworfen noch gar realisiert wurde. Hier darf Ecos Phantasie den Preis für kreative Originalität beanspruchen, zumal in der Rückprojektion der labyrinthischen Bibliothek ins späte Mittelalter. Übrigens ist seine Fiktion genaugenommen auch kein Labyrinth, sondern ein Irrgarten. Denn mißt man die Anordnung der Räume im zweiten Stockwerk des Aedificiums an den Kriterien des Labyrinthes, ergeben sich gravierende Unterschiede. Nach Hermann Kern, dem wohl besten Kenner der Erscheinungsformen und Deutungen des Labyrinthes, ist es nur „formal" zu definieren, nämlich als „graphische, lineare Figur":

> Die geometrische Form [des Labyrinths], mit runder oder rechteckiger Begrenzung nach außen, ergibt nur dann Sinn, wenn man sie als architektonischen Grundriß, also von oben betrachtet. Dabei liest man die Linien als Begrenzungsmauern und das zwischen ihnen freigelassene Band als Weg (Ariadnefaden). Wesentlich sind nicht die Mauern; ihre Funktion liegt nur in der Abgrenzung des Weges, in der gewissermaßen choreographischen Fixierung der eigentlich maßgeblichen, sinnbestimmenden Bewegungsfigur. Diese beginnt in einer kleinen Öffnung der Außenmauer und führt nach vielen Umwegen, die zum Abschreiten des ganzen Innenraumes nötigen, zum Zentrum. Im Gegensatz zu einem Irrgarten ist dieser Weg kreuzungsfrei; er bietet keine Wahlmöglichkeit, führt also zwangsläufig zur Mitte und endet dort. Die einzige Sackgasse eines Labyrinths liegt demnach im Zentrum. Dort muß der Besucher seine Gehrichtung ändern; er erreicht die Außenwelt nur, wenn er sich wendet und den Eingangsweg zum Ausgangsweg macht. (Hermann Kern, Labyrinthe, München 1982, S. 13)

Selbst wenn man den Treppenaufgang im Ostturm als Ein-/Ausgang und das hermetisch abgeschirmte 'Finis Africae' als Mittelpunkt auffassen will, fehlen der Bibliothek im Aedificium nahezu alle Definitionsmerkmale des Labyrinthes. So muß nicht der gesamte Innenraum abgeschritten werden, um zum Zentrum zu gelangen: Die verborgene Tür zum 'Finis Africae' ist nämlich vom Ostturm aus beinahe auf direktem Wege zu erreichen. Auch außerhalb des Weges zum Zentrum gibt es Sackgassen: Es sind die Wege in die Zonen 'Acaia' und 'Anglia'. Mit dem Labyrinth hat die Anordnung der Bibliotheksräume also nur eine gewisse Unübersichtlichkeit gemeinsam. Andererseits treffen aufgrund der angeführten Definition Kerns alle Merkmale des Irrgartens auf Ecos Phantasieprodukt zu: nicht kreuzungsfrei, mehrere Wahlmöglichkeiten, kein eigentliches Zentrum, kein Abschreiten des gesamten Innenraums notwendig, mehrere Sackgassen.

Dem christlichen Mittelalter war das aus der griechischen Antike tradierte Schema des Labyrinths durchaus bekannt. Graphisch dargestellt findet es sich in Handschriften und in der sakralen Architektur, jedoch nicht an oder in profanen Gebäuden, sondern allein in Kirchen, vornehmlich in Kathedralen. Zu den berühmtesten Kirchenlabyrinthen zählen diejenigen im Fußboden der Kathedralen von Amiens, Chartres und Reims – entstanden im 12.–13. Jh. Doch sind sie nicht das Vorbild für die Anlage der Bibliotheksräume im ›Namen der Rose‹ gewesen: Amiens und Chartres haben Labyrinthe vom Rundtypus. Das achteckige, um vier achteckige Bastionen erweiterte Labyrinth im Fußboden der Domkirche von Reims mag dagegen für Eco eine Anregung gewesen sein. Ein Vergleich beider Grundrisse zeigt aber schnell, daß die Ähnlichkeit nur oberflächlich ist (siehe Abb. 4 und 5).

So bleibt festzuhalten, daß die schwer durchschaubare Anordnung der Bibliotheksräume im Gegensatz zum Fußbodenmosaik von Reims eben kein Labyrinth darstellt, sondern einen Irrgarten. Alle gegenteiligen Äußerungen, auch wenn sie von Eco selbst stammen, sind falsch. Einmal mehr drängt sich der Verdacht auf, die ›Nachschrift zum Namen der Rose‹ habe bewußt einen irreführenden Fingerzeig gegeben, als sie auf den Gewinn hinwies, den der Verfasser des Romans aus dem Studium eines neueren italienischen Handbuches über Labyrinthe gezogen habe. Daß Eco das Buch von Paolo Santarcangeli, ›Il libro dei labirinti. Storia di un mito e di un simbolo‹, Florenz 1967 (2., erw. Aufl. Paris 1974) studierte, mag zutreffen. Die Anlage der Bibliothek im zweiten Stock des Aedificiums hat er jedoch nicht diesem Werk entnommen, auch nicht vom Fußbodenlabyrinth in Reims abgezeichnet. Bei solchen 'Quellen'-Angaben handelt es sich nicht um Belege für Ecos Vorlagen, sondern – wie bereits das Beispiel von Castel del Monte bewies – um den Nachweis eines historischen Ausgangpunktes für das Produkt seiner literarischen Imagination. Wer Vergleiche mit geschichtlichen Details oder Hinweise auf mittelalterliche Parallelen sucht, mögen sie bereits im ›Namen der Rose‹ stehen oder erst in der ›Nachschrift‹, verkennt den Wahrheitsgehalt solcher Beteuerungen. So naiv will weder Roman noch die Postille gelesen sein! Wenn sich Dechiffrierer wie Klaus Ickert und Ursula Schick aber mit der Wiedergabe solch offensichtlicher Scheinaufklärung und Camouflage begnügen, dürfte die Entschlüsselung des ›Namens der Rose‹ (München 1986) noch lange auf sich warten lassen. 'Gott sei Dank!',

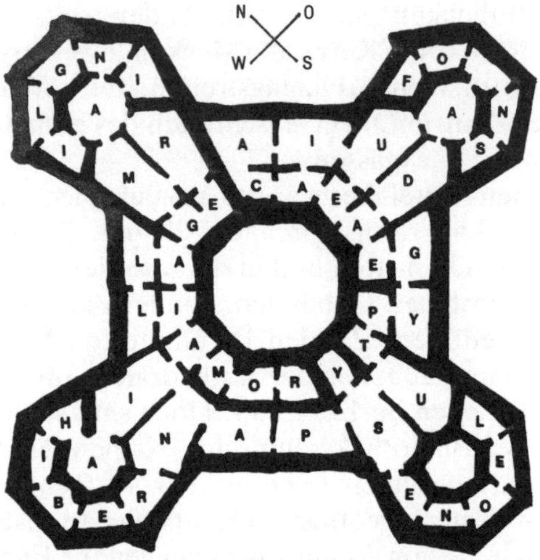

Abb. 4: Grundriß der Bibliothek im ›Namen der Rose‹ (nach der Abb. dieses Grundrisses, N. d. R., S. 411).

Abb. 5: Labyrinth auf dem Fußboden der Kathedrale von Reims (nach Kern, Labyrinthe).

möchte jeder sensible und mit dem Mittelalter vertraute Leser ausrufen. Welchen Reiz hätte die Lektüre noch, wenn Fußnoten, Kommentare und Literaturangaben aus dem ›Namen der Rose‹ ein mediävistisches Kompendium machen würden? Als ob es darum ginge, Ecos Werk die Luft historischen Sachverstandes einzupumpen, dafür aber mit dem Aufdecken und Korrigieren von Übertreibungen, Anachronismen und Phantasiegebilden die literarische Komplexität zu zerstören. „Quod omnino absit" (Das läge gänzlich fern!) würde Adso alias Eco darauf antworten.

IV. Die Handschriften

Trotzdem: Wer Ecos Einbildungskraft nicht gleich gänzlich erliegen will, versucht sich zunächst an konkrete Details zu halten: Wenn Aedificium, Skriptorium und Bibliothek Fiktionen sind, werden die Bücher wohl nicht auch imaginäre Handschriften sein – oder etwa doch? Leicht verunsichert beginnt der Leser, sich die verstreuten Textstellen über die Codices jener „glänzenden Bibliothek" in Erinnerung zu rufen. Außer den übersteigerten Attributen zu Umfang und Wert des Buchbestandes sind ihm vielleicht zwei Passagen im Gedächtnis geblieben, in denen Titel aus dem Verzeichnis der Bücher zitiert werden, um den Reichtum der Bibliothek zu dokumentieren (S. 101, 232). „Glänzende Werke", kommentiert William die Liste biblischer, rhetorischer, naturwissenschaftlicher, mathematischer, antik-klassischer, mittelalterlich-chronikalischer und monastisch-theologischer Werke. Der Leser möchte seinem Urteil beipflichten, zumal William und Adso bei ihren Besuchen in der Bibliothek feststellen, daß sich in der Fülle der Handschriften viele seltene Kostbarkeiten befinden, beispielsweise Abschriften wenig bekannter Autoren der griechischen und römischen Antike oder des arabischen Mittelalters. Der einzigartige, weil nirgends sonst erhaltene Codex mit der Kopie des griechischen Textes von Teil II der Poetik des Aristoteles ist nur ein weiterer, wenn auch der schlagendste Beweis für den Rang dieser Bibliothek. Sie besitzt Werke in griechischer, hebräischer, arabischer und lateinischer Sprache, sogar in aramäischer, syrischer und indischer Schrift (S. 409, 559 bzw. 594).

Gewiß ist die Aufzählung entlegener Titel beeindruckend. Ob sie aber dem Leser eine anschauliche Vorstellung davon geben kann, welche Schätze die Bibliothek jener Benediktinerabtei hütet? Man muß schon Spezialist auf so unterschiedlichen Gebieten wie antike Literatur, arabische Naturwissenschaft und mittelalterliche Übersetzungen sein, um Namen bzw. Titel wie Quintus Serenus und Solinus, Al-Kuwarismi und Almagest oder Robertus Anglicus und Roger von Hereford (statt

'Rüdiger von Herford'?) verstehen zu können. Ehrfurcht und Staunen Williams von Baskerville will der Leser gerne teilen. Doch ergeht es ihm ähnlich wie Adso: Er gewinnt nur eine vage Vorstellung von der Seltenheit und Kostbarkeit einiger Titel, vom Reichtum der Bibliothek. Mit Neugierde vernimmt er die Fülle der Namen und Werke, bewundernd liest er von Malereien in prächtigen Handschriften. Im übrigen muß er vor der Anzahl der Codices resignieren: überall „mächtige Bücherschränke voller säuberlich aufgereihter Bände", die „allesamt gleich aussehen" (S. 215, 217). Die stereotype Charakterisierung der Bücher durch Eco vergrößert noch die Hilflosigkeit des Besuchers und auch des Lesers: Wenn alle Codices von gleicher Gestalt sind und die Bibliothek unvorstellbar groß ist, wie kann man dann ein einzelnes Buch finden, noch dazu ein äußerst seltenes Werk wie Buch II der Poetik des Aristoteles?

Der nahezu unübersehbare Bestand der Bibliothek wird durch einen Katalog erschlossen, den schon erwähnten 'codex catenatus', der – an einem „goldenen Kettchen" am Tisch des Bibliothekars befestigt – nur dort zu Rate gezogen werden kann. Weil dieses Verzeichnis sowohl die Titel der vorhandenen Werke als auch deren Signatur enthält, ist es der Schlüssel zur Bibliothek. Ohne diesen Bibliothekskatalog wäre es unmöglich, den Bestand an Büchern zu überblicken und einzelne Titel zu finden. (Lediglich Jorge von Burgos verfügt über ein so gutes Gedächtnis und über so große Erfahrung im Umgang mit den Büchern, daß er die Bibliothek auch ohne das Verzeichnis benutzen kann.) Freilich sind die Bücher nicht nach Inhalt und Sachgebieten oder in der alphabetischen Reihenfolge der Autoren und Werktitel angeführt. Denn das Verzeichnis zählt weder zum traditionellen Typus des thematischen Katalogs noch zum damals modernen Typus des Verfasser- oder Werktitelverzeichnisses. Vielmehr repräsentiert es den unzeitgemäßen und unpraktischen Typus des Erwerbkataloges: Die Bücher sind „aufgeführt nach der Reihenfolge ihres Erwerbs, ob durch Kauf oder Schenkung, das heißt nach dem Zeitpunkt ihres Eingangs in unsere Mauern" (S. 101). Wie William sogleich bemerkt, erleichtert diese Sorte Bibliothekskatalog nicht gerade das Auffinden der Bücher. Denn zusätzlich zum Verzeichnis der Titel ist der Benutzer auf die Hilfe des Bibliothekars angewiesen: Nur er kennt den Zeitpunkt, zu dem ein Buch in die Bibliothek gekommen ist, und deshalb ist es nur ihm möglich, den gewünschten Titel auf Anhieb in den Listen der Erwerbungen zu identifizieren und somit dessen Signatur zu ermitteln.

Mit dem Katalog verhält es sich also ähnlich wie mit dem Aedificium, dem Skriptorium und der Bibliothek: Er ist eine Paradoxie. Einerseits will er den Bestand der Bücher erfassen und erschließen, andererseits ist er ohne Unterstützung des Bibliothekars nahezu wertlos. Darauf angesprochen, räumt der Abt gegenüber William ein: „Ein Verzeichnis besagt oft wenig, und allein der Bibliothekar kann aus der Signatur eines Buches und aus dem Grad seiner Unzugänglichkeit ersehen, welche Art von Geheimnis, von Wahrheit oder von Lüge es enthält" (S. 53). Demnach ist dem Bibliothekar auch das Amt eines Zensors übertragen, denn er kann entscheiden, welche Bücher zur Lektüre freigegeben werden und welche nicht. Über die 'Gefährlichkeit' gewisser Werke gibt ihm die Signatur des jeweiligen Buches Auskunft, da sie auf den Standort innerhalb der Bibliothek verweist. Und aus dem Inhalt einer Handschrift ergibt sich ja die Zuordnung zu einer der verschiedenen oben erwähnten 'Zonen'.

Das Signatursystem der Bibliothek ist vierteilig. Wie Malachias von Hildesheim an den Beispielen „iii, IV gradus, V in prima graecorum" und „ii, V gradus, VII in tertia anglorum" erklärt (S. 101), besteht es aus der Kombination von vier Zahlen. Die erste Zahl steht für die Position des Buches auf dem Regalbrett, die zweite für das Regalbrett, die dritte für den Bücherschrank und die vierte für den Raum innerhalb der Bibliothek. Aufgeschlüsselt bedeutet dies: Es ist das dritte Buch auf dem vierten Brett im fünften Schrank des ersten Raumes der Zone 'Acaia' bzw. das zweite Buch auf dem fünften Brett im siebten Schrank des dritten Raumes der Zone 'Anglia'. Weil sich die geographische Namengebung der Bibliotheksräume auf einzelne Sachgebiete bezieht, verrät der letzte Teil der Signatur Inhalt und Tendenz des jeweiligen Buches. Handelt es sich um das Werk eines heidnischen Autors der griechischen Antike, steht es in der Zone 'Acaia', während die Räume des Bereichs 'Roma' das „Paradies lateinischer Klassiker" sind (S. 410). Bibeln und Bibelkommentare befinden sich in der Zone 'Fons Adae' und die von Adso bewunderten Codices insularer Buchmalerei in 'Hibernia'. Die Codices des Kommentars von Beatus de Liebana zur Apokalypse mit ihren farbenprächtigen mozarabischen Illustrationen stehen in den Räumen von 'Yspania'. Texte der Ungläubigen, also „Bücher der Lüge" wie die „Werke der Nekromantik", „Schriften über Schwarze Magie und Teufelsrezepte", werden im verborgenen Winkel der Bibliothek aufbewahrt (S. 403, 341). Obgleich auch in anderen Räumen Handschriften ungläubiger Werke stehen und Codices, „die Lügen enthalten", etwa „die Bücher der Magier, die Kabbalen der Juden, die Fabeln der heidnischen Dichter und die Lügen der Ungläubigen" (S. 53), wurden nahezu alle besonders 'gefährlichen' Schriften in die Zone 'Leones' verbannt. Titel mit dem Standort 'Africa' oder 'Finis Africae' in der Signatur weisen verschlüsselt auf Räume im Südturm der Bibliothek hin. Es sind absichtlich rätselhaft formulierte Angaben, „die nur der Bibliothekar versteht“ (S. 146). Jene Bücher werden unter Verschluß gehalten und neugierigen Lesern meist nicht ausgehändigt. In Anspielung auf diese sorgsam abgeschirmten Werke soll Benno geklagt haben: „Die Bibliothek sei voller Geheimnisse und insbesondere voller Bücher, die noch keiner der Mönche hier je habe lesen dürfen“ (S. 174).

Wie schwierig es im Einzelfall sein kann, einen dieser unzugänglichen Titel im Katalog aufzufinden, dessen Signatur zu ermitteln und Standort zu bestimmen, zeigen Williams und Adsons Anstrengungen, etwas über jenes „seltsame“, „schicksalsschwangere“, „mysteriöse“ und „verbotene“ Buch (S. 448, 470, 471, 503) mit Teil II der Poetik des Aristoteles zu erfahren. Als sie den Codex endlich in den Händen halten, legen sie ihn achtlos beiseite. Sie blickten nur auf das erste Blatt, den Beginn eines arabisch geschriebenen Traktates, und dachten trotz des vierteiligen Eintrages im ‘codex catenatus’ nicht an die Möglichkeit, daß die Handschrift aus mehreren Teilen bestehen könnte. Tatsächlich handelt es sich bei diesem Buch aber um eine Sammelhandschrift: Der Codex setzt sich aus vier verschiedenen Texten zusammen. Der gesuchte Aristotelestext steht am Schluß der Handschrift. Der Kopie des griechischen Werkes gehen demnach ein arabischer, ein syrischer und ein lateinischer Text voraus. Darüber gibt, wie angedeutet, der Bibliothekskatalog Auskunft, doch ist der betreffende Eintrag so vage formuliert, daß ein Unkundiger selbst bei sorgfältiger Lektüre nicht erkennt, welche Texte hier beschrieben sind. Als William und Adso auf den Eintrag stoßen, wußten sie bereits, wonach sie zu suchen hatten. Sonst wäre ihnen kaum aufgefallen, daß hier das verbotene Buch aus ‘Finis Africae’ verzeichnet ist:

„ I. ar. de dictis cujusdam stulti
II. syr. libellus alchemicus aegypt.
III. Expositio Magistri Alcofribae de coena beati Cypriani Cartaginensis Episcopi
IV. Liber acephalus de stupris virginum et meretricum amoribus“ (S. 559).

Erst die Erläuterungen Jorges von Burgos stellen klar, daß es sich beim ersten, in arabischer Sprache abgefaßten Text (›Über die Aussprüche eines gewissen Narren‹) um „alberne Lügen der Ungläubigen“ handelt, in „denen behauptet wird, die Narren hätten scharfsinnige Worte, mit denen sie selbst ihre Priester verblüffen und die Kalifen begeistern könnten“ (S. 495). Der zweite Teil des Sammelcodex – „ein syrisches Manuskript, aber dem Katalog zufolge die Übersetzung eines ägyptischen Buches über Alchimie“ – ist „ein ägyptisches Werk aus dem dritten Jahrhundert unserer Ära, passend zum folgenden, aber nicht so gefährlich“. Nach Jorge schreiben diese „Faseleien eines afrikanischen

Alchimisten ... die Schöpfung dem Gelächter Gottes zu". Für ihn sind es „Narrenpossen" wie der dritte Teil der Handschrift, ein Kommentar des Magisters Alcofriba, „eines Laffen", über die dem hl. Cyprian, Bischof von Karthago, zugeschriebene ›Coena Domini‹. Teil IV des Sammelcodex ist dem Katalog zufolge ein „kopfloses Buch über die unzüchtigen Liebschaften von Jungfrauen und Dirnen", in Wirklichkeit handelt es sich jedoch um Teil II der Poetik des Aristoteles über die Komödie und das Lachen.

Bedenkt man Inhalt und Zusammensetzung dieses Buches, ist unschwer zu erkennen, daß eine Mystifikation vorgestellt wird, wiederum in scheinbar geschichtlichem Gewand. Aber nicht alles daran ist gänzlich unhistorisch. So kannte das Mittelalter durchaus Sammelhandschriften, also aus verschiedenen selbständigen Teilen zusammengesetzte Codices, beispielsweise auf unterschiedlichem Beschreibstoff, nämlich mit Lagen aus Pergament und Papier wie im vorliegenden Fall. Daß selbst Texte in verschiedenen Sprachen in einem Band vereinigt wurden, war nicht ausgeschlossen. Ob freilich auch ein arabisches, syrisches, lateinisches und griechisches Werk zu einem Codex ...? Plausibel an Ecos imaginärer Handschrift ist, daß vier thematisch zusammengehörige Titel zu einem Band zusammengebunden wurden, unabhängig von Schrift und Beschreibstoff, Abfassungszeit und Verfasser. Für ein gewisses historisches Kolorit spricht zudem, daß der angeblich etwa im dritten Viertel des 13. Jh. in Kastilien entstandene Teil IV des Buches – eine Abschrift auf Leinen- bzw. Baumwollpapier ('carta lintea', 'pergamino de pano') – noch im Jahr 1327 etwas Ungewöhnliches darstellt, jedenfalls in einer abgelegenen Cluniazenserabtei.

Allerdings beginnen spätestens an dieser Stelle die geschichtlichen Ungereimtheiten und Anachronismen. Mag die Kopie eines griechischen Textes in Silos oder Umgebung um die Mitte des 13. Jh. noch vorstellbar sein, so irritiert doch der Inhalt des ganzen Bandes. Einmal abgesehen von den beiden ungenau beschriebenen und deshalb nicht präzise zu bestimmenden Traktaten arabischer Herkunft – der Verfasser des Kommentars zur ›Coena Cypriani‹ („Magister Alcofriba") ist so gewiß eine Erfindung wie die grundlegende Voraussetzung des Romans, Teil II der Poetik des Aristoteles habe dem lateinischen Mittelalter vorgelegen, noch dazu im griechischen Originaltext. Verifizierbar am Inhaltsverzeichnis dieses Buches sind nämlich literaturgeschichtlich betrachtet nur zwei Angaben: die Cyprian zugeschriebene ›Coena Domini‹ und das Zitat aus den ›Etymologiae‹ Isidors von Sevilla, die Komödie handle von Jungfrauenschändung und Dirnenliebe (S. 599 f.). Alles andere, darunter die Exzerpte des Venantius von Salvemec aus Teil II der Poetik des Aristoteles (S. 363), sind Ecos – oder Adsos? – eigene Schöpfungen!

Nicht viel besser – oder sollte man sagen: anders? – ist es um das System der Bibliothekssignatur bestellt: Sowohl die Kennzeichnung von Buchbereichen durch geographische Namen als auch die Kombination von vier Ziffern bzw. Zahlen ist unhistorisch. Zu Beginn des 14. Jh. war kaum eine abendländische Bibliothek so umfangreich, daß sie mehrere Räume in Beschlag nahm. Weil die Bücher nahezu jeder Sammlung in einen einzigen, wenn auch gelegentlich großen Raum paßten, mochte es sich um eine Kammer, ein Zimmer oder einen Saal handeln, genügte eine dreiteilige Signatur. Zum Beispiel eine Kombination aus Buchstabe, römischer und arabischer Ziffer wie die hier ad hoc erfundene Signatur 'a. II. 7': der siebte Codex auf dem zweiten Brett des ersten Bücherschranks, -regals oder -pults. Eine derart differenzierte Signatur wurde allerdings nur in großen Bibliotheken benutzt, ist daher vor dem frühen 14. Jh. weder für die Büchersammlungen von Mönchtum, Regularklerus oder Weltgeistlichkeit belegt noch für königliche oder fürstliche Handschriftenkabinette. Ohnehin blieben die meisten kirchlichen und weltlichen Bibliotheken bis ins 16. Jh. so klein, daß ihr überschaubarer Buchbestand keine Signaturen benötigte, allenfalls eine fortlaufende Numerierung zum bequemeren Auffinden der einzelnen Bände.

Die Klosterbibliothek im ›Namen der Rose‹ fällt auch in dieser Hinsicht aus dem historischen Rahmen. Mittelalterlich ist an ihr nicht einmal die Kulisse der Buchrücken. Als ob die unterschiedlich großen und breiten, verschieden eingebundenen und individuell ausgestatteten Codices so gleichförmig aussahen, wie der Erzähler mehrmals beteuert! Ebenso undenkbar erscheint – wie angedeutet – eine Klosterbibliothek, die zwar Handschriften in exotischen Schriften wie Aramäisch, Syrisch und Indisch besitzt, aber keine volkssprachigen Texte. So exklusiv und fern der Laienkultur war das Bildungsniveau spätmittelalterlicher Konvente nicht, daß sie es wagen konnten, auf die Volkssprache gänzlich zu verzichten, um sich allein auf lateinische, griechische bzw. arabische Werke zu konzentrieren. Die Benediktinerabtei in Ecos Roman ist eben doch eher eine Akademie und Gelehrtenrepublik als das getreue Abbild eines abgelegenen Klosters.

Was wiederum nicht bedeutet, daß im ›Namen der Rose‹ sämtliche Details über Handschriften zu Phantasiegebilden, Anachronismen oder Übertreibungen erklärt werden müssen. Authentisch mittelalterlich, ja geradezu dem Kolorit des frühen 14. Jh. angemessen sind die Schilderungen der komischen, Gelächter stimulierenden 'Babouins', also der grotesken und obszönen Tier-, Monster- und Fratzendarstellungen in der Buchmalerei (S. 102–105, 308–311). Die allegorische Deutung der Kurie oder von Prälaten und Mönchen als Esel bzw. Affen war in der Ausgestaltung der Randleisten von Initialen im 14. Jh. sehr beliebt. Sie bezweckte jedoch nicht Ablenkung und Unterhaltung des Betrachters, sondern wollte moralkritische Belehrung. Darstellungen der 'Verkehrten Welt' – etwa Hasen, die den scheintoten Fuchs zu Grabe tragen – waren nämlich weder karnevalistische Subkultur noch Protest gegen christliche Sittenstrenge, sondern in Tierallegorie gekleidete innerkirchliche Kritik, also explizit auf Selbstreinigung und Reform zielend. (Die angesprochenen Passagen im ›Namen der Rose‹ verraten allerdings, daß Eco noch stark unter dem Einfluß der überzogenen, weil zu sehr an frühneuzeitlichen Verhältnissen orientierten Deutung von M. Bachtin steht.) Man sollte sich also davor hüten, etwa den Bilderreichtum mittelalterlicher Buchmalerei der Imaginationskraft des Romanautors zuzurechnen. Manchmal beruhen Einzelheiten im ›Namen der Rose‹ auf authentisch geschichtlichem Material, wo man vorschnell historisch verbrämte Fiktionen vermuten möchte. Dagegen werden – wie mehrfach betont – andere, augenscheinlich mittelalterlich anmutende Requisiten voreilig und unbesehen als historisch akzeptiert, obwohl sie 'nur' Ecos Phantasie entsprungen sind.

V. Fazit

Was ist nun an der Bücherwelt im ›Namen der Rose‹ noch mittelalterlich-historisch, wenn Aedificium, Skriptorium, Bibliothek und Handschriften mehr anachronistisch und fiktiv als geschichtlich sind? Und warum hat der Erzähler das Bibliotheksgebäude, den Schreibsaal, die Räume der Büchersammlung und die Handschriften so unzeitgemäß und phantasievoll beschrieben, wenn er die Absicht hatte, die Handlung seines Romans ins frühe 14. Jh. zu verlegen? Und was sollen seine Hinweise auf geschichtliche Parallelen oder gar Vorlagen, wenn sich sämtliche Fingerzeige nicht als Quellenbelege entpuppen, sondern als offensichtlich falsche Fährten und blinde Spuren? Welchen Stellenwert und welche Funktion haben diese vermeintlich historischen, jedoch unverkennbar imaginären Requisiten in einem Roman, der von Büchern und Lesern, einer Bibliothek und der Gelehrsamkeit im Jahre 1327 handelt?

Oder sind solche Fragen vielleicht falsch gestellt? Setzen sie voraus, was nicht unterstellt werden darf, etwa die Zuordnung des ›Namens der Rose‹ zur Gattung des historischen Romans oder die Absicht Ecos, eine detailgetreue, in sich stimmige Mittelalterkulisse zu schaffen? Ist die anscheinend so überzeugend dargestellte geschichtliche Dimension weder Vorder- noch Hintergrund, vielmehr Maske und Mimikry oder vielleicht sogar bewußt spielerischer Zauber mit Bühnenrequisiten und Kulissenwänden? Doch welchen Sinn hätte dann die ausführliche Beschreibung der Bibliothek und der Bücher, der Schreiber und der Leser? Was soll uns ein Roman über eine glänzende Bibliothek und verbotene Handschrift, der nicht von Codices und Büchersammlungen des frühen 14. Jh. handelt, sondern von einer imaginären Bücherwelt des Jahres 1327 voller unhistorischer Details? Fragen über Fragen!

Um zunächst eine Tatsache festzuhalten: Die Bibliothek im ›Namen der Rose‹ ist so offensichtlich als unzeitgemäße und phantasievolle Bücherwelt erzählt, daß es schwer fällt, zu verstehen, weshalb Ecos Roman jemals zum historischen Roman erklärt oder einem Sachbuch übers Mittelalter gleichgestellt werden konnte. Wenn Eco die Absicht gehabt haben sollte, beim Leser die Erwartung zu wecken, er könne sich bei der Lektüre seines Romans auf unterhaltsame Weise Kenntnisse über das frühe 14. Jh. oder gar übers Mittelalter aneignen, ist ihm dies trefflich gelungen. Ich bezweifle jedoch, daß es überhaupt sein Ziel war, Hoffnungen auf eine spielerische Einführung in die spätmittelalterliche Kultur auch zu erfüllen. Wahrscheinlich wollte er mit seinem ›Namen der Rose‹ mehrere Rezeptionshaltungen provozieren, u. a. die des Lesers eines Kriminalromans *und* die eines historischen Romans. Der eher unbestimmten Gattungszugehörigkeit dieses Rosenromans entspricht die offene Rezeption: Der Leser mag sich für eine der angebotenen Rezeptionshaltungen entscheiden, er kann den Roman aber auch mehrdimensional lesen, beispielsweise als Kriminalstory wie als Geschichtspanorama. Und wahrscheinlich sind selbst diese Lesarten noch zu vordergründig ...

Wer Eco vorwirft, durch das zeitgenössische Kolorit seines Romans suggeriere er geschichtliche Authentizität, weshalb ein Leser nicht zu Unrecht die Erwartung hege, er habe es beim ›Namen der Rose‹ mit einem historischen Roman zu tun, verkennt die literarische Technik des Werks. Selbst wenn er Personen, Orten, Sachen oder Handlungen eine Aura des faktisch Geschehenen, durch Quellen Belegten und darum geschichtlich Verbürgten verleiht, zögert Eco selten, Historisches in Imaginäres überzuführen. Im Fall der Bibliothek geschieht dies durch Hyperbolik, Anachronismus und Fiktion. Ein Spielverderber wäre, wer all diese Übersteigerungen, Unzeitgemäßheiten oder Phantasieprodukte auflisten und erklären würde: Es ist nicht der geringste Reiz einer Lektüre des ›Namens der Rose‹, solche Stellen selbst zu entdecken und ihren jeweiligen Bezug zur geschichtlichen Realität auszumachen. Wer so verfährt, freut sich augenzwinkernd am literarischen Spaß, denn er hat als Phantasieprodukt oder Anachronismus durchschaut, was ihm der Erzähler als genuin mittelalterlich vorsetzen wollte.

Im ›Namen der Rose‹ wird also nicht von einer wirklichen, geschichtlich bezeugten, sondern von einer möglichen Bibliothek erzählt. Oft genug ist es sogar eine absolut unhistorische, weil bis heute niemals

Wirklichkeit gewordene Bücherwelt. Genau besehen ist diese imaginäre Bibliothek alles andere als eine ideale Büchersammlung. Obgleich durch keine Türen gesichert, sind ihre Räume für alle Leser – den Bibliothekar ausgenommen – unzugänglich, also verschlossen. Das Verbot des Abtes ersetzt das Schloß! Die Bibliothek besitzt den umfangreichsten, wertvollsten Bestand an Büchern, und dennoch sind gerade die seltensten, interessantesten Titel verborgen, ja verboten. Es werden Neugierde und Wissensdrang geweckt, aber nicht gestillt! Das Verzeichnis der Bücher ist vollständig, doch kann der Leser ohne Unterstützung des Bibliothekars den Katalog kaum mit Erfolg nutzen. Der Bibliothekar hilft nicht bei der Beschaffung der Bücher, sondern verhindert die freie Ausgabe der gewünschten Titel. Nicht der Besucher entscheidet, was er lesen möchte; vielmehr kontrolliert und zensiert der Bibliothekar die Lektüre des Lesers.

Nicht genug dieser Paradoxien! Einerseits ist die Bibliothek ein Schatzhaus, andererseits ein Grab: Sie schirmt die Bücher hinter dicken Mauern und mit Hilfe unübersichtlicher Räume gegenüber dem Benutzer ab! Die Bibliothek ist zugleich Festung und Paradies, Abschrekkung und Versuchung. Sie schützt die Bücher vor dem Leser, obwohl sie die Handschriften zum Lesen bereitstellen soll. Ihre Räume sind wie ein Irrgarten angelegt und dennoch folgt die Anordnung einer „himmlischen Harmonie“: „Ein Höchstmaß an Konfusion durch ein Höchstmaß an Ordnung“ (S. 276f.). Auch Adso räsonniert über die Bedeutung der Bibliothek für die „den Schriften geweihten Mönche“: Sie sei „gleichzeitig das himmlische Jerusalem und ein verborgenes Reich an der Grenze zwischen Terra incognita und heidnischer Unterwelt“. Die Mitglieder dieses Konventes würden „beherrscht von der Bibliothek, von ihren Verheißungen wie von ihren Verboten“ (S. 232). Selbst Adso kann die Bibliothek nur charakterisieren und deuten, indem er eine paradoxe Aussage an die andere reiht. Einerseits sind ihre Bücher Zeugnis der reinen Wißbegierde, andererseits provozieren sie die „Hoffart des Geistes“, prahlt die Abtei doch mit ihren seltenen und prächtigen Handschriften. Die Mönche rühmen sich „noch einer überragenden Meisterschaft im Herstellen und Kopieren von Büchern“, doch wollen sie „in ihrer Gier nach Neuem ebenfalls neue Ergänzungen der Natur produzieren“ und merken dabei nicht, „daß sie gerade durch dieses ihr Streben den Zusammenbruch ihrer Einmaligkeit noch beschleunigten“. Einerseits sperren sie sich gegen das „neue Wissen“, indem sie es in unzugänglichen Büchern verborgen halten, andererseits sind sie ständig auf der Suche nach unbekannten Texten, um den Bestand der Bibliothek zu vergrößern und deren Ruhm zu mehren.

In welches Dilemma die Abtei gerät, weil sie eine bislang unbekannte, nur in einer einzigen Kopie erhaltene Schrift besitzt, zeigt der Codex mit Teil II der Poetik des Aristoteles. Erworben wurde diese kostbare Handschrift durch Jorge von Burgos auf einer seiner Reisen durch die Iberische Halbinsel. Den Ruhm, eine glänzende Bibliothek zu besitzen, verdankt das Kloster nicht zuletzt dem einzigartigen Aristoteles-Codex. Dennoch wird die Sammelhandschrift im 'Finis Africae' unter Verschluß gehalten und nur selten an Leser ausgeliehen: Weil das Werk eines Heiden von der Komödie und vom Lachen handelt, zählt es zu den 'gefährlichen' Schriften und untersteht der Zensur des Bibliothekars. Es geht also nicht nur darum, die natürliche Abnutzung der Codices durch eifriges Lesen zu verhindern. Noch mehr gebietet es die Sorge um die Wahrheit des christlichen Glaubens, 'Bücher der Lüge' vor Lesern zu bewahren.

Zensur und Schutz sind demnach Hauptaufgaben des Bibliothekars, nicht Öffnung und Erschließung der Buchbestände. Wie Jorge erklärt, ist die Bibliothek „Zeugnis der Wahrheit wie des Irrtums" (S. 165). Sie verwahrt in ihren Mauern sowohl christliche als auch heidnische Schriften, Bücher der Wahrheit und der Lüge. Sie sammelt beides. „Alles, was nach Erläuterung und Klärung der Heiligen Schrift klingt, muß aufbewahrt werden, denn es erhöht ihren Ruhm; nichts, was ihr widerspricht, darf vernichtet werden, denn nur wenn es aufbewahrt wird, kann es von denen, die dazu befähigt und durch ihr Amt berufen sind, widerlegt werden in den vom Herrn gewollten Formen und Zeiten" (S. 510). In der Dokumentation des gesamten bekannten Wissens liegen für Jorge von Burgos, mithin auch für den Abt, den Bibliothekar und jeden anderen Mönch der Abtei, Zweck und Sinn der Bibliothek. Auf die Handschrift mit Teil II der Poetik des Aristoteles bezogen, heißt das: Der Text des Traktates über die Komödie und das Lachen soll dem „Studium und der Bewahrung des Wissens" dienen, nicht dessen „Erforschung". Denn für Jorge ist das „Wissen als einer göttlichen Sache ... abgeschlossen und vollständig seit Anbeginn in der Vollkommenheit des Wortes, das sich ausdrückt um seiner selbst willen". Als einer „menschlichen Sache" ist das Wissen „vollendet und abgeschlossen ... in der Zeitspanne von der Weissagung der Propheten bis zu ihrer Deutung durch die Väter der Kirche". Für ihn gilt: „Es gibt keinen Fortschritt, es gibt keine epochale Revolution in der Geschichte des Wissens, es gibt nur fortdauernde und erhabene Rekapitulation" (S. 509).

Anders sieht William von Baskerville – demnach auch Adso – die Aufgabe einer Bibliothek. Sie darf nicht Geheimnisse hüten, sondern hat sich „den Forschern aus aller Welt zu öffnen" (S. 505). Für William ist aber die „Lust am Wissen ... um seiner selbst willen" eine „große Wollust" und daher zu verurteilen. Dieser Sünde mache sich die Abtei schuldig, da sie „so große Wissensschätze" hütet, aber „nicht bereit ist, sie auch den anderen Forschenden zur Verfügung zu stellen". Dem Wissensdurst als „unstillbare Neugier" und „Hoffart des Geistes" stellt er den „Erkenntnisdrang eines Roger Bacon" gegenüber, „der die Wissenschaft in den Dienst der Menschen zu stellen trachtete und daher nicht nach Erkenntnis um ihrer selbst willen strebte".

Spätestens bei diesen wissenschaftspolitischen Überlegungen wird deutlich, daß Ecos Buch mehr sein will als ein Roman über das Spätmittelalter. Solch gegensätzliche Ansichten von der Aufgabe einer Bibliothek und der Funktion wissenschaftlicher Erkenntnis zielen auf die Gegenwart, beispielsweise auf die Arbeitsbedingungen des italienischen Gelehrten und Universitätsprofessors in modernen Bibliotheken, die häufig alles andere als benutzerfreundliche Institutionen für den Wissenschaftler sind. Darüber hat sich Eco in seinem autobiographisch gefärbten Essay ›De Bibliotheca‹ von 1981 recht polemisch geäußert, mit wütenden, nicht immer gerechten Bemerkungen über Aufgabe und Zweck von Bibliotheken im allgemeinen. Seine Klagen über unzugängliche Bücher, vergebliches Suchen in Katalogen, inkompetentes Personal, unfreundliche Bibliothekare, schlechtes Licht im Lesesaal und andere Ärgernisse hat er sich in einer Liste mit neunzehn Punkten von der Seele geschrieben. Und im Gegenzug die Merkmale einer idealen Bibliothek genannt, quasi als utopischen Gegenentwurf zur Misere der Gegenwart. Daß einige wenige wissenschaftliche Bibliotheken seinen Forderungen und Träumen nahekommen, hat Eco dabei nicht verschwiegen. Im ›Namen der Rose‹ ist die ideale Bibliothek freilich nicht anzutreffen. Vielmehr schlagen sich hier erneut die ambivalenten Erfahrungen eines zeitgenössischen Bibliotheksbenutzers nieder. So der niemals aufgegebene Traum von der vollständigen Sammlung aller bisher erschienen Titel an einem Ort, vom freien Zugang zu allen vorhandenen Büchern und von optimalen Arbeitsbedingungen für den Leser. Andererseits auch die leidvollen Erinnerungen an schlechte Bibliotheken, etwa unübersichtliche und unvollständige Kataloge, fehlende oder unvollständige Signaturen, endlose Wartezeiten auf bestellte Titel, unzulängliche Auskünfte, abschreckende Bedingungen für die Ausleihe, knapp bemessene Öffnungszeiten usw. usf. Die Liste schlechter Erfahrungen kann jeder fortführen, der mehrmals in öffentlichen Bibliotheken Europas gearbeitet hat. Insgeheim weiß jeder einigermaßen beschlagene Leser, wie für ihn eine ideale Bibliothek aussieht. Solche imaginären Bibliotheken zu träumen, bieten die Lesesäle ja ausreichend Gelegenheit.

Ich plädiere also für eine allegorische Lektüre von Ecos Roman, für die Übertragung des historischen Sujets auf die Gegenwart des Autors und seines Lesers. Der ›Name der Rose‹ ist meiner Ansicht doch auch ein Gleichnis für die Situation des heutigen Wissenschaftlers und Bibliotheksbenutzers. Angesichts beängstigend rasch ansteigender Publikationszahlen und niemals zuvor erreichter Ansammlung von gedrucktem Wissen verliert er die Orientierung, fühlt sich in der Flut der Titel verloren und kapituliert vor der Masse des Gedruckten. Die Bibliothek ist ihm in dieser Situation Ort der Hoffnung und Verzweiflung zugleich: Einerseits stellt sie das verfügbare Wissen bereit, sofern es sich um eine gut funktionierende Büchersammlung handelt, andererseits ist die tatsächlich angehäufte Informationsmenge praktisch nicht mehr zu übersehen oder gar zu bewältigen. Es stellt sich ein vertrautes Paradox ein: Obgleich die Zahl der Bücher niemals größer war als heute und das Publizierte im allgemeinen einfach auszuleihen ist, läßt sich dieses Potential an Wissen und Informationen durch den einzelnen nicht mehr erschließen. Je umfangreicher der Buchbestand wird, desto unübersichtlicher sind Bibliotheken. Aus Institutionen zur Vermittlung von Wissen werden Stätten, die Informationen sammeln und horten, vielleicht sogar zurückhalten. Die Schatzhäuser sind zu Grabkammern geworden. In modernen Bibliotheken werden Leser von der Lektüre abgehalten, denn die Fülle der Titel ist kaum mehr zu erfassen. Die Vision der Bibliothek als Irrgarten ist Realität geworden, freilich in einem alltäglichen, vordergründigen Sinn.

Mit all ihren Vorzügen und Schwächen ist die Bibliothek der Benediktinerabtei an den Hängen des Apennin nicht nur irgendeine, sondern die Bibliothek schlechthin. Als imaginäre – nicht historische! – Bibliothek steht sie für alle Büchersammlungen, mögen sie der Vergangenheit, Gegenwart oder Zukunft angehören. Also repräsentiert die Klosterbibliothek im ›Namen der Rose‹ die Welt der Bücher insgesamt. Sie ist Inbegriff des geschriebenen oder gedruckten Buches, daher zeitlos, umfassend, universal, demnach: vollkommen. Die Bibliothek ist die Welt und das Universum, sie ist auch im übertragenen Sinn ein Irrgarten: endlose Gänge, zahllose Räume, unendliche Ansammlung von Büchern. Denn Welt, Irrgarten und Bibliothek sind identisch – wenigstens für jeden Leser. Er kennt nur die Bücher, Lesesäle und Bibliotheken. Nur ein Leser wird die Bibliothek existentialphilosophisch deuten: Die Welt der Bücher ist das Universum schlechthin, die Lektüre ist das Leben, der Lesende steht für den Menschen. Außerhalb des Buches und der Bibliothek ist Leben nicht möglich, denn im Buch und in der Bibliothek vollzieht sich die Existenz des Menschen.

Ähnliche Gedankengänge liegen auch der Erzählung ›Die Bibliothek von Babel‹ von Jorge Luis Borges zugrunde. Sie entstand bereits 1941 und gehört zum Band ›Fiktionen‹, einer Sammlung surrealistischer und existentialphilosophischer Prosastücke. Borges stellt in dieser Erzählung eine imaginäre Bibliothek vor, die aus einer unbegrenzten und vielleicht unendlichen Zahl wabenartiger Galerien zusammengesetzt ist. Die Summe der Galerien ist die Welt der Bücher, also die Welt an sich, das Universum. Hier leben die Menschen als Leser mit den Bibliothekaren. Und weil die Bibliothek gleichbedeutend mit der Welt ist, existiert sie ab aeterno, ist sie ewig und total. Die Bibliothek ist unbegrenzt und zyklisch, demnach kann sie nur das Werk eines Gottes sein. Und in einem ihrer Regale steht vielleicht ein Buch, das Inbegriff und Auszug aller Bücher ist: Ein Bibliothekar hat es geprüft und ist Gott gleich. Während die Gattung Mensch aussterben kann, wird die Bibliothek fortdauern, denn sie ist unendlich, vollkommen, unbeweglich, unverweslich, erleuchtet, aber auch einsam, überflüssig, geheim. So Borges ...

Die Bibliothek von Babel ist nicht identisch mit der Klosterbibliothek im ›Namen der Rose‹, und Borges' Erzählung lieferte nicht das Vorbild für Ecos Roman. Gewisse Übereinstimmungen – etwa die Idee von der seit Jahrhunderten existierenden, allumfassenden Bibliothek, auch die Vorstellung, es gäbe ein Buch der Bücher, oder die Gleichsetzung von Bibliothek und Universum – können nicht darüber hinwegtäuschen, daß Eco der Erzählung von Borges vermutlich Anregungen verdankte, ansonsten aber seine eigene imaginäre Bibliothek schuf. Ungleich realitätsgesättigter als die Bibliothek von Babel, mehr anachronistisch als surrealistisch, insgesamt weniger phantastisch konstruiert und nicht existentialphilosophisch überhöht. Die Bibliothek im ›Namen der Rose‹ ist trotz aller Überzeichnungen, Unzeitgemäßheiten und Fiktionen nicht gänzlich unvorstellbar. Denn in vielem ist sie heutigen Bibliotheken ähnlicher als denen des späten Mittelalters. Eher eine Institution des Wissenschaftsbetriebes als der Welt des Mönchtums, dem 20. Jh. näherstehend als dem frühen 14. Jh. Deshalb trotz zeitlicher Ferne und literarischer Imagination keine völlig fremde Bücherwelt, sondern jedem Leser und Benutzer einer Bibliothek irgendwie vertraut.

Literaturhinweise

Von Umberto Ecos eigenen Werken ist neben ›Der Name der Rose‹, aus dem Italienischen übersetzt von Burkhart Kroeber, 12. Aufl., München 1983 und dem italienischen Original ›Il nome della rosa‹, 15. Aufl., Mailand 1986, vor allem anzuführen seine ›Nachschrift zum 'Namen der Rose'‹, aus dem Italienischen übersetzt von Burkhart Kroeber, München 1984, sowie der Essay ›De Bibliotheca‹ in dem Sammelband ›Sette anni de desiderio‹, Mailand 1983, S. 237–250 (teilweise ins Deutsche übersetzt in: Weltwoche – LEADER, Nr. 2/1986, Juli/August 1986, S. 90–98).

Aus der mittlerweile immer umfangreicheren, bald schon nicht mehr überschaubaren Sekundärliteratur zu Ecos ›Name der Rose‹ nenne ich lediglich die Sammelbände ›Saggi su 'Il nome della rosa'‹, hrsg. v. Renato Giovannoli, Mailand 1985 (in Auswahl jetzt auf Deutsch: Zeichen in Umberto Ecos Roman 'Der Name der Rose'. Aufsätze aus Europa und Amerika, ausgewählt und hrsg. v. Burkhart Kroeber. München 1987) und ›Lektüren. Aufsätze zu Umberto Ecos 'Der Name der Rose'‹, hrsg. v. Hans-Jürgen Bachorski, Göppingen 1985 (= Göppinger Arbeiten zur Germanistik, Nr. 432) sowie das Taschenbuch von Klaus Ickert und Ursula Schick, ›Das Geheimnis der Rose entschlüsselt. Zu Umberto Ecos Weltbestseller 'Der Name der Rose'. Mit vielen Bildern aus dem Film‹, München 1986. Hilfreich bei der Abfassung meines Essays fand ich keines der Bücher, auch nicht Publikationen der Tertiärliteratur, weshalb ich auf die Mitteilung weiterer Titel verzichte.

Aus der Fülle der Sekundärliteratur zu Handschriften, Skriptoren und Bibliotheken des europäischen Mittelalters nenne ich nur einige grundlegende Überblicke mit weiterführendem Literaturverzeichnis. Besonders wichtig, weil sowohl Handbuch als auch Forschungsbericht und -beitrag ist das Buch von Bernhard Bischoff, Paläographie des römischen Altertums und des abendländischen Mittelalters, 2. überarb. Aufl., Berlin 1986 (= Grundlagen der Germanistik, Bd. 24), hier S. 236–309 über ›Die Handschrift in der Kulturgeschichte‹. Einen fundamentalen, wenn auch auf Mitteleuropa beschränkten Überblick bietet Ladislaus Buzas, Deutsche Bibliotheksgeschichte des Mittelalters, Wiesbaden 1975 (= Elemente des Buch- und Bibliothekswesens, Bd. 1). Über Techniken des Schreibens und der Herstellung einer Handschrift informieren jetzt umfassend Otto Mazal, Lehrbuch der Handschriftenkunde (Elemente des Buch- und Bibliothekswesens, Bd. 10), Wiesbaden 1987 und Vera Trost, Skriptorium. Die Buchherstellung im Mittelalter, Heidelberg 1986 (= Heidelberger Bibliotheksschriften, Nr. 25). Über alle Aspekte mittelalterlicher Handschriften unterrichten anschaulich zwei Publikationen von Otto Mazal: Buchkunst der Romanik, Graz 1978, und: Buchkunst der Gotik, Graz 1975 – jeweils mit zahlreichen instruktiven Abbildungen.

Wie die Räume mittelalterlicher Klosterbibliotheken tatsächlich ausgesehen haben, beschreiben Edgar Lehmann, Die Bibliotheksräume der deutschen Klöster im Mittelalter, Berlin 1957 (= Deutsche Akademie der Wissenschaften zu Berlin. Schriften zur Kunstgeschichte, H. 2), und James F. O'Gorman, The Architecture of the Monastic Library in Italy, 1300–1600. Catalogue with Introductory Essay, New York 1972 (= Monographs on Archaeology and the Fine Arts, Bd. 25). Lehrreich ist der Vergleich mit den Bibliotheken der Bettelorden, worüber K. W. Humphreys, The Book Provisions of the Mediaeval Friars, 1215–1400, Amsterdam 1964 (= Studies in the History of Libraries and Librarianship, Bd. 1) handelt. Zu den Bibliothekskatalogen siehe allgemein Albert Derolez, Les catalogues de bibliothèques, Turnhout 1979 (= Typologie des sources du moyen âge occidental, fasc. 31). Ein berühmtes Beispiel, nämlich die Bibliothek der Zisterzienser von Clairvaux und deren Kataloge, liegt in einer neueren Darstellung mit Edition vor: La bibliothèque de l'abbaye de Clairvaux du XIIe au XVIIe siècle, Bd. 1: Catalogues et répertoires. Hrsg. v. André Vernet und Jean-

François Genest, Paris 1979 (= Documents, Etudes et Répertoires, hrsg. v. Institut de Recherche et d'Histoire des Textes).

Zur Buchmalerei in den Codices des Mittelalters gibt es mehrere neue Überblicke und Einführungen, beispielsweise Franz Unterkircher, Die Buchmalerei. Entwicklung – Technik – Eigenart, Wien und München 1974, Janet Backhouse, The Illuminated Manuscript, Oxford 1979, Robert G. Calkins, Illuminated Books of the Middle Ages, London 1983, und Otto Pächt, Buchmalerei des Mittelalters. Eine Einführung, München 1984. Aus der Spezialliteratur zu den Drolerien und Babouins des Spätmittelalters nenne ich lediglich die Darstellungen von Horst W. Janson, Apes and Ape Lore in the Middle Ages and the Renaissance, London 1952 (=Studies of the Warburg Institute, Bd. 20), Lilian M. C. Randall, Images in the Margins of Gothic Manuscripts, Berkeley, Calif. 1966 (= California Studies in the History of Art, Bd. 4), und John Block Friedman, The Monstrous Races in Medieval Art and Thought, Cambridge, Mass. 1981. Auf Illustrationen der Geheimen Offenbarung in der mittelalterlichen Buchmalerei geht Frits van der Meer ein: Apokalypse. Die Visionen des Johannes in der europäischen Kunst. Aus dem Niederländ. von Frans Stoks, Freiburg i. Br. 1978.

Zum literaturgeschichtlichen Hintergrund, der Rezeption antiker Werke im europäischen Mittelalter und zu den Übersetzungen aus dem Griechischen und Arabischen ins Lateinische, vgl. die Zusammenfassung bei Leighton D. Reynolds und Nigel G. Wilson, Scribes and Scholars. A Guide to the Transmission of Greek and Latin Literature, 2. Aufl., Oxford 1974, sowie die Aufsätze von D. C. Lindberg, The Transmission of Greek and Arabic Learning to the West, in: Science in the Middle Ages, hrsg. v. Daniel C. Lindberg, Chicago 1978, S. 52–90, und Marie-Therèse d'Alverny, Translations and Translators, in: Renaissance and Renewal in the Twelfth Century, hrsg. v. Robert L. Benson und Giles Constable, Oxford 1982, S. 421–462. Zur Bildungs- und Schulgeschichte siehe die Beiträge im Sammelband ›Schulen und Studium im sozialen Wandel des hohen und späten Mittelalters‹, hrsg. v. Johannes Fried, Sigmaringen 1986 (= Vorträge und Forschungen, Bd. 30) und die hier angegebene, weiterführende Sekundärliteratur.

Literaturhinweise zu anderen, in diesem Essay angeschnittenen Themen und Fragen können leicht zu eigenen Bibliographien ausufern. Erwähnt seien deshalb nur einige wenige Titel zu Aspekten wie Castel del Monte und Castel Ursino als mögliche Anregungen für das Aedificium, zum Labyrinth in der Architektur und Kunst des Mittelalters und zur Erfindung der Brille an der Wende des 13. und 14. Jh. Vgl. also dazu Heinz Götze, Castel del Monte. Gestalt und Symbol der Architektur Friedrichs II., München 1986, Paolo Santarcangeli, Il libro dei laborinti. Storia di un mito e di un simbolo, Florenz 1967 (2., erw. Aufl.: Le livre des labyrinthes. Histoire d'un mythe et d'un symbole, Paris 1974), und Hermann Kern, Labyrinthe. Erscheinungsformen und Deutungen. 5000 Jahre Gegenwart eines Urbilds, München 1982, bzw. Gerhard Kühn und Wolfgang Roos, Sieben Jahrhunderte Brille, München 1968 (= Deutsches Museum. Abh. und Berichte, 36. 1968, H. 3), und Edward Rosen, The Invention of Eyeglasses, in: Journal of the History of Medicine 11 (1956) 13–46 und 183–218.

Die zuerst 1941 erschienene Erzählung ›La biblioteca de Babel‹ von Jorge Luis Borges findet sich im Originaltext in Bd. 5 der ›Obras completas‹: ›Ficciones‹. In der Übersetzung von Karl August Horst und Gisbert Haefs zuletzt nachgedruckt in dem Auswahlbändchen Jorge Luis Borges, Die zwei Labyrinthe. Lesebuch, München 1986, S. 54–63: ›Die Bibliothek von Babel‹.

DER PHILOSOPH ALS DETEKTIV

William von Baskerville, Zeichendeuter und Spurensucher, und sein 'alter Freund' Wilhelm von Ockham in Umberto Ecos Roman ›Der Name der Rose‹

Von Jürgen Miethke

„Ursprünglich sollte Ockham selber mein Detektiv sein, aber dann habe ich darauf verzichtet, denn als Mensch ist mir der 'Inceptor Venerabilis' nicht besonders sympathisch." In seinen ›Postillen‹, der ›Nachschrift‹ zu seinem Roman, hat Umberto Eco uns, wenn auch betont beiseite gesprochen, über die Hauptfigur seiner Erzählung Auskunft gegeben (S. 35). Daß es ein Detektiv sein mußte, und möglichst ein Engländer, das freilich stand offenbar schon lange vor der endgültigen Wahl der Figur fest (S. 34). Damit ist auch die Herkunft des Namens unseres Helden implizit erklärt: Ockham lieferte seinen Vornamen; der andere Namensteil wurde, so wird klar, dem Kriminalroman ›The Hound of the Baskervilles‹ entlehnt, jenem Buch von 1902, in dem Sherlock Holmes eine fröhliche und erfolgreiche Wiederkehr auf die Bühne des literarischen Lebens hatte feiern können, nachdem er von Arthur Conan Doyle 1887 zum ersten Mal an die Arbeit gesetzt worden war, um in einem 1893 erschienenen Buch im Zweikampf mit dem verbrecherischen Professor Moriarty unter mysteriösen Umständen ums Leben gebracht zu werden. Auch schon der Leser des ›Namens der Rose‹ selbst aber hatte merken können, daß William von Baskerville sich auf beide, auf den englischen Franziskaner des 14. Jh. und auf den Prototyp des Detektivs als der Schlüsselfigur des Kriminalromans der neueren Literatur bezieht und beziehen soll.

Freilich bemüht sich Eco darum, seinen Helden von dieser Herkunft auch in gewisser Weise zu emanzipieren. Die nur verdeckte Abstammung von Sherlock Holmes freilich bedarf keiner offenen Distanzierung, zumal unser William sich ja ein volles Siebentagewerk hindurch bemüht, dem Vorbild seines Meisters nachzuwandeln, indem er scheußlichen Verbrechen nachspürt. Von Wilhelm von Ockham aber nimmt William allein dadurch Abstand, daß er ihn unter seine zahlreichen Bekannten zählt, und zwar unter jene, die im Verlauf der figurenreichen Erzählung nicht persönlich auftauchen, aber doch evoziert werden. Wie auf seinen verehrten Lehrer (S. 86) Roger Bacon († 1290) oder auf den

Pariser Artistenmagister (S. 35) Johannes Buridan († 1358/1361), so kann sich William von Baskerville auch auf Ockham berufen, und das nicht nur als auf eine Gestalt der damaligen Zeitgeschichte, sondern in der Vertrautheit persönlicher Verbindung: „Ich hatte in Oxford zu viele Diskussionen geführt mit meinem alten Freund William von Ockham, der nun in Avignon ist“ (S. 263), sagt William selbst zu Ubertino von Casale; und an anderer Stelle (S. 379–381) wird klar, daß Williams Beziehung zu Ockham nicht bloße Erinnerung ist. Der Detektiv weiß nämlich bereits Bescheid über die neuesten Gerüchte zu Papst Johannes XXII., die „Ockham [...] mir geschrieben“ hatte (nach denen der Papst seine berüchtigten Sonderlehren über die selige Gottesschau der abgeschiedenen Seelen bereits so früh, schon im Laufe des Jahres 1327 – und nicht erst, wie wir bisher zu wissen glaubten, erst seit 1331 – vertreten haben soll). Jedenfalls ist durch diese Beziehung und den offenbar brandaktuellen Briefwechsel dafür gesorgt, daß der Leser die beiden Figuren klar zu unterscheiden vermag.

William von Baskerville ist darüber auch mit einem Lebenslauf ausgestattet, der bei aller generischen Ähnlichkeit mit der Vita seines Zeitgenossen und Ordensbruders Ockham genügend spezifische Differenzen aufweist, um flüchtige Verwechslung auszuschließen. Unser Held steht zum Zeitpunkt seiner Verbrecherjagd im Appeninkloster im Anfang seines sechsten Lebensjahrzehnts. Damit scheint er um knapp zehn Jahre älter als Ockham, denn die ereignisreiche Woche in der Benediktinerabtei, deren Zeuge wir in dem Roman werden, ist auf November 1327 datiert. Ockham aber ist (wenn unsere Rechnungen nicht trügen) um das Jahr 1285 geboren. Während Ockham vor seinem Aufbruch aus Oxford nach Avignon zur päpstlichen Kurie im Sommer des Jahres 1324 sich offenbar immer in England aufgehalten hatte, in London, in Reading vielleicht, und ganz gewiß in Oxford, blickt Baskerville auf ein sehr viel bewegteres Leben zurück. Achtzehn Jahre zuvor, also etwa 1309, hat er das Amt eines Inquisitors, das er nicht nur in England, sondern auch in Italien geübt hatte, aufgegeben (S. 41 ff., S. 77 ff., S. 82). „Mir schwand der Mut“, so erklärt er im Roman seinen spektakulären Schritt wiederum dem greisen Ubertino, „die Schwächen der Übeltäter zu untersuchen, als ich entdeckte, daß sie auch die Schwächen der Heiligen sind.“

Die abgebrochene Laufbahn eines Ketzerverfolgers hatte William dann ersetzt durch ein Studium in Oxford, wo er vor allem Naturphilosophie betrieben haben will – ein recht bizarrer, wenn auch nicht ganz unmöglicher Zug in seiner Biographie, die auch in der Abfolge ihrer Stationen als ziemlich ungewöhnlich für einen englischen Franziskaner des frühen 14. Jh. gelten darf, da üblicherweise das Studium der 'Artes' in der Jugend und am Beginn jeder Hochschulkarriere erfolgte, erst recht bei den Bettelordensgelehrten. Danach hat Baskerville, wie er berichtet (S. 83), wir erfahren nicht, wo das geschah, Marsilius von Padua kennengelernt und war „so“ in jene Franziskanergruppe geraten, „die den Kaiser berät“. Jetzt, im November 1327, ist er mit seinem benediktinischen Adlatus Adso (– ich ziehe diese Namensform der italienischen Fassung hier der deutschen Übersetzungsgleichung 'Adson' vor, die diese Veränderung offenbar vornahm, um den jungen Mann noch weiter an Mr. Watson anzugleichen –) im Auftrag dieses Kreises in ungenau charakterisierter diplomatischer Mission unterwegs, um ein Treffen vorzubereiten, das offenbar so etwas wie einen Waffenstillstand im 'Theoretischen Armutsstreit' herbeiführen sollte, in jener Auseinandersetzung zwischen Papst Johannes XXII. und dem Franziskanerorden, der seit 1321/1322 vor allem an der Kurie in Avignon um die Lebensformen und das Selbstverständnis der Jünger des Heiligen Franziskus tobte.

Ohne Frage ist Baskerville auch hiermit Ockham um einige Jahre voraus: Wenngleich Ockham im 'Theoretischen Armutsstreit' schließlich eine für seine spätere politische Theorie grundlegende Selbstfestlegung getroffen hat, wenn er später dann aus seiner franziskanischen Parteinahme im Streit gegen den Papst und gegen dessen Helfer und Berater den archimedischen Punkt gewonnen hat, der es ihm erlaubte, das ganze System papaler Herrschaftsansprüche an und über die Christenheit einer unerbittlichen Kritik zu unterziehen, so wurde ihm das alles doch – nach seinem eigenen Zeugnis von 1334 – erst nach dem Eintreffen des Ordensgenerals Michael von Cesena in Avignon wirklich klar. Michael aber trifft, unserer Erzählung zufolge, seine Entscheidung, nach Avignon zu gehen endgültig erst just in jener Woche der Beratungen und Verhandlungen, von denen uns der Roman Kenntnis geben will. In Avignon eingetroffen ist Michael unseres Wissens am 1. Dezember 1327. Ockham hat Marsilius von Padua erst spät, sicherlich nicht vor 1328, kennengelernt, erst als sie sich beide in Pisa im Gefolge Ludwigs des Bayern fanden, auf dessen Schutz sie angewiesen blieben und um dessen Gehör sie künftig beide zu kämpfen hatten. Erfahrungen mit der Inquisition schließlich scheint Ockham persönlich auch nicht gemacht zu haben, schon gar nicht als – wie immer wohltuend objektiver – Inquisitor (der „noch nie einen Menschen verbrannt“ hat, S. 161); denn seinen eigenen Prozeß führt er vor einer vom Papst eingesetzten Untersuchungskommission von Theologen, nicht vor einem Inquisitionstribunal. Ob er freilich ein milder Richter gewesen wäre, steht dahin – die Strafen, die er für den seiner Auffassung nach häretischen Papst ersinnt, geben dafür zumindest keinerlei Fingerzeig.

Ohne Frage, William von Baskerville ist als eine Figur eigenen Rechts und eigener Statur gewollt. Adso selbst hat das schon im ›Prolog‹ seines Berichtes unterstrichen, wenn er sich (S. 26) darüber wundert, wie William in der Zeit seiner detektivischen Bemühungen „so großes Vertrauen in seinen Freund Ockham setzen und zugleich immerfort auf die Worte Bacons schwören konnte. Wahrlich, es waren finstere Zeiten, in denen ein kluger Mann sich genötigt sah, Dinge zu denken, die zueinander in Widerspruch stehen.“[1]

In der Tat, wir Leser sollen keine Zweifel hegen, daß William ein kluger Mann ist. In aller Bescheidenheit ist ihm selbst das deutlich bewußt und wird ihm auch von allen Seiten, so von Abt Abbo, von Ubertino, selbst von Bernard Gui, und natürlich auch von Adso immer wieder ausdrücklich bescheinigt. Er enträtselt – auf den unvermeidlichen Umwegen – die Kette geheimnisvoller Verbrechen, orientiert sich im verwirrenden Labyrinth des ‘Aedificium’, entgeht berauschendem Räucherwerk, entschlüsselt den Code einer raffinierten Geheimschrift, klärt – in harter Konkurrenz mit dem bornierten Amtsträger der offiziellen Inquisition – den Fall, oder richtiger die Fälle auf, ohne daß es ihm freilich vom Autor gestattet wäre, dadurch die beruhigende Ordnung der Dinge wiederherzustellen, da die kleine Welt seiner Bemühungen im Augenblick der Wahrheit in einem apokalyptischen Inferno untergeht.

Adso hat uns, was er mit seinem verehrten Meister in jenen sieben Tagen alles erlebt und ermittelt hat, so lebendig, ausführlich und so spannend aufgeschrieben, daß hier darüber weiter nicht die Rede sein soll. Ein Blick auf die vielbewunderte Technik des Berichts aber scheint lohnend. Die relative Präzision in der Rekonstruktion der fiktiven Welt des frühen 14. Jh. wird dadurch unterstrichen, daß der Verfasser sein Apenninkloster nicht nur mit einer großen Zahl von identifizierbaren Figuren des 14. Jh. bevölkert, er nimmt auch in den Text eine Fülle von mehr oder weniger bekannten Zitaten und Textsplittern mittelalterlicher Autoren auf. Dabei erlaubt sich Eco eine breite Variation in der Weise, wie er solche größeren und kleineren Stücke in seine Erzählung einmontiert. Wie die alte und reiche Abtei in ihrem baulichen Schmuck ihm mehrfach die Gelegenheit zu hinreißenden Schilderungen romanischer Architektur und plastischer Ausstattung gibt, so räumen ihm auch die reichen Schätze der gewaltigen Bibliothek mehrfach die Möglichkeit ein, entlegene Quellen ausführlich und ausdrücklich anzuführen, wie die anonyme Chronik des bischöflichen Ketzerkreuzzuges gegen die Apostelbrüder des Fra Dolcino, die (S. 297 ff.) eingerückt wird, als Adso ihrer im Skriptorium habhaft werden kann. Anderwärts rezitieren die Romanfiguren authentische Texte als Zitate ebenso wörtlich, so führt der blinde Jorge von Burgos die Polemik des Bernhard von Clairvaux gegen die

Baukunst der Cluniacenser (S. 107f.) unter Nennung des berühmten Namens ins Feld, wie Jorge überhaupt in besonders hohem Maße auch sonst unausdrücklich Texte aus unterschiedlicher Zeit in seine eigenen Reden einbringt. Doch auch den anderen Romanfiguren unterläuft solches immer wieder. Der 'mediale' Adso rückt einen in Italien und für die frühe Geschichte des toskanischen Dialekts wichtigen Bericht über die Florentiner Verbrennung des Fra Michele (S. 299ff.) in ausführlichen Auszügen als eigene Erinnerung ein, oder wandelt die von William von Baskerville dann auch prompt identifizierte ›Cena‹ Ps. Cyprians als eigenen Traum ab (S. 543ff.).

Es wäre durchaus reizvoll, diese Entlehnungen im einzelnen zu verfolgen und herauszuschälen – und es widerspräche auch der erklärten Absicht des Autors nicht, der doch mit seinen Lesern bewußt ein Versteckspiel treiben möchte. Diese sollen nämlich die authentischen Zitate ja durchaus wiedererkennen. Diese ironische Distanzierung von seiner eigenen Erzählung benutzt Eco als Ermöglichung eines Erzählens überhaupt, wie er in den ›Postillen‹ angemerkt hat (S. 79), und er proklamiert exakt dieses Verfahren als Vollzug der 'Postmoderne'.

Eine literaturwissenschaftliche Durchleuchtung dieses Vorgehens und eine Bewertung des damit erhobenen Anspruches dürfen wir kompetenterem Urteil überlassen. Jedenfalls kann eine Lektüre dank diesem Verfahren dem 'Kenner' der mittelalterlichen Geschichte und dem naiven Leser zugleich Vergnügen machen. Der Roman zeigt sich von vornherein doppelbödig, weckt Assoziationen und will sie wecken, zeigt authentische historische Materialien vor und läßt doch den Spannungsbogen des komplexen Kriminalfalles jederzeit zu seinem Recht kommen. So kann der Autor auch jene Leser für sich einnehmen, die die zerklüftete Oberfläche nur als glatte Haut wahrnehmen. Daß es dem Verfasser gelingt, das Ganze nicht als bloßes Pasticcio aus fremden Entlehnungen zusammenzuflicken, sondern im wesentlichen zu einer geschlossenen Welt zusammenzufügen, macht nicht zuletzt den Reiz des Buches aus und dürfte für den immensen Erfolg mitverantwortlich sein.

Problematisch wird es nur, wo die Suggestion der Erzählung dem Mißverständnis Vorschub leistet, die Welt des Romans sei mit der mittelalterlichen Lebenswelt identisch, könne, grob gesagt, als authentisches Abbild der Welt von 1327 genommen werden. Hier werden die Bedenken des Spezialisten einsetzen, der die vielen großen und kleinen Verzerrungen und Schiefheiten bemerkt, die in Gewichtung und Beleuchtung trotz all der authentischen Splitter naturgemäß vorkommen.

Daß das Bild des Mittelalters, wie es hier gezeichnet wird, weder naiv 'authentisch' sein kann, noch auch seinen Entwurf den Maßstäben kritischer wissenschaftlicher Rekonstruktion aus den Quellen verdankt, ist natürlich von vornherein klar. Es ist auch nicht sinnvoll, jeden Einzelzug der Erzählung mit den Ergebnissen der historischen Forschung zu konfrontieren, das müßte beckmesserisch und hilflos klingen und brächte auch wenig Gewinn. Von vornherein ist es deutlich, daß allein die überbreite chronologische Streuung der aufgenommenen Texte Probleme in sich birgt, da auch die stillschweigende Voraussetzung, daß wir immer wieder in historischen Situationen auf die Gleichzeitigkeit des Ungleichzeitigen treffen, nicht alle Spannungen tilgt und hier eben Texte ganz unterschiedlicher Zeitstellung und Lebenswirklichkeit nicht ohne Bruch- und Nahtstellen zu einem Kontext fügen kann. Solche 'unhistoristische' (um nicht zu sagen unhistorische) Vermischung kombiniert Texte nach mittelalterlich-dialektisch-ästhetischen Gesichtspunkten und muß Zeugnisse ganz unterschiedlichen Zeithorizontes auf eine einheitliche Ebene der Geltung heben.

Ob bei dem geschilderten Verfahren nicht doch letztlich die mittelalterlichen Autoren allzu unkontrolliert als bloßer Steinbruch verwendet werden, wobei Farbe, Geschmack und ursprüngliche Struktur des Baumaterials doch im Verlaufe des Zusammenfügens allzu leicht Schaden nehmen? Die fiktive Welt des 'Siebentagewerks' von Ecos Roman kann für sich selber stehen, muß nicht mit der des 14. Jh. identisch sein, auch wenn der Autor seine Welt auf das Jahr 1327 datiert hat. Doch machen die verwendeten Versatzstücke mit ihrer Evokation von Authentizität die kritische Frage unvermeidlich, ob diese Quellen jeweils in ihrem eigenen Anspruch ernst genommen sind, ob sie auf anderes deuten als auf die fiktive Welt des etwas verschlafenen Apenninklosters der Einbildungskraft Umberto Ecos, ob sie für die mittelalterliche Welt selber einstehen können. Es geht dabei nicht um Besserwisserei, denn jedem Leser eines Romans steht es frei, der Fiktion des Autors seine eigene Phantasie entgegenzusetzen, oder sie durch Abwandlungen weiterzuentwickeln. Allenfalls kann es sich darum handeln, auf offensichtliche 'Eigenheiten' der fiktiven Welt hinzuweisen, auf Züge, die sich eben in der angezielten Zeit so nicht finden.

Das wäre Stoff für einen langen und fast unendlichen Disput, der sich zudem in sehr vielgestaltige Einzeldebatten, je nach dem Interesse und den Erfahrungen des einzelnen Lesers, teilen müßte. Hier möchte ich dieses Gespräch nur an einem Punkt aufnehmen, der jene evidente Nähe des William von Baskerville zu Wilhelm von Ockham betrifft, in einer Überlegung zur Erkenntnistheorie und Wissenschaftslehre, und damit zu einer Frage, die zumindest für Ockham zentrale Interessen berührt.

William von Baskerville hütet sich davor, die scharfsinnigen Texte Ockhams zu einer Analyse unserer Erkenntnisse wörtlich zu zitieren.

Ihre technische Sprache, ihre präzise Gedankenführung und ihre abstrakte Darlegung machen sie für einen Romandialog gewiß nicht sehr passend. Die langen Gespräche und vielfältigen Diskussionen mit seinem „alten Freund“ haben 1327 aber offenbar schon recht weit zurückgelegen, müssen wohl auch sehr kontrovers gewesen sein. William von Baskerville vertritt nämlich Positionen, die allenfalls in der philosophiehistorischen Handbuchliteratur Ockham oder dem Ockhamismus zugerechnet werden, die aber die authentische Meinung des 'Venerabilis Inceptor' verfehlen. Die intuitive Erkenntnis des Einzeldings (in der deutschen Übersetzung als „Intuition des Individuellen“, S. 261 f., oder als „individuelle Intuition“, S. 263, präsentiert) soll nach William von Baskerville jede Gesetzeserkenntnis dem skeptischen Zweifel anheim geben, und, insbesondere wegen der Unvollständigkeit jeder Induktion, die Gewißheit des Kausalgesetzes brüchig erscheinen lassen. Für Ockham hatte die 'notitia intuitiva' eine ganz andere Funktion. Im Anschluß an seinen älteren Zeitgenossen und Ordensbruder Johannes Duns Scotus, der diese Begriffe bereits energisch ausgearbeitet hatte, und in ständiger Auseinandersetzung mit ihm und seinen Schülern sieht Ockham in der 'notitia intuitiva intellectiva', der intuitiven Erkenntnis des Intellekts, jenen Akt, durch den der Mensch sich über die reale Gegenwart eines Objekts versichern kann, während er bei Akten der abstraktiven Erkenntnis unangesehen der Frage urteilt, ob das Objekt wirklich existiert oder nicht.

Die intuitive Erkenntnis dient primär nicht der Erkenntnis der Individualität der Gegenstände, sondern dem Urteil über ihre Existenz – daß die Dinge in Ockhams Universum individuell sind und nur individuell sein können, ist eine Voraussetzung, eine Urerfahrung Ockhams gleichsam, die nicht in einer eigenen Erkenntnisart abgesichert wird. Die kontingenten Sätze „Diese Rose ist rot“ oder (um Ockhams eigenes Beispiel zu nehmen) „Diese Wand ist weiß“, sind als Aussagen über gegenwärtige Objekte nur dann wahr, wenn über die Begriffe von 'Rose', 'Wand', 'rot' und 'weiß' hinaus der Intellekt sich der realen Existenz seiner Gegenstände versichern kann. Das geschieht eben vermittels der 'notitia intuitiva intellectiva', die sich nicht durch ihren Gegenstand, sondern allein durch ihre Erkenntnisfunktion von der abstraktiven Erkenntnis unterscheidet.

Gewiß sichert die intuitive Erkenntnis die Sicherheit und Realitätsbezogenheit unserer Begriffe und die Wahrheit kontingenter Urteile, mit der Frage der Kausalität und der Gesetzeserkenntnis hat das aber gar nichts zu tun. „Ganz streng genommen ist eine Ursache ein gegebenes Ding, das von dem verursachten Ding real unterschieden ist oder unterschieden sein kann“ (so sagt Ockham in seinem Kommentar zur aristotelischen Physik, Expositio in libros Physicorum, I 1, Opera philosophica, IV [1985], S. 18). Eine – im aristotelischen Sinne verstandene – Kausalwirkung übt insbesondere die 'causa efficiens' aus, die nur als aktuell gegenwärtige ihre Wirkung tun kann. Gewiß, die Erkenntnis von solchen kausalen Wirkungen setzt die Erkenntnis der Ursache und die Erkenntnis des Bewirkten zugleich voraus, niemals kann man allein aufgrund einer Analyse der Ursachen auch die Wirkungen voll bestimmen, so meint Ockham (vgl. II Sent., q. 12–13, Opera theologica, V [1981], S. 309). Aber einen metaphysischen Zweifel am Kausalprinzip wird man in seiner Erkenntnistheorie nicht finden.

In der Tat ist Ockham freilich der Meinung, daß uns eine absolute Gewißheit der Kausalanalyse bei natürlichen, und d. h. geschaffenen, kreatürlichen Gegenständen unmöglich ist, wie er in einer seiner frühesten Schriften, der ›Reportatio‹ zum zweiten Sentenzenbuch, schreibt: „Es kann nicht im strikten Sinne bewiesen werden, daß irgendeine Wirkung von einer natürlichen Ursache ausgeht, denn wenn auch immer auf die Annäherung des Feuers an einen brennbaren Stoff die Verbrennung folgt, so kann doch daneben die Aussage Bestand haben, daß das Feuer nicht die Ursache der Verbrennung ist. Denn Gott konnte es so einrichten, daß immer bei der Gegenwart von Feuer und angenähertem Brennstoff er selbst allein die Verbrennung verursachen wollte, so wie er es eingerichtet hat bei der Kirche, daß bei dem Aussprechen bestimmter Worte [des Sakraments der Taufe oder des Abendmahls] seine Gnade in der Seele gewirkt wird. Daher kann durch keine Wirkung streng bewiesen werden, daß jemand ein Mensch sei, besonders nicht durch eine Wirkung, die in uns sichtbar wird, weil alles was wir an einem Menschen sehen, ein verkörperter Engel tun kann, also essen, trinken usf., wie es im Tobiasbuch von dem Engel offenbar berichtet wird. Deshalb ist es nicht verwunderlich, daß nicht [im strengen Sinne] beweisbar ist, daß irgend etwas Ursache (von etwas anderem) ist" (II Sent., q. 3–4, Opera theologica, V [1981], S. 27 f.).

Hat Ockham mit dieser Aussage nicht doch die Kausalwirkung radikal bestritten? Er hat, genaugenommen, gemeint, niemand könne eine Wirkung ganz eindeutig und ewig gültig für alle Fälle auf eine Ursache zurückführen, weil Gott stets unmittelbar Wirkungen hervorrufen kann, die in die natürliche Kette der 'causae secundae' eingehen, weil Gott durch die von ihm selbst geschaffenen Gesetze (die aber als solche durchaus existieren) nicht selber gehalten ist. Diese theologische Skepsis den 'Naturgesetzen' gegenüber ist nicht identisch, so scheint mir, mit jener Skepsis, wie sie William von Baskerville vertritt: „Der bloße Gedanke, es könne so etwas wie allgemeine Gesetze und eine feste Ordnung der Dinge geben, impliziert bereits, daß Gott ihr Gefangener wäre

– Gott, der doch so absolut frei ist, daß die ganze Welt, wenn er nur wollte und durch einen einzigen Akt seines Willens anders wäre“ (S. 264). Gewiß, die Möglichkeit, daß Gott die Welt hätte anders einrichten können und daß er darüber hinaus von Ewigkeit her beschlossen haben kann, in seiner Freiheit der Welt noch in Zukunft eine andere Richtung zu geben, macht eine absolut sichere Erkenntnis der Ursachenverknüpfung für die geschaffene Welt unmöglich. Nicht aber wird dadurch die Erkenntnis überhaupt und erst recht nicht für eine praktische Hinsicht unmöglich gemacht, denn Ockham selbst hat (etwa in seiner ›Logik‹) die Einsicht formuliert: „Wir sind von dem Wahrscheinlichen bisweilen ebenso überzeugt wie von dem mit strikter Evidenz Erkannten“ („ita aliquando adhaeremus probabilibus sicut evidenter notis“, Summa Logicae, III. 1. 1, Opera philosophica I [1978], S. 360).

Ockham zweifelt nicht daran, daß man nach Ursachen fragen dürfe, ja müsse. Er leugnet nur die absolute Gültigkeit erkannter Kausalverbindungen für alle möglichen Welten und bei Wunderwirkungen, die er beide Gottes Freiheit offenhalten möchte und muß. Das scheint mir doch von der Haltung des William von Baskerville recht deutlich unterschieden.

Daß Ockham es ablehnt, mit Johannes Duns Scotus und dessen Schülern die Relationen als gegebene, von den Dingen distinkte existierende Größen zu akzeptieren, das begründet für ihn jedenfalls keinerlei Zweifel an der Gültigkeit der universalen Ordnung der Welt. Das Argument, daß die Bewegung meines Fingers eine unendliche Zahl von neuen Wesenheiten im Universum hervorrufen müsse (S. 264), findet sich wirklich bei Ockham (Quodlibet VII 8, Opera theologica, IX [1978], S. 728²). Es soll bei ihm jedoch jene ‘realistische’ Auffassung von Ordnungsbezügen schulgerecht ad absurdum führen, die in Relationsbegriffen mehr gegeben sieht als mehrere ‘res absolutae’ zusammengenommen, oder einen Begriff von mehreren Einzeldingen (vgl. auch I Sent., d. 30 q. 1, Opera theologica, IV [1979], S. 314). Das allein kann für Ockham die Erkenntnis von realen Beziehungen und ihrer Gesetzlichkeit jedoch keineswegs zweifelhaft machen. Meinen Finger bewege ich schließlich, und wenn ich ihn bewege, füllt sich das Universum gerade nicht mit unendlich vielen neuen Realitäten. Vielmehr läßt sich etwa prinzipiell jede neue Entfernung zu jedem anderen Ding nunmehr ausmessen, so man es möchte; aber Existenz hatte allein mein Finger in seiner alten und hat sie jetzt in seiner neuen Position, sowie die Dinge, von denen er entfernt ist.

In demselben Zusammenhang hat Ockham das ganz deutlich gemacht: Wenn die Relation zwischen den Dingen ein loslösbares selbständiges Sein besäße, dann wäre sie jedenfalls überflüssig, denn jedes

Ding, das für sich besteht, kann Gott vernichten, ohne ein einziges anderes Ding zugleich vernichten zu müssen. „Wenn denn also jener [real existierende] Bezug [der Dinge untereinander] vernichtet würde, den man Ordnung des Weltalls nennt, dann wäre doch das Weltall immer noch so angeordnet wie jetzt, sofern die Teile des Alls unzerstört und unverändert an ihrem Ort blieben", was ja die Voraussetzung war – ergo ist der Bezug kein Ding möglicher Selbständigkeit (Quodlibet VII 8, a.a.O., S. 728; vgl. auch Quaestiones in libros Physicorum Aristotelis, q. 8, Opera philosophica VI [1984], S. 414). Es geht demnach nicht um die Unsicherheit der Erkenntnismöglichkeit von Beziehungen oder von der Ordnung der Dinge, es geht allein darum, hier wie auch anderwärts in dem weitläufigen Gebäude von Ockhams Schriften, daß außer den Einzeldingen und ihren Qualitäten nichts zusätzlich als existierend gedacht werden muß, um alle Phänomene der Erscheinungswelt hinreichend erklären und verifizieren zu können.

Ockham ist also weit von der Skepsis seines Freundes William von Baskerville entfernt, der sich noch zusätzlich durch die These verunsichern läßt, daß „die Wissenschaft es mit Aussagen, Sätzen und Begriffen zu tun" habe, „und die Begriffe bezeichnen einzelne Dinge [...]. Doch um die Richtigkeit [eines Satzes] glauben zu können, muß ich annehmen, daß es allgemeine Gesetze gibt, von denen ich aber nicht sprechen kann, denn der bloße Gedanke, es könnte so etwas wie allgemeine Gesetze und eine feste Ordnung der Dinge geben, impliziert bereits, daß Gott ihr Gefangener wäre – Gott, der doch so absolut frei ist, daß die ganze Welt, wenn er nur wollte und durch einen einzigen Akt seines Willens, anders wäre"[3] (S. 264). Gewiß, der 'Venerabilis Inceptor' will Gottes Freiheit nicht antasten, wie übrigens auch andere Naturphilosophen der terministischen Richtung im Oxford und Paris seiner Zeit. Aber er würde nicht in Zweifel ziehen, daß es einen 'communis cursus naturae' gibt, der auch erkennbar bleibt.

Daß die (aristotelisch verstandene) Wissenschaft nur als Wissenschaft von 'termini', d.h. von Urteilsgliedern, denkbar ist, die im Urteil für die Gegenstände eintreten ('supponieren'), das hat nun wirklich nichts mit einer Verunsicherung des Wissens zu tun. Ockham kann ausführlich, u.a. in seinem Sentenzenkommentar und seiner Physikvorlesung (I Sent., d. 2 q. 4, Opera theologica, II [1970], S. 122ff., 134f.; Expositio physicorum, Prol., Opera philosophica IV [1985], S. 10ff.) über die 'scientia realis' handeln, über die Wissenschaft von der realen Welt, was unter ihr zu verstehen und was mit ihr zu erreichen sei.

Ockham hätte gewiß den Stoßseufzer Williams von Baskerville für unverständlich gehalten, wenn dieser äußert (S. 406): „... die wahre Wissenschaft darf sich nicht mit Ideen begnügen, die eben nur Zeichen sind, sondern muß die Dinge in ihrer einzigartigen Wahrheit zu fassen suchen. Und darum würde ich gern von diesem Abdruck eines Abdrucks immer weiter zurückgehen bis zu jenem leibhaftigen Einhorn, das am Anfang der Kette steht." Denn Ockham hatte nicht nur eine ganz andere Auffassung von einer „Idee": nach ihm ist sie keineswegs, wie Baskerville will, „ein Zeichen der Dinge, und das Bild ist ein Zeichen der Idee, also das Zeichen eines Zeichens" (S. 406). Ockham versteht 'idea' viel spezifischer, als einen konnotativen Begriff nämlich, der zugleich einen Gegenstand und den Akt seiner Erkenntnis bezeichnet (I Sent., d. 35 q. 5, Opera theologica IV, S. 485). Er hat diesen Begriff daher auch konsequent in jenem Bereich belassen, den seine Tradition ihm darbot, wenn er ihn vor allem auf Gott den Schöpfer anwandte, nicht primär auf die menschliche Erkenntnis. Ein Wunsch, zu den Dingen selber vorzustoßen über die Begriffe zurück, wäre Ockham nicht einsichtig gewesen, da man näher bei den Sachen nicht sein kann als in wahren Urteilen, in Sätzen aus Urteilsgliedern, die für die Dinge supponieren.

Es scheint mir nicht angebracht, den Vergleich der unausgeführten und eher im Vorbeigehen und im Disput entwickelten Ansätze zu einer Erkenntnislehre des William von Baskerville mit Ockhams ausgearbeiteter theoretischen Philosophie weiter zu vergleichen. Es ist wohl deutlich, daß beide, bei allen Berührungspunkten im einzelnen letztlich zwei verschiedenen Welten angehören. Die Begriffslehre und Wissenschaftsauffassung des Exinquisitors und Detektivs jedenfalls überspringt geradezu Ockhams fundamentale Annahmen. Ob damit nicht doch ein falsches Bild vom 14. Jh. suggeriert wird? Gewiß hat geschichtlich das späte Mittelalter der naturwissenschaftlichen Revolution des 16. Jh. vorgearbeitet. Auf einem verschlungenen Weg ist auch Ockham unzweifelhaft ein Vorläufer dieses Denkens geworden. Die abkürzende Schnellstraße, die hier angedeutet wird, hat es aber gewiß nicht gegeben.

Ist schon Ockhams Philosophie nicht ohne starke Verbiegungen in dem Apennin-Kloster gegenwärtig gewesen, so sind auch die Informationen über den 'Theoretischen Armutsstreit', die franziskanische Frage und ihren Stand im November 1327 nicht ohne Irritationen, die freilich hier nicht ausgebreitet werden sollen. Nur im Vorübergehen sei vermerkt, daß trotz des Einsatzes von authentischen Versatzstücken auch hier die historische Situation nicht erreicht wird. Michael von Cesena als Ordensgeneral ist niemals, auch nicht bei der Formulierung der franziskanischen Ordensposition auf dem Generalkapitel von Perugia, auf den Gedanken gekommen, sich die Ideen der von ihm von Beginn seines Generalats an verfolgten und bekämpften Fraticellen zu eigen zu machen (S. 371). Sein Versuch zu einer engen Kooperation mit Kurie und Papst war keineswegs ein ungewisses Schwanken, sondern das konsequente

Verfolgen einer Linie, die sich von Bonaventura und Papst Nikolaus III. herleitete, die freilich in Johannes XXII. keinen willigen Partner mehr fand. Es kann nicht deutlich genug unterstrichen werden, daß Michael von Cesena, Bonagratia von Bergamo, Wilhelm von Ockham, Heinrich von Thalheim, Franz von Ascoli, und wie sie alle hießen, keineswegs als 'Fraticellen' ihren Dissens mit der Kurie führten, wenn auch später im 14. Jh. Anhänger ihrer Richtung in die Fraticellenbewegung eingemündet sein mögen, wie sie auf der anderen Seite auch der Observanzbewegung im Franziskanerorden des 15. Jh. vorgearbeitet haben. Die Parteiungen der ersten Jahrzehnte des 14. Jh. im Franziskanerorden jedenfalls und ihre wechselseitigen Fronten zeichneten andere Muster, als sie im Roman erkennbar werden.

Das einzeln auseinanderzusetzen, wäre mühsam und brächte nur wenig Erkenntnisgewinn. Den Lesespaß unmittelbarer Anteilnahme an der fiktiven Welt der Erzählung kann und soll solches Nachrechnen nicht behindern, vielmehr kann es sich durchaus verbinden mit der ausdrücklichen Empfehlung des Buches an diejenigen, die eine erste Einführung in die uns fremd gewordene Welt des späteren Mittelalters suchen. Einen Philosophen freilich als Detektiv hat es damals, entgegen der Suggestion des Buches, nicht gegeben. Weder Ockham (noch auch, wie angezeigt sei, Roger Bacon) sind geeignet, als Sherlock Holmes der Wissenschaftsgeschichte zu figurieren. Mit der historischen Lebenswelt des 14. Jh., seinen theoretischen Einsichten und politischen Kämpfen hat die Fiktion nur eine gewisse Ähnlichkeit erreicht, nirgendwo Identität. Doch war das die Absicht des Buches?

Anmerkungen

1 „... cose in contraddizione tra loro" heißt es im Italienischen (S. 26). Daher verändere ich den Wortlaut der deutschen Fassung.

2 „... aliter sequitur quod per motum digiti mei replerem de novo totum universum, puta caelum et terram, naturam corporalem et spiritualem, novis accidentibus .."

3 „... mentre Dio è cosa così assolutamente libera che, si volesse, e di un solo atto della sua volontà, il mondo sarebbe altrimenti" (S. 210).

Literaturhinweis

Hier ist weder eine Auseinandersetzung mit der schon beinahe uferlosen Literatur über Umberto Ecos Roman, noch eine solche mit der Literatur zu Wilhelm von Ockham beabsichtigt. Den Roman zitiere ich nach der deutschen Fassung von Burkhart Kroeber: Umberto Eco, Der Name der Rose, München/Wien 1982, die ich bisweilen mit der italienischen Ausgabe: Il nome della rosa, Milano 1980, verglichen habe. Zitiert habe ich weiterhin Umberto Eco, Nachschrift zum 'Namen der Rose', deutsch von Burkhart Kroeber, München 1984 (Postille a 'Il nome della rosa', Milano 1983). Nützlich ist die Sammlung von Ockham-Texten von L. Baudry, Lexique philosophique de Guillaume d'Ockham, Etude des notions fondamentales, Paris 1958. Die zitierten Werkausgaben Ockhams finden sich alle in: Guillelmi de Ockham Opera philosophica et theologica, Editiones Instituti Franciscani Universitatis Bonaventurianae, St. Bonaventure, N.Y., Opera theologica (1967ff.), bzw. Opera philosophica (1974ff.). Meine eigene Auffassung habe ich ausführlich dargelegt in: Ockhams Weg zur Sozialphilosophie, Berlin 1969. Eine gut gelungene Auswahl von Ockhamtexten (mit deutscher Übersetzung) bringt das Reclam-Bändchen: Wilhelm von Ockham, Texte zur Theorie der Erkenntnis und der Wissenschaft, lat./dt., hrsg. v. R. Imbach, Stuttgart 1984.

UMBERTO ECOS OFFENES MITTELALTER
Meditationen über die Historik des Romans

Von PETER VON MOOS

Diremo con blasfematoria
modernità ... (U. Eco, Beato 23).

1. Mediävistische und gewöhnliche Lesarten

Der Erfolg des Mittelalter-Romans ›Il nome della rosa‹ hat viele Mediävisten, die sich um die Publizität ihres Fachs sorgen, begeistert. So pries der renommierte Boccaccio-Forscher V. Branca das Buch schon mit der verräterisch apologetischen Überschrift: ›Così il Medioevo viene riabilitato‹ (›Corriere della sera‹ 1. 6. 81), oder der Präsident der altehrwürdigen Monumenta Germaniae Historica, H. Fuhrmann, feierte Ecos authentisches Mittelalter in der ersten Begeisterung, als handle es sich um ein Sachbuch, vergleichbar mit Klassikern der Wissenschaftsprosa oder der Populärwissenschaft wie J. Huizingas ›Herbst des Mittelalters‹ oder B. Tuchmans ›Der ferne Spiegel‹ (Bayerischer Rundfunk, Febr. 1983; sein Beitrag in diesem Band betont demgegenüber heute andere Gesichtspunkte). Der Nichtmediävist könnte freilich einwenden, 'Rehabilitierung' und Popularität des Mittelalters seien wie immer segensreiche Folgen, aber nicht der Hauptsinn des Romans; sonst müßte man auch ›Amadeus‹ nur deshalb loben, weil dadurch der Jugend Mozart nähergebracht werde. Darauf könnte der (als Trittbrettfahrer des Medienerfolgs ertappte) Mittelalterforscher sich immerhin mit einigen Gedanken rechtfertigen, die G. Duby[1] im Erscheinungsjahr des Romans G. Lardreau gegenüber geäußert hatte (55, 58): Die Forschungsliteratur über das Mittelalter sei seit dem späten 19. Jh., insbesondere unter dem Einfluß deutscher Erudition immer langweiliger, fußnotenreicher und unlesbarer geworden, habe das Publikum, das noch den Weltruhm eines Michelet getragen hatte, zusehends vor den Kopf gestoßen; darum gehöre es heute zur moralischen Verantwortung der Mediävisten, wieder mit literarischen Mitteln auf die wirklichen Informationsbedürfnisse der Leser einzugehen, ohne dabei allerdings der Versuchung zu erliegen, „ein bißchen mit der Geschichte zu spielen". Es ist sicher nicht das einzige, aber auch nicht das kleinste Verdienst U. Ecos, daß er als

Kenner und Liebhaber des Mittelalters tat, was die meisten Spezialisten, die vom Mittelalter leben (der Schreibende eingeschlossen), nicht getan hatten: Er brachte mediävistisches Wissen aus den Mausoleen der Fußnotengelehrsamkeit an die frische Luft und unter die Leute. Auf der anderen Seite hat er freilich nicht nur „ein bißchen", sondern viel „mit der Geschichte gespielt". Es wird eine Hauptfrage dieses Beitrags sein, inwiefern und warum dieses Spiel, die literarische Geschichtsfiktion, dennoch die Einsicht ins Mittelalter fördern kann.[2]

›Der Name der Rose‹ hat über die weltweite direkte und indirekte Wirkung auf Leser und andere 'Konsumenten' hinaus auch eine gewaltige literaturkritische Produktion in Gang gebracht, die jährlich zunimmt und bereits den Grad der 'Tertiärliteratur' erreicht hat. Von den zahlreichen debattierten Fragen hat sich jedenfalls eine der wichtigsten allein schon statistisch von selbst erledigt: Das Meinungsspektrum läßt keinen Zweifel mehr daran zu, daß das Buch eine 'opera aperta' ist, ein mehrdeutiger Text, der über die Absicht des Autors hinaus immer neue Diskussionen oder divergierende Lesarten ('unendliche Semiosen') erzeugt und das seine eigene Widerlegung gleichsam in sich trägt (vgl. Beato 23, zur Apokalypse). Eine andere Frage mag weiterhin strittig bleiben: Ob der Roman auch ein 'sich nicht verbrauchendes', 'offenes Kunstwerk', ein Klassiker, sei, und nicht, wie böse Zungen sagen, ein gebasteltes, konstruiertes, 'computerisiertes' Machwerk. Viele Schattierungen des Offenheitsbegriffs sind innerhalb einer Skala möglich, die von der halb kommerziellen, halb 'postmodernen' Ansicht des Goetheschen Theaterdirektors: „Wer vieles bringt, wird manchem etwas bringen; / und jeder geht zufrieden aus dem Haus" (Faust, Vorspiel 97f.) zu dem Enkomion auf den „ersten Artifex der spanischen Literatur" reicht, mit dem J.L. Borges den typischen Klassiker als Meister der Intertextualität rühmt: „Wie Joyce, wie Goethe, wie Shakespeare, wie Dante, wie kein anderer Schriftsteller ist Francisco de Quevedo nicht so sehr ein Mensch als eine ausgebreitete und vielseitige Literatur". – „Das dauerhafte Werk ist stets ... alles für alle, wie der Apostel" (Essays II 53, 98).

Offenes Mach- oder Kunstwerk? Eco selbst würde diese im Mittelalter unvorstellbare, seit dem 19. Jh. selbstverständliche Unterscheidung sicher ablehnen. Wie das mittelalterliche Werk nicht 'Ausdruck', sondern 'Konstruktion', 'Handwerk', 'Bastelei' und Beweis des 'savoir faire' war (Problema 199, 257ff.; Gott u. Welt 29ff.), so ist die 'Chronik Adsos von Melk' als 'opus varium' (als bunter Cento voller 'Purpurlappen' aus Wissenschaft, Literatur und Unterhaltung) ein ästhetischer Rückgriff aufs Mittelalter, mit dem die klassizistisch-romantische Kluft zwischen dem 'Seher' und dem 'Ingenieur', dem Dichter und dem Experten, dem 'Priester' und dem 'Gaukler' überbrückt und insofern die

Kulturindustrie (als Folge dieser Trennung) von innen heraus zersetzt werden soll (Gott u. Welt 154f.; Ferretti 54ff.).

Wie immer dem sei, literarische Wertungsfragen sind nicht Sache des Mediävisten. Doch wofür ist er hier eigentlich zuständig? Eine Vorüberlegung zur sinnvollen Nutzung der Fachkompetenz drängt sich trotz oder gerade wegen der sich zusehends etablierenden Spezialforschung über Mittelalter-Rezeption auf. (In diese Abteilung gehört auch die vorliegende Publikation, das erste vorwiegend mediävistische Buch in der überreichen ›Nome-della-rosa‹-Bibliographie.) Rezeptionsforschung ist das Gegenteil von Quellenforschung. Ihr Schwerpunkt liegt bei den Empfängern der Vergangenheitsbearbeitung. Ein heutiger Mittelalter-Roman ist wie jedes Stück Literatur primär Gegenstand der Gegenwartsforschung und nur hilfswissenschaftlich – als Dialog mit dem Mittelalter – auch der Mittelalterforschung. An diesen 'Schusterleisten' sollte sich gelegentlich eine neue Freizeit- und Paramediävistik zum 19. und 20. Jh. erinnern lassen.

Bleiben wir jedoch bei den eigentlich mediävistischen Möglichkeiten: Die meisten der bisherigen Beiträge zum ›Namen der Rose‹ richten sich entweder auf die philologische Entschlüsselung der zahlreichen Zitate und Reminiszenzen oder auf die historische Überprüfung der Einzelinformationen über das Mittelalter. Viele der dabei gewonnenen Ergebnisse sind von unbestreitbarem Nutzen. Sie können eines Tages in den Apparat einer kommentierten Werkedition eingehen und dort dem von allen Konversationslexika verlassenen Leser viel Kopfzerbrechen ersparen. Dennoch wird im folgenden keine weitere 'enarratio' oder Glossierung (frei übersetzt: Zerpflückung einer Erzählung durch Wissensausbreitung) angestrebt. Nach den Spielregeln der Intertextualität soll der Leser gerade Zitate erraten, ebenso wie er nach denen des Kriminalromans den Täter suchen soll. Wer die Lösung vorzeitig ausplaudert, ist in beidem ein Spielverderber. Eco hat „im Vertrauen auf die Reife des Lesers“ (Sette anni 139) ein Hauptprinzip alteuropäischer Literarästhetik, das Bildungsvergnügen an der kunstvoll errichteten Leseschwierigkeit und am allmählichen, stets unvollständigen Erraten kultureller Anspielungen erneuert und auf eine allgemeine, durchaus menschenfreundliche Weise vom Ruf snobistischer Exklusivität befreit (N 59, 76ff.); ob eine gutgemeinte, didaktisch-gelehrte 'Rosenentschlüsselungs'-Literatur noch menschenfreundlicher sei, bleibe dahingestellt.[3]

Die zweite Möglichkeit, als Mediävist über den Roman zu schreiben, besteht in dem Versuch, Personen und Handlungen zu identifizieren, authentisches Mittelalter aus Fiktionen und Anachronismen herauszuschälen. Dies ist zweifellos sinnvoll, sofern der Respekt vor der Gattung

Roman und der literarischen Absicht des Autors gewahrt bleibt. Die professionelle Gewohnheit, wissenschaftliche Bücher zu rezensieren, hat allerdings schon Kritiker dazu verleitet, von zutreffenden Vergleichen der Romanfiguren mit mittelalterlichen Persönlichkeiten (Jorges mit Bernhard von Clairvaux, Abbos mit Suger von St-Denis, Wilhelms mit Ockham und Roger Bacon u. dgl.) unmerklich hinüberzugleiten zu ebenso gelehrten wie naiven Beanstandungen der unhistorischen Charakterzeichnung eben dieser historischen Gestalten (als hätte Eco dieselben biographisch darstellen wollen), ja zu Generalabrechnungen mit dem tendenziösen – scholastikfreundlichen, skeptisch-nominalistischen, monastik- und spiritualitätsfeindlichen – Mittelalterbild des Romans (als hätte Eco ein ausgewogenes kirchen- und theologiegeschichtliches Handbuch schreiben wollen). Die Einfalt solcher Kritik liegt vor allem in der Vernachlässigung dessen, was Eco metaphorisch 'virgolettatura' (explizites oder implizites Anführungszeichensetzen) nennt und durch die absolute Herrschaft des Kontexts über das Angeführte kennzeichnet (Specchi 134ff.). Ganze Bücher, die derartige 'Anführungen' darstellen, werden bei Verkennung ihres indirekten, häufig ironischen Charakters völlig unverständlich. ›Tristram Shandy‹ etwa ist nur als Romanverballhornung zu verstehen. Im ›Namen der Rose‹ ist entsprechend grundsätzlich die literarische Absicht wichtiger als das Mittelalter, und mediävistische Anachronismenprüfung hat nur dann einen Sinn, wenn sie der Erhellung dieser Absicht dient.

Auch für den Mediävisten gibt es keinen anderen Zugang zum Werk als die gewöhnliche Lektüre; auch er muß den 'Lese-Vertrag' mit dem Autor annehmen (Specchi 136) und sich dem Buch ohne literaturfremde Hintergedanken überlassen. Sollte er beim Lesen ein „Gemisch von Vergnügen und Bestürzung" (Schlette 136) empfinden und sich als Opfer eines 'doctor diabolicus' fühlen, so erleidet er nur eine von vielen eingeplanten Wirkungen des Werks, über die sich nachzudenken lohnt (N 59). Vielleicht aufgrund der Quintilianstelle: „docti rationem [artis] intelligunt, indocti voluptatem" („Gebildete erkennen die Methode, Ungebildete den Reiz der Kunst"; Inst. IX 4.116 zit. in: Problema 217) hat Eco zwei Lesertypen: den 'naiven' und den 'kritischen' Leser, unterschieden. Der naive Leser läßt sich von der Handlung einnehmen und wird durch passiven Lustgewinn eine 'Beute' der Autorstrategie. Im Roman wird seine Rolle durch den implizierten Leser 'Eco' auf seiner Reise von Prag nach Salzburg verkörpert: Dieser Ich-Erzähler hat Adsos Manuskript mit solcher Spannung und freudiger Erregung, ja vielleicht mit einer Art 'Verliebtheit' verschlungen („me ne lasciai assorbire ...; innamoramento"), daß er darob – eine plausible Vermutung – seine Begleiterin vergaß, diese ihn (aus Eifersucht?) zusammen mit dem 'obscur objet de désir' verließ und er (vielleicht darum) das Buch nicht zurückzuverlangen wagte (11f./K 7f.).

Der kritische Leser ist nicht Opfer, sondern Entdecker der Autorstrategie; er empfindet wie Adso (der zweite 'lector in fabula') als aktiv mitarbeitender Komplize „Freude über den eigenen Scharfsinn" (33f./K 36) und entwickelt sich allmählich zum Idealleser ('lettore modello'), den der Autor beim Schreiben auch vorgesehen, ja „erschaffen" hat (N 56ff.; Specchi 106ff., 123). Der 'Musterleser' wäre fähig, die zur Diskussion gestellten, unausformulierten, mehrdeutigen, vielfältigen (aber nicht zahllosen oder unbegrenzten) Botschaften aufzugreifen und auf seine Weise (aber nicht beliebig) weiterzudenken, das Werk in eigener Verantwortung zu 'vollenden', indem er sich frei in die 'offene' (aber nicht unbestimmte, sondern vom Autor so und nicht anders gewollte) Welt einfügt.[4] Daß dieser ideale Leser sich nicht damit begnügt, intertextuelle Bezüge zu erraten, sondern den wesentlichen Botschaften zum Leben verhilft, zeigt im Roman selbst beinahe allegorisch die Entschlüsselung der Apokalypsen-Inschrift: Die biblische 'Quelle' ist nicht das Problem, sondern die geheime Ordnung, auf die diese Satzfragmente verweisen (175/K 217).

Diese Leser-Theorie wurde verständlicherweise immer wieder auf die zwei Stufen des Romans und die dazu passenden Leserschichten: auf den trivialen, 'geschlossenen' Kriminalroman und den Durchschnittsleser einerseits, auf die intertextuelle, 'offene', philosophische Geschichtsparabel und den gebildeten Leser andererseits bezogen. Auch wenn dieses Leserklassensystem als durchlässig gilt – der 'suspense' dient als Bildungsanreiz wie das Predigtmärlein der Bettelmönche als Erbauungsköder (140/K 172) –, so sollte es doch nicht zu starr auf bestimmte Gattungen bezogen werden. Der Leser kann auf allen Ebenen des Romans den Aufstieg vom naiven zum kritischen Leser verweigern oder wagen. Wer nur lernbegierig historische Sachinformationen darin sucht, bleibt nicht weniger als der 'Krimi-Fan' auf der 'niedrigen' (den Erfolg des Romans im übrigen wesentlich tragenden) Verbrauchsstufe; wer die vielfältigen intertextuellen Beziehungen zur Welt des Kriminalromans und zur Logik des Indizienparadigmas entdeckt, kann sich nicht weniger als der belletristisch oder philosophisch interessierte 'Mitvollzieher' des mehrschichtigen Werks in den 'Musterleser' verwandeln.

Die Offenheitsprobe auf die Möglichkeiten des Werks und auf die eigene Leserkompetenz bildet die mehrfache Lektüre (vgl. N 17; Specchi 112 zur 'rilettura'). F. Bondy sagte mit charmanter Bosheit: „Der Name der Rose ist wundervolle Lektüre – für ein Mal." Für meinen Teil bin ich der Anweisung nicht gefolgt und habe das Buch mehr als einmal gelesen. Ich kam jedesmal auf neue Lesarten und bedauere, daß ich sie hier aus Platzgründen nicht alle mitteilen kann. Jedenfalls gab mir meine letzte Lektüre (abgesehen von den notwendig langweiliger werdenden 'Sachbuch'-Passagen über die Geschichte des 14. Jh.) fast immer mehr Anregung und Vergnügen als die erste. Dieser Eindruck ist vorweg kurz zu erklären, und zwar weder privatistisch noch wissenschaftlich, sondern aus mediävistischer Subjektivität heraus.

Wenn jedes Buch eine Mischung ist aus Vergessen und Erinnern dessen, was ein Autor erfahren oder gelesen hat, so können sich tendenziell unendliche Gedächtnissegmente aus diesem 'mixtum compositum' mit denen der jeweiligen Leser berühren. Im Zentrum der Überschneidung meiner Anamnese mit der des Autors steht nicht zufällig die Tradition des Mittelalters mit allem, was sie im Guten oder Bösen heute bedeuten kann. Der Roman wirkt zwar, autobiographisch betrachtet, geradezu spröde, und doch könnte er gerade deshalb von einer Aposiopese her gelesen werden. (Eco nannte diese Kunstform ein rhetorisches 'Megaphon' durch Verschweigen.) Ich habe mich jedenfalls stets gefragt, von welchen „zahllosen und uralten Obsessionen" sich der Autor durch dieses Buch „befreien" wollte (15/K 12). Allmählich stieß ich auf die scherzhafte Bemerkung in der ›Nachschrift‹ (21), er habe „den Drang verspürt, einen Mönch zu vergiften", auf eine Interview-Antwort, er sei ein „Apostat und Glaubensverweigerer" (›De Tijd‹ 25.5.84, 17), auf eine Nebenbemerkung über die „katholische Erziehung, die schon so viele Terroristen erzeugt hat" (Sette anni 12) und den ernsthaften Einleitungssatz zu einer Arbeit über Thomas von Aquin: er habe „mit der thomistischen Metaphysik und der religiösen Perspektive abgerechnet", doch dies sei ihm gerade nur durch ein vertieftes Thomas-Studium gelungen (Problema 6). Diese Andeutungen ließen sympathetische Parallelen zu Conan Doyle und Joyce vorstellen und einen weiteren Fall schöpferischer Auf-Hebung des spezifisch katholischen Erbes vermuten (vgl. auch Anthony Burgess 185 f.). Unter dieser Annahme erschien das Buch als Ergebnis einer abgeschlossenen Ablösung und Trauerarbeit, als reife Integration dieser Form abendländischer und persönlicher Kindheit. „Ich bin für die Forschung geboren worden, indem ich symbolische Wälder durchstreifte" (Beato 165). Daraus erklärt sich vielleicht auch die merkwürdige, scheinbar widersprüchliche Zweifrontenstellung Ecos gegen alle protestantischen, humanistischen, aufklärerischen Abwertungen des 'finsteren Mittelalters' und gegen nachtridentinische, neothomistische, romantische, ontologische und 'hermeneutische' Hypostasierungen eines 'ewigen Mittelalters'. Zwei Metaphern zeigen schön die Paradoxie des Romans: Die christliche Übernahme heidnischen Kulturguts „tamquam ab iniustis possessoribus" (95/K 116 nach Augustin, Doctr. chr. II 40. 60) wird darin strukturell wiederholt und inhaltlich umgekehrt zur modernen Übernahme mittelalterlicher Kultur, und diese 'gerettete' Vergangenheit wird gepflegt und geordnet „wie der Nachlaß eines geliebten Verstorbenen“ (Problema 6).

Meine eigenen Leseerfahrungen mit dem Buch lassen sich nach Ecos zwei Phasen der passiven und der aktiven Lektüre etwa so umschreiben: Zuerst nahm mich William von Baskerville als Held des Aufklärens und der Aufklärung gefangen. Er erschien als mittelalterlicher Inbegriff rationaler Tugenden (intellektueller Klarheit, Redlichkeit, Klugheit, Toleranz usw.), als eine Synthese aller schon immer bewunderter Selbstdenker von Abaelard zu Ockham. Daß diese Vollkommenheit wie Zeuxis' Helena eine Konstruktion aus ausgewählten Einzelzügen darstellt, nahm ich so wenig wahr, wie andere naive Leser die Konstruktion des Sherlock Holmes realisieren. Der Roman erleichterte mich: Die kritische Rationalität und das tatsächliche Chaos des Mittelalters sind also nicht in den letzten gelehrten Schlupfwinkel verbannte, sondern öffentlich darstellbare und weithin Interesse erregende Themen. – Als ich nach ein paar Jahren, selbst ein anderer geworden, zum zweiten Mal in den Fluß stieg, war die Lektüre überschattet vom Meinungsstreit über das massenkulturelle Buch- und Filmereignis. Der Frankfurter Schule nahestehende Intellektuelle sahen in dieser Betriebsamkeit die verdiente Strafe für eine im Werk selbst angelegte triviale, 'gegenaufklärerische' Tendenz, während am anderen politischen Ende gerade Mediävisten Ecos Ruhm zu mehren glaubten, indem sie darin schöne Bestätigung ihrer öffentlich ohnehin unangefochtenen 'dreams of order' sahen. So las ich das Buch mit gebührender Skepsis und war erstaunt, meinen ersten William nicht wiederzuerkennen. Ich fand vielmehr einen durchaus widersprüchlichen Helden. Bei all seinen lobenswerten Eigenschaften und Absichten erschien er nun als ein eher dilettantischer Detektiv, ein optimistisch verblendeter Spezialist (dem die Fahndung wichtiger ist als der Täter), ein kompromißbereiter Diplomat. Vor allem aber zeigt die Handlung, die er voranzutreiben scheint, ihn zuletzt doch als ihr Opfer: am Ziel seiner Suche und als deren Folge geht das gesuchte Objekt und eine ganze Kulturwelt in Flammen auf. Schließlich, da er die Absurdität oder 'List' der Geschichte selbst einsieht und (auch nach der 'Dialektik der Aufklärung') die Hoffnung nicht begräbt, steht er als donquichotteskes Bild intellektueller Ohnmacht da. Umgekehrt gewann bei der zweiten Lektüre Adso von Melk dank seiner Doppelstellung als unerfahrener Jüngling und reifer Erzähler erst seine Tiefendimension. Er ist nicht nur der 'mittlere Held' des Bildungsromans und der implizierte Semiotikschüler, sondern auch der implizierte Historiker, der das Geschehene nochmals überdenkt, vor allem aber ein Metaphysiker und Metasemiotiker, der in der Erkundung der mystischen und sozialen Bewegungen seiner Zeit ebenso wie in der wortreichen Wiedergabe seiner sprachlosen Liebeserfahrung und in der abschließenden Vergänglichkeitsbetrachtung zur Negation aller Unterschiede gelangt, sprechend die Grenzen der Sprache, die Unmöglichkeit der Wirklichkeitsrepräsentation (Barthes 30) entdeckt und zuletzt in aporetischem Schweigen versinkt. „Alles begreiflich machen, durch einen der nichts begreift", sei (laut N 42) das technische Mittel gewesen, um dem naiven Leser entgegenzukommen. Daß Adso die „Ordnung der Dinge nicht ändern", sondern „nur auf Veränderung hoffen" will (230/K 292), daß er William stets ein wenig mißversteht und zuletzt „eine Flucht ins göttliche Nichts antritt", zeigt vielleicht Beschränktheit, und doch schien mir auch eine philosophischere Lesart möglich, die den änigmatischen, frei nach Wittgenstein gebildeten Ausspruch Ecos über den Roman erklären könnte: er habe „in reifem Alter" herausgefunden, „daß man über das, worüber man nicht theoretisieren kann, erzählen" müsse (Klappentext der 1. ital. Ausgabe).

Diese zwei als Abfolge persönlicher Visionen beschriebenen Themenkreise – 'die Aufklärung vor der Aufklärung' und die 'via negationis' einer sowohl sinnlichen wie auch skeptischen 'Abklärung' – erscheinen gleicherweise als Gegensatz zu dem dritten (von Jorge repräsentierten) Thema: zur Unbeweglichkeit des Denkens durch 'Wahrheitsbesitz'. Es war zuerst die Absicht, diese subjektiv wahrgenommenen Aspekte zu objektivieren, doch dann erschienen (in besserer Kenntnis der Rezeption des Werks und der anderen Schriften Ecos) einige theoretische, insbesondere geschichtstheoretische (bisher kaum je erwähnte) Probleme des Romans vordringlicher. Dabei ist eine vom Autor möglicherweise nicht vorgesehene Leserrolle einzunehmen. Der Literaturwissenschaftler muß gelegentlich auch noch Ecos Stadium des 'kritischen' Lesers hinter sich lassen, um das Spiel, dessen Regeln er durchschauen soll, von außen zu betrachten und nach dem Warum und Wozu zu fragen. Der Mittellateinische Philologe gerät derart in die ungewohnte Lage, die Autorintention eines lebenden Schriftstellers mit den für Verstorbene üblichen Methoden des Textvergleichs erschließen zu müssen und dabei zu wissen, daß der Autor selbst alle seine Resultate leichtestens widerlegen könnte. Zuversichtlich stimmt dennoch Ecos Versprechen, er werde sich dem Fortleben seines literarischen Kindes gegenüber wie ein Grab verhalten, also so gut wie philologisch tot sein; ein Versprechen, das er bisher trotz harter Bewährungsproben heroisch gehalten hat (›Die Zeit‹ Nr. 45, 31. 10. 86).

2. *Kunstformen des Anachronismus*

Für den Mediävisten, der sich weder das Lesevergnügen fachidiotisch verbauen noch seiner kulturellen Leserverantwortung sich entziehen will, liegt ein Hauptproblem in der Gewichtung des intentionalen Anachronismus. Nachdem 'Geschichtsklitterungen' oder 'historisch unmögliche' Fiktionen bereits eifrig registriert worden sind (Zecchini, Sommavilla, Schlette, Renard u. a.), ist es an der Zeit, die Frage, die eigentlich hätte vorangehen müssen, zu stellen: ob das Werk ausschließlich von der Gegenwart aus zu verstehen sei (was ein historisches Urteil erübrigen würde), ob es eine Art Geschichtsschreibung mit anderen (fiktiven) Mitteln oder eine eigenartige, noch zu bestimmende Kombination aus Gegenwarts- und Vergangenheitsperspektive darstelle. Die Frage läßt sich je nach den im Roman feststellbaren Typen des Anachronismus unterschiedlich beantworten. Wir begegnen 1. dem intertextuellen, 2. dem kontinuitätsgeschichtlichen, 3. dem traditionskompensatorischen und 4. dem semiotisch/metasemiotischen Anachronismus.

2.1. Um bei der heiteren Seite zu beginnen: Die vielen als solche erkennbaren chronologischen Adynata, die das Werk durchziehen und oft unvermittelt auftauchen, bereiten dem Mediävisten ein ähnliches Vergnügen, wie es der Bibelexeget wohl beim Lesen des 'Josephsromans' empfindet. Dazu gehört schon der ganze Rahmen einer Detektivgeschichte. Das erst im 19. Jh. voll entwickelte Indizienparadigma paßt offensichtlich nicht in die Welt des 14. Jh.s, die zwar eine mit Denunziationen, Geständnissen, Autoritäten, also nur mit *Worten* arbeitende Inquisition kannte (ein Beispiel: 373ff./K 472ff.), nicht aber kriminalistisch-empirische Fahndungsmethoden. Diese Diskrepanz ist kein Versehen, sondern bewußte Collage, da Eco nicht erst 1983 als Herausgeber und Mitautor des Sammelbandes über Sherlock Holmes (mit dem grundlegenden Beitrag von C. Ginzburg über Morelli und Freud) über die Geschichte des Indizienbeweises Bescheid wußte (Eco/Sebeok 125ff., 288ff.; vgl. Specchi 167ff.; Wyss 1983a 9ff.). Im übrigen macht schon die unübersehbare Namensanalogie zwischen Ecos und Doyles Romanfiguren den nicht ganz naiven Leser von Anfang an mißtrauisch gegen die Mittelalterlichkeit dieser mittelalterlichen Chronik.

Subtiler als diese latente Ungereimtheit in der Werkstruktur sind die verstreuten Anachronismen, die wie ironisierende, verwirrende, aufmerksamkeitssteigernde Farbtupfer das Historiengemälde auflockern. Sie verhindern falsche Identifikation mit der Vergangenheit. Gleich zu Beginn (13f./K 9f.) deutet Eco als fiktiver Übersetzer mit einer Borges-Reminiszenz über die „prophetische Vision noch nicht geschriebener Bücher“ (Schick 141) die Möglichkeit des Anachronismus an und gibt danach in aller Klarheit zu bedenken, daß der Leser vor stilistischen und philologischen Verstößen auf der Hut sein müsse; denn er liest „die italienische Übersetzung" einer obskuren französisch-neugotischen Übersetzung einer lateinischen Edition des 17. Jh.s von einem in Latein geschriebenen Werk eines deutschen Mönchs des 14. Jh.s (Daß B. Kroeber seine eigene deutsche Übersetzung noch an den Anfang der Reihe von Vermittlern stellt, ist ein kongenialer Witz, gleichviel, ob damit seine eigenen nicht immer freiwilligen Anachronismen legitimiert sind.[5]) Der fiktive Übersetzer des fiktiven, höchst indirekt überlieferten Texts warnt danach ausdrücklich vor etwaigen nachmittelalterlichen Interpolationen. Sehen wir einmal ab von Ecos Prolog, einem besonders raffiniert aus echten und falschen Philologica zusammengesetzten Verwirrspiel (s. Schick 149ff.), sowie von den zahlreichen großflächigen Anleihen bei der neuzeitlichen Literatur (vgl. Giovannoli 14ff., wobei vieles allerdings nur der Phantasie der Interpreten zu verdanken ist), so finden sich im Innern der Erzählung einige unzweifelhafte Aktualisierungen: Anspielungen auf Johannes XXIII. (20/K 19), Freud (441/K 558), J.-F. Lyotard, den Vordenker der 'Postmoderne' (437/K 552), Rabelais alias Alcofribas Nasier als imaginären Verfasser eines ›Cena-Cypriani‹-Kommentars (442/K 559) oder die Reminiszenzen aus Voltaires 'Zadig'-Kapitel über das Spurensuchen, das Eco auch theoretisch analysiert hat (32f./K 35; Eco/Sebeok 288ff.), aus dem ›Cherubinischen Wandersmann‹ des Angelus Silesius I 25 (503/K 634)[6] oder aus Wittgensteins ›Tractatus‹ (6.54), ins mystische Deutsch Meister Eckharts übersetzt (495/K 625) u. a. m. In den meisten dieser Fälle besteht kein Zweifel an der Absicht des Autors, die Anachronismen als solche kenntlich zu machen, nicht nur insgeheim bestimmten nachmittelalterlichen Mustern zu folgen (wie Borges, Peirce, Doyle, Manzoni, Thomas Mann, Sciascia, Nerval, Sterne, Cervantes, Rabelais u. a.). Eco hat einmal den „semiotischen Akt" des Geschichtsromans als bewußt falsche Bezugnahme auf den Referenten „Geschichtswirklichkeit" charakterisiert, bei dem nicht Tatsachen, sondern Signifikate vermittelt werden, während die poetische Konvention (nach Coleridge) die Aufhebung der Ungläubigkeit des Lesers ermöglicht (Zeichen 174). Literarischer Humor aber könne in der „Aufhebung dieser Aufhebung" bestehen (Specchi 267). Die erwähnten kleinen Anachronismen wollen somit die Konvention nicht beseitigen, sondern als solche gerade in Erinnerung bringen und auf das Problem des falschen Referenten aufmerksam machen. Sie suspendieren die Gläubigkeit in den historischen Diskurs.

Vor allem aber gehören sie zusammen mit manch anderem gelehrtem Schalk zu der grundlegenden (m. E. faszinierend verwirklichten) Intention, eine vormoderne und vorromantische Kunstauffassung wiederzubeleben, die vom hellenistischen Abenteuerroman, den römischen 'declamationes' über die Unterhaltungsenzyklopädik des Mittelalters zum barocken Polyhistorismus auf dem manieristischen Prinzip intertextueller Variation beruht. (Bevor man zu dem modischen Terminus 'Postmoderne' greift, sollte man sich stets diese Tradition vergegenwärtigen.) Unsere zur zweiten Natur gewordene Ästhetik der reinen kreativen Subjektivität ist nicht viel älter als zweihundert Jahre und beherrscht noch (bis vor kurzem unangefochten) die verschiedensten (extratextuellen, erlebnismäßigen, formexperimentellen) Originalitäts- und Innovationsideale der Moderne. Nach Eco hat sie sich mit der 'Avantgarde' – einer ästhetischen 'Suizidgruppe' – endgültig verbraucht, aus sich selbst heraus im Nichts aufgelöst (N 76; Specchi 93ff., 136ff.); die Zukunft gehört einer intertextuellen, quasi anonymen Literatur der 'Bastelei', in der Bücher sich mit Büchern unterhalten, Zitate mit Zitaten spielen (119f./K 144; 289/K 365; Gott u. Welt 29), der Autor aber so abwesend wie möglich bleibt. Diese in der Gegenwart vor allem durch Borges erneuerte vormoderne Literaturkonzeption zeigt Eco allusiv im Vorwort, indem er dem Meister aus Buenos Aires eine kryptische (13/K 9) und einem der größten barocken Vorläufer, Athanasius Kircher, auf der gleichen Seite eine offene Reverenz erweist, am meisten aber dadurch, daß er sein Buch mit der gewollt blassen Passivkonstruktion eröffnet: ... mi fu messo tra le mani un libro." Man weiß nicht, wer ihm ein Buch in die Hände gelegt hat. „Es", „man"? Es fiel ihm einfach zu. (Vgl. auch 12/K 9: „... mi fosse capitato tra le mani un falso.")

Die Rückkehr zu älteren Formen entsubjektivierter, spielerisch-synkretistischer Kunst folgt der Devise 'nove, non nova'; nichts Neues, Altes auf neue Weise; nicht neuer Stoff, sondern neue Fügungen (Problema 208). Vorgegebene Tradition, die in eigener Weise umgebildet werden soll, heißt von der Antike bis zur frühen Neuzeit einfach 'materia' oder 'materies publica'. Eco spricht von einer „somma plurisecolare" (14/K 10). Sie besteht aus dem einer Kultur gemeinsamen Schatz an sprachlich produzierten und produzierbaren Erinnerungen und Vorstellungen, ebenso aus Schriften wie aus umlaufenden 'Geschichten' oder Mythen und gerade auch aus der eigentlichen Geschichte, d.h. aus einer von 'Texten' im engeren und weiteren Sinn gespeisten Topik (vgl. Problema 208; v. Moos, passim). So wie die parodistische ›Cena Cypriani‹, die das Personal der gesamten Heilsgeschichte um einen Tisch versammelt, und so wie Adsos Traum diese Versammlung noch mit Gestalten seiner unmittelbaren Gegenwart anreichert (428ff./K 541ff.; vgl. Parker 412ff.; v. Moos § 101), so verfuhr im wesentlichen mittelalterliche Geschichtstopik, eine Form historischen Erinnerns, die sich nicht auf die Sukzession einmaliger, unverwechselbarer, beispielloser Individuen und Taten richtet, sondern auf die Traditions- und Sprachgemeinschaft aller Memorabilien. Das Verfahren begegnet wieder in dem scherzhaften Gesellschaftsspiel der Zuordnung von Namen und Eigenschaften, das Eco kürzlich unter der Überschrift: ›Wie geht's, wie steht's?‹ feuilletonistisch bekannt gemacht hat: über hundert Antworten auf diese Frage jagen sich nach dem Muster: Ikarus: „Rauschhaft." Sokrates: „Ich weiß nicht." Lazarus: „Ich fühle mich wieder besser." Bloch: „Ich hoffe, gut." usw. (›Die Zeit‹ 47, 14. 9. 86; zu mittelalt. Analogien vgl. v. Moos § 75f.).

Voraussetzung für solche (historistisch betrachtet) respektlose Kombinatorik ist das Vertrauen in anthropologische Konstanten und „der Sinn für Gleichförmigkeiten in der Geschichte" (ebd. § 108); Haltungen, die einst sogar Historiker nicht in Verruf brachten, während sie heute (vorerst?) nur in das ästhetische Programm einer metahistorischen 'Postmoderne' zu passen scheinen (N 76; Ferretti 60f.). Auf solche Konstanzbejahung weist Eco gelegentlich hin; etwa wenn er 'typische' Figuren Dantes (wie Beatrice oder Bernhard) auf die zwischen Metonymie und Antonomasie angesiedelte rhetorische Form der 'allegoria in factis' zurückführt (Specchi 216ff.) oder wenn er in Orwells ›1984‹ eine sämtlichen Inquisitionen gemeinsame Art des Sadismus hervorhebt: die erzwungene Reue als unentbehrliche Vorstufe zur Hinrichtung, und darin ein „mythologisches" Motiv sieht, das den Leser über die Archetypen des kollektiven Unbewußten aufschrecke (Specchi 106f.). Im Roman erinnert an letzteres Beispiel das eindrückliche Verhör durch Bernhard Gui (373ff./K 472ff.). Obwohl hier der bekannte Inquisitor des 13. Jh. in die Handlung des 14. Jh. versetzt und dessen Handbuch ›Pratica inquisitionis ...‹ benützt wird, erscheint diese Gestalt (wie so manch anderer Personentypus im Roman) als Inbegriff oder Eigenschafts-Synekdoche; er ist *der* Inquisitor, wie im Mittelalter Nero *der* Tyrann, Judas *der* Verräter, Aristoteles *der* Philosoph waren. Wie Orwells Großer Bruder gehört er zu den 'mythologischen' Anachronismen atemporaler Funktionalisierbarkeit.

Eine von dem intertextuellen und geschichtstopischen Paradigma ausgehende literarische Praxis scheint auf den ersten Blick heute weder populär noch bildungsbürgerlich anerkannt zu sein, da sie mit Anspielungen auf ein breites (gelehrtes und triviales) Allgemeinwissen arbeitet, kulturelles Erbe respektlos mit Alltäglichem vermischt, keine Atmosphäre erzeugen, nicht 'Betroffenheit' ausdrücken will und keine Scheu vor dem 'déjà lu', ja dem baren Plagiat kennt. Darauf beziehen sich denn auch die meisten literaturkritischen Einwände gegen den Roman. Sie gehen auf eine herkömmliche romantische Deutungsweise zurück, nach der auch ältere manieristische Konstruktionen nur als Ansammlungen von „Schablonen“, „abgedroschenen Kunstgriffen“, „Versatzstücken“ zu bewerten wären (Bondy, Vollenweider, Zimmer, Wyss). Daß es Eco gelungen ist, dieses Bastelmodell in seinem Buch – eine „Bibliothek im Kleinen“ (502/K 633) – erfolgreich umzusetzen und damit für die Kunst des Lesens zu werben, liegt u. a. auch an der Technik des vorsätzlichen Anachronismus, die den Leser des (scheinbaren) historischen Romans in wohldosierten Abständen aus der Illusion der reinen Vergangenheit reißt, den Leser des (scheinbaren) Kriminalromans ebenso regelmäßig in die völlig gattungsfremde Welt mittelalterlicher Theoriedebatten versetzt, um den einen und den anderen herauszufordern, ihnen Anreize zu bieten, das Kulturgedächtnis anzustrengen und doch keinen überfordert oder leer ausgehen läßt, da die Verständlichkeit auch ohne Nachvollzug der intertextuellen Bezüge gewahrt bleibt. Analog zur pastoraltheologischen Parabeltheorie und der Losung: ‘pictura: laicorum litteratura’ (48/K 57; Honor. Aug., Gemm. 1.132; Problema 30ff.) bietet sich hier die Erzählung wie eine „bildhafte Oberfläche“ (sensus historicus) dem Laien je nach Kompetenz als fakultativer Einstieg zu ‘höheren’ Sinnbezügen an. Der intertextuelle Anachronismus bezieht sich somit auf den ‘öffentlichen Stoff’ aller überlieferten Zeichen; als literarische Methode ist er gerade eine mittelaltergemäße Wiederbelebung eines topischen Denkmodells: also nicht anachronistisch.

2.2. Ein anderer geschichtstheoretisch interessanter Anachronismus gibt sich weniger klar zu erkennen, gehört aber ebenfalls zur verantworteten Autorabsicht. Im Prolog fragt sich das Übersetzer-Ich, in welchem Stil Adsos Manuskript wiederzugeben sei und entscheidet sich für eine Art synchroner Koinē aus Sprach- und Zitatelementen mehrerer Jahrhunderte, da die lateinisch klerikale Kultur vom 12. zum 14. Jh. nicht das Bild der Veränderung, sondern der „Akkumulation“ zeigt (14/K 10). Dafür steht symbolisch die stabile, geschlossene (allen volkssprachlichen ‘Neuerungen’ trotzende) Bibliothekswelt des Aedificium (44/K 59f.; 130f./K 159). Adso selbst zweifelt im Laufe seiner Erzählung mehrfach an der Zuverlässigkeit seines Gedächtnisses (191/K 237; 236/K 299; 395/K 501), da es dazu neigt, Früheres und Späteres auf eine Ebene zu projizieren und zu sprachlichen Einheiten zu verschmelzen, so wie aus den Bildern ‘Gold’ und ‘Berg’ ein einziger Begriff ‘goldener Berg’ entsteht (191/K 237). In der Nachschrift erwähnt Eco, daß er sich eigentlich immer im 12. und 13. Jh. besser zu Hause gefühlt habe, die Handlung jedoch aus Plausibilitätsgründen ins 14. Jh. verlegen mußte (N 34f.). In Anbetracht der zahlreichen Bezüge auf Literatur und Geschichte des Hochmittelalters ist aus alledem eine Rechtfertigung für die Zusammenschau der mittelalterlichen Zeiten vor dem terminus ante quem der mutmaßlichen Redaktion Adsos (2. Hälfte 14. Jh.) herauszulesen. Historiker könnten das Verfahren leicht mit sozial- und kulturgeschichtlichen Argumenten legitimieren, die gleicherweise auch Synchronisierungen zwischen Mittelalter und Neuzeit verständlich machen würden. Nicht nur nach der bekannten Theorie der ›Annales‹-Schule von der 'longue durée' oder dem entwicklungsgeschichtlichen Schnekkentempo des sog. Feudalzeitalters dauerte das Mittelalter „fast 300 Jahre über die Zeit, die man schulmäßig sein Ende nennt, fort". (Vgl. Nipperdey 21ff.; eine überaus anregende Systematisierung der mittelalterlichen Strukturen, „die gerade die Neuzeitlichkeit der Neuzeit bedingen".)

Die Vorstellung des langsamen, fast stillstehenden Prozesses der Kultur kann auch Ecos Ausspruch (N 88f.) erklären, er habe in der historischen Fiktion nur das historisch Mögliche, im Mittelalter Sagbare erfinden wollen und dabei – obwohl dies für den Historiker ein Widerspruch ist (vgl. unten S. 157ff.) – auch die Folgen von Tatsachen, die Wirkungen von Worten in die ursprüngliche Ereignissituation des Mittelalters eingebunden oder zurückgeblendet. Analog zu Adso, der die zwei Perspektiven der damaligen Handlung und alles dessen, was danach das Gedächtnis bis zum Schreibakt belastet, nicht mehr einwandfrei auseinanderhalten kann (20/K 18), verhält sich der heutige Mittelalterbetrachter aus der Gegenwartsperspektive des Nachgeborenen heraus, überschaut mehr oder weniger deutlich eine vom Schicksal abgeschlossene Entwicklung, deren genaue Chronologie hinter dem überwältigenden Eindruck des konsistenten Kontinuums zurücktritt. Im Grunde behandelt Eco das Mittelalter auch geschichtstheoretisch nach dem Modell des 'offenen Texts': Alles, was die Urheber angestiftet, nicht unbedingt gewollt und vorausgesehen haben, macht ihr 'Werk' aus und kann ihnen, als hätten sie es beabsichtigt, post festum romanhaft zugeschrieben werden. Dieser Begriff der Offenheit ist allerdings auf die Historie nur bedingt anwendbar. (Er erinnert hier eher an den Trugschluß 'post hoc, ergo propter hoc'.) Eco scheint aber gerade in diesem Punkt auf seine 'poetische Lizenz' pochen zu wollen: Unter 'historisch möglichen' Fiktionen versteht er weniger die aus horizontaler Epochensicht denkbaren Alternativen oder Ergänzungen zur 'wirklichen' Geschichte als die auf die Vertikale entwicklungsgeschichtlicher Notwendigkeit zugeschnittenen Wahrscheinlichkeiten. Akzeptiert man seine Filiationen, etwa die Linie von 'Restauratoren' wie Bernhard von Clairvaux, Wilhelm von St. Amour, Etienne Tempier, Joseph de Maistre, Kardinal Ratzinger (Gott u. Welt 284), so werden Kunstfiguren wie Jorge von Burgos plausibel. Werden Abaelard als Vorläufer und Peirce als Nachfolger Wilhelms von Ockham unter Beimischung von Elementen aus der 'Innovatoren'-Galerie von Aristoteles, Augustinus, Roger Bacon, Thomas von Aquin, Marsilius von Padua, John Locke, Diderot und Voltaire synthetisch in William von Baskerville vereint, so entsteht ein durchaus vertretbares Phantasiemodell für eine bestimmte sprachphilosophische Entwicklung (wenn auch kaum eine im 14. Jh. besonders wahrscheinliche Gestalt). Solche Verschiebungen und Raffungen auf der Achse der tatsächlichen Geschichtsprozesse entsprechen der üblichen wissenschaftlichen Traditionsforschung mit ihren Quellen- und Einflußstudien und strukturalen Systematisierungen. Die Fiktion konzentriert im Grunde nur die diachronen Resultate zu synchronen Bildern.

Der Historiker, der die Spielregel des kontinuitätsgeschichtlichen Anachronismus akzeptiert, wird sich nicht unnötig bei 'Geschichtsklitterungen' aufhalten; er könnte aber nach den Motiven dieser Privilegierung, ja poetischen Stilisierung der historischen Notwendigkeit fragen. Das Problem läßt sich nicht aus dem unter Philosophen und Ideenhistorikern verbreiteten 'alltäglichen Hegelianismus' erklären. Eco hat sich nirgends zur teleologischen Geschichtskonzeption bekannt, die den Grundprinzipien seiner Semiotik vielmehr zuwiderläuft. Im Roman selbst äußert er sich nur ironisch zum „Sinn der Geschichte", der theoretisch als eine „Sinngebung" durch kulturellen Konsens, also als eine semiotische Konstruktion gilt. Heilsgeschichtlich-chiliastische Strukturierungsversuche im Wirrwar der Ereignisse, wie sie der greise Alinardus prophetisch unternimmt, bieten der Erzählung ein logisches Einteilungsraster, bilden aber in der Handlung nur ein zusätzliches Unheilspotential (da Jorge die Weissagung strategisch ausnützt und manipuliert) und führen den zeichenkundigen Fahnder in die Irre. Williams falsche apokalyptische Semiose im Mikrokosmos des Klosters läßt sich auch als ein Gleichnis für voreilige Prognosen mit weltgeschichtlichen Notwendigkeiten lesen (vgl. Beato 75 ff. von Joachim von Fiore zu Marx). Doch diese implizite Kritik richtet sich gegen prophetische Extrapolationen, nicht gegen die lineare Geschichtsdeutung an sich. Hierzu sind metasprachliche Bemerkungen zur Erzählform und Dramaturgie der 'kleinen Geschichte' in der Abtei des Verbrechens aufschlußreich. Auffällig ist die wiederholte Ablehnung eines 'Plans' oder 'geheimen Ratschlusses': Adso bekennt sich gleich zu Beginn (19/K 17) zur trocken chronikalischen Erzählweise und traut sich keine eigene Sinngebung zu, da er keinen Telos der Handlung zu erkennen vermag (obwohl er natürlich schon hier den schrecklichen Ausgang des ganzen 'corso nel abisso' kennt), und am Ende, auf dem 'ultimo folio' der Chronik (die Übersetzung 'Epilog' zerstört die kodikologische Nuance) blickt er fassungslos auf ein Durcheinander zufälliger und sinnloser Ereignisse zurück, in denen er außer „der natürlichen Abfolge" keinen Handlungsfaden zu entdecken vermag (503/K 634). Diese Stellen sind nicht nur deshalb ironisch, weil Eco dem „nichts begreifenden" Adso über die Schultern blickt und auf das manieristische 'Potpourri' seines Romans anspielt, sondern auch, weil sie das übliche historiographische Dilemma ad absurdum führen: den Versuch, ex post so zu schreiben, als könne sich der Schreibende einfach in die Vergangenheit zurückzaubern und doch gleichzeitig von einem höheren, weil späteren Standpunkt aus alles ordnend überblicken. Adso zeigt diese Unmöglichkeit des historischen Diskurses in vielen Schattierungen, am emotionellsten wohl in dem Bericht über seine Liebesnacht, den er mit Heloises berühmtem Gewissenskonflikt einleitet, d. h. mit dem autobiographischen Problem, wie man von heute aus bereuen und gleichzeitig von damals aus reden könne, ohne Lust zu empfinden (246/K 313), wobei er eine Lösung im Wechsel vom äußeren zum inneren Auge des Gedächtnisses zu finden glaubt. Eco hat einmal ganz ähnlich auf die paradoxe Lage des brieflichen Berichterstatters Plinius d. J. hingewiesen, der Tacitus die letzten Augenblicke des Naturforschers Plinius d. Ä. im Aschenregen des Vesuv zu schildern hatte und dabei „wie ein Leuchtturm" zwischen der sog. objektiven Perspektive der erzählten Zeit zur gegenwärtigen Erzählperspektive hin und her fokussieren mußte (Specchi 180ff., 194). Darin liegt auch eine Absage an die Illusionen der 'historischen Schule' des 19. Jh.s und vielleicht eine Erklärung dafür, daß Eco der reinen Vergangenheitsschau (unter Suspendierung der Folgen bis zur Gegenwart) so wenig abzugewinnen vermag. Es könnte sein, daß er darin eine größere Fiktion sieht als in einer romanhaften Ausgestaltung der aktualisierenden Kontinuitätsgeschichte.

Am deutlichsten offenbart der Roman die Gegenwartsperspektive in den Ironien des Autorprologs: Die Geschichte sei aus purer Lust am Schreiben geschrieben, tröstlicherweise unendlich fern, ja zeitlos; sie stehe in keinem Verhältnis zu den Hoffnungen und Gewißheiten unserer Gegenwart, die aus einem Schlaf oder Alptraum zur Vernunft erwacht sei. Eco hat dieses Bild in seinem Essay über 'Mittelalterträume' von 1983 (Specchi 78ff., 87) wiederaufgegriffen: „Oh, welcher Trost, das Mittelalter ist vorbei!" ruft hier der morgenfrische Gegenwartsmensch. Der Spott macht klar, wie fest Eco an die Kontinuität des Mittelalters in unserer Zeit glaubt und daß ihm diese Präsenz mehr bedeutet als ein Sprachspiel oder eine poetische Spiegelung. Er ist vielmehr von einem logischen (wenn auch nur fragmentarisch erkennbaren, durch Anamnese zu rekonstruierenden) Prozeßverlauf von unserer mittelalterlichen 'Kindheit' zum gegenwärtigen (vorläufig letzten) 'Greisenalter' überzeugt. Diese Überzeugung richtet sich gleicherweise gegen positive wie gegen negative Diskontinuitätsvorstellungen: gegen die Illusionen vom überwundenen, zurückzuwünschenden oder erneut zu fürchtenden Mittelalter, die alle die tatsächliche, längst spürbare, immer noch lebendige 'Gegenwart des Mittelalters' verkennen. Eco hat z. B. ebenso entschieden die neuthomistische Restauration Maritains, die Schreckensvisionen R. Vaccas von einer neuen Barbarei oder das paranoisch-apokalyptische 'Verlust-der-Mitte'-Syndrom Sedlmayrs bekämpft,[7] weil alle diese Mittelalterbilder einen begrüßten oder beklagten Kulturbruch voraussetzen. Um so mehr hat er sich über die derzeitige nostalgische Mittelaltermode lustig gemacht. Die heutigen 'Romantiker' erinnert er mit dem Zitat eines antiromantischen Pamphlets des frühen 19. Jh.s an die 'beata ignoranza' und 'feroce anarchia' der unserer Terroristenzeit nicht unähnlichen Raubritterwelt und kommentiert[8]: „Lang lebe der Traum vom Mittelalter, wenn dabei nur nicht die Vernunft einschläft! Ungeheuer haben wir schon genug." (Eine Umkehrung des heute im gegenaufklärerischen Sinn beliebten Bildtexts von Goya: „Der Traum der Vernunft erzeugt Ungeheuer.") Die seichte neoromantische Mystikwelle hat er andererseits als eine neue, hinter Feuerbach zurückgehende „negative Theologie" bloßgestellt, gegen die als Gegengift wie schon im Mittelalter selbst die rationalen Techniken des „Triviums" (er meint: der Semiotik) helfen könnten (Gott u. Welt 107, vgl. auch 104ff., 284ff.). Immer wieder betont er den zentralen Anteil des Mittelalters am neuzeitlichen Sonderweg Europas unter den Kulturen: Unsere Gegenwartsprobleme, unsere Modi der Kommunikation und Auseinandersetzung seien durch mittelalterliche Modelle der Vergangenheit vielfältiger und vitaler als etwa durch antike geprägt. Die Akropolis wird als Museum besucht, in den Kathedralen des Mittelalters werden noch Messen gelesen, sie werden „bewohnt" (Spechi 83). Da diese unsere Mittelalterlichkeit im Guten und im Bösen dank wirksamer Kulturklischees, eingeschliffener Revolutions- und Restaurationsgesten von vorgestern weitgehend aus dem öffentlichen Bewußtsein verdrängt wird, will Eco öffentlich hörbar daran erinnern, daß „das Mittelalter schon begonnen hat" und immer noch nicht gestorben ist.

Dies ist sicher eine der wichtigsten Botschaften des Romans, und sie schränkt dessen Offenheit keineswegs ein. Darum fallen zwei extreme Auslegungen als einseitige, 'geschlossene' Mißverständnisse zusammen: die aktualisierende, die im 'Namen der Rose' einen Schlüsselroman zur italienischen Politik der 60er und 70er Jahre sieht, und die historisierende, die daraus ein Mittelaltersachbuch oder eine romantisierende Mittelalterverklärung macht. Das Buch meint den inneren Zusammenhang zwischen diesen anscheinend so gegensätzlichen Zeiten. Man kann es darum nicht, wie dies weltanschaulich ablehnende Rezensenten von links und von rechts getan haben,[9] als skeptisch-relativistische Streitschrift gegen den anarchistisch revolutionären Manichäismus, den marxistischen oder katholischen Dogmatismus und dergleichen lesen, wohl aber als kritische Parabel gegen jederzeit mögliche Formen des Fanatismus und der Intoleranz, die wie die Köpfe einer mittelalterlichen Hydra immer wieder nachwachsen. Die aktualisierende Lektüre sieht in Ecos Mittelalter nur eine Travestie oder Metapher des 20. Jh. (Zecchini 363); es ist aber dessen Erklärung und soll den geschichtslosen Leser „aufschrecken" (N 82), indem es „kryptosatirisch" an die Anachronismen und Zöpfe unserer eingebildeten Modernität erinnert. „De te fabula narratur" (Horaz, Sat. I 1.70, wird 244/K 310 und 325/K 413 zitiert). Dies bedeutet andererseits auch, daß nur ein Ausschnitt: der uns 'angehende', uns bestimmende Teil mittelalterlicher Wirklichkeit, nicht ein historisches Gesamtbild vor Augen gestellt wird und daß diese Auswahl unvermeidlich in das leicht verzerrende Scheinwerferlicht der Fiktion gerät. Um die Aufmerksamkeit auf einen Brennpunkt zu lenken, geht auch die Geschichtswissenschaft selektiv, konzentrierend und sogar übertreibend, polarisierend vor. Eco tut in seiner 'fabula' dasselbe nur etwas ungenierter; doch sucht er nicht, tendenziös beliebige, ihm am Herzen liegende Gegenwartsaspekte auf das Mittelalter zu projizieren, sondern setzt aktuelle Akzente in ein Mittelalter, das er bona fide für ebenso authentisch wie gegenwartskonstitutiv hält und das uns gleichermaßen bestätigt wie in Frage stellt (vgl. Beato 72ff.; N 22; Velthoven 45f.; Cardini 28ff.).

2.3. Die heute weitverbreitete 'Kontinuitätshistorie', die Vergangenes grundsätzlich (und nicht immer unparteilich) aus dem Späteren erklärt (Nipperdey 198), ist das wissenschaftliche Pendant zu Ecos aktualisierender Geschichtsfiktion. Die ältere Schule der rekonstruierenden Historie, für die jede Epoche „unmittelbar zu Gott ist", könnte sich allerdings daran stoßen. Eco selbst hat diese Richtung jedoch keineswegs geringgeschätzt. Schon in seiner ersten wissenschaftlichen Arbeit über Thomas von Aquin griff er vielmehr die unhistorischen Tendenzen des Neo-Thomismus an. Thomas werde mehr von 'Fans' als von Historikern gelesen, und das meiste, was über ihn geschrieben werde, suche die historische Distanz wegzuretuschieren, das Identifikationsbedürfnis zu befriedigen, uns den großen Mann näherzubringen. Er habe jedoch versucht, den Aquinaten durch saubere Rekonstruktion seiner eigenen Zeit, einem reinen „Präteritum" (passato remoto) wiederzugeben (Problema 8): „So habe ich ihn in seinen authentischen Zügen wiederentdeckt, in seiner 'Wahrheit', die nun allerdings nicht mehr die meinige war" (ebd. 6). Ähnlich rühmte er kürzlich in seiner Typologie der „Mittelalterträume" das Rekonstruktionsideal Muratoris, der ›Annales‹ E. Mâles oder E. Panofskys, das mehr auf das „kritische Verständnis als auf begeisterte Wiederverwertung“ des Mittelalters gerichtet sei und „die Vielfalt und Widersprüchlichkeit dieser Epoche wiederzuentdecken“ erlaube (Specchi 85).

Das damit angedeutete Problem der Vermittlung zwischen kontinuitäts- und rekonstruktionsbezogener Historik, das Eco m. W. selbst nirgends stellt, hätte er mit einem für die ›Annales‹-Schule zentralen Konzept, dem der ‘mémoire maîtrisée’, entwirren können: Das Gedächtnis der Zeiten arbeitet nicht wie dasjenige Prousts, es ist grundsätzlich „beherrscht und unterdrückt“ (Duby/Lardreau 71). Entsprechend hätte er den Vorwurf einer einseitig von Gegenwartsinteressen gesteuerten Mittelalterdarstellung dadurch entkräften können, daß diese einen legitimen Anachronismus zur Korrektur der jahrhundertealten Einseitigkeit der tradierten Zeugnisse bedeute. Seine Bevorzugung und Stilisierung moderner Züge des Mittelalters bildet in der Tat eine Gegenauswahl, eine Art konjekturaler Überlieferungsemendation, mit der den einstigen ‘zensierenden’ Mächten entgegengewirkt werden soll. Die Quellen verschweigen oder entstellen Nonkonformes und Dissidentes. Historische Erinnerung darf sich von solcher ‘dokumentarischer Echtheit’ nichts vormachen lassen, sondern soll ‘archäologisch’ weiterbohren, Ungesagtes, Verdrängtes, Verzerrtes wiederherstellen und notfalls auch (so würde Eco sagen) mit literarischer Einbildungskraft zum Sprechen bringen. Die Metapher vom ‘Palimpsest’, die er im Titel seiner Studie über Beatus von Liebana verwendet, sagt dies am besten: Die von der Überlieferung mehrfach abgekratzte und überdeckte Spur ist mit detektivischen Methoden wiederaufzudecken (Beato 31; vgl. 130f./K 158f.). Mehr noch: nicht nur das tatsächlich Zensierte, sondern auch das vom ‘inneren Zensor’ Unterdrückte, gar nie Sprache Gewordene, gehört zum Problemfeld des Historikers (Legendre). In seiner Arbeit über Thomas von Aquin schrieb Eco (Problema 35): „Wenn wir respektieren, was er wußte und sagte, können wir auch an den Tag bringen, was er nicht zu sagen wußte, nicht sagen konnte (durfte) und folglich – den allzu vielen auf seine Allwissenheit vertrauenden Interpreten zum Trotz – nie gesagt hat“ (Auszeichnungen von Eco).

Im Roman wird die mit ausführlichen Zitaten aus der ›Storia di fra Michele minorita‹ (Ende 14. Jh.) belegte Schilderung einer Ketzer- bzw. ‘Märtyrer’-Verbrennung mit hintergründiger Ironie gewissermaßen als ein Zufallsprodukt des sprunghaften Gedächtnisses motiviert; Adso hat sich an die „schreckliche Szene“ wie durch freie Assoziation erinnert: „sie stand mir so lebhaft vor Augen, daß ich mich fragte, wie ich sie hatte ... vergessen können.“ (Der Satz hätte in ›Shoah‹, C. Lanzmanns ‘archäologischem’ Film über das Auschwitzgedächtnis, vorkommen können.) – Auf der letzten Seite des chronikalischen Rückblicks (496/K 626) berichtet Adso von einem Gespräch mit William über die Existenz oder Inexistenz Gottes. (Es ist bewußt verklausuliert und endet in einer Aposiopese.) In seiner Ratlosigkeit optiert er selbstverständlich für die Unvertretbarkeit der zweiten Annahme, u. a. weil die atheistische Position den Denker zum Schweigen verurteilen würde: die anderen würden ihm „die Mitteilung des Wissens nicht gestatten".

Abgesehen von solchen Andeutungen innerer und äußerer Zensurmechanismen, handelt der Roman insgesamt von einem kulturgeschichtlichen 'Palimpsest' (130/K 159) oder vielmehr von den unüberwindlichen Schwierigkeiten, von den detektivischen Mühen, dem unsichtbaren ersten Text hinter dem sichtbaren zweiten auf die Spur zu kommen. Die ganze Mordserie, die 'Whodunit'-Frage und das vom Täter berücksichtigte falsche Deutungsmuster der Apokalypsen-Zeichen legen sich wie eine ablenkende, verwirrende Zweitschrift über das Geheimnis des gesuchten Sammelbandes, um den sich alles dreht. Der letzte Akt des Dramas besteht aus der gescheiterten Expedition in die Traditionsfestung, in der nicht das Schicksal, sondern verkappte Strategie bestimmt, welche Texte aufbewahrt werden sollen, welche gelesen werden dürfen, welche verlorengehen können. (Natürlich gibt es noch andere, an ›1984‹ oder ›Fahrenheit 451‹ erinnernde Deutungen mit Bezug auf die geheimen Schaltzentren der Medienkultur.) Jedenfalls ist das Beispiel des tatsächlich verlorenen Komödien-Buchs aus der aristotelischen Poetik gut gewählt[10]: Daß dieser Verlust nicht auf irgendwelche Unfälle oder Zufälle (wie Klosterbrände), sondern auf gezielte Vernachlässigung aus inhaltlichen Gründen zurückgehen könnte, ist eine historisch plausible Annahme. Der Roman ist um das entsprechende 'cui bono?' herum gebaut. An anderer Stelle (Specchi 262) hat Eco weitere, „humoristische" Hypothesen dazu angestellt und alle verdächtigt, die ein Interesse am Verschwinden dieser „Humortheorie" gehabt haben könnten: der selbstkritische Aristoteles in Person, der pietistische Kant, der strenge Hegel, der „spleenige" Romantiker Baudelaire, der düstere Kierkegaard, der seelenkundige Lipps, der metaphysische Bergson, der Freud des Todestriebs. Der Roman enthält aber noch einen zweiten Handlungsfaden zum Thema der Traditionsvergewaltigung: Die als Vermächtnis aufbewahrten Briefe des Erzketzers Fra Dolcino bilden den Hauptanklagepunkt des Inquisitors gegen Remigius (380/K 481), und dieser wird wegen einer unglücklichen Buchverwechslung zum Tode verurteilt. Er hatte nämlich *diesen* Ketzer-Kodex bei Severin gesucht, der wegen des anderen, von William gesuchten griechischen Werks umgebracht worden war. So überkreuzen sich hier die zwei Suchaktionen und die zwei Handlungen (die innerklösterliche und ketzergeschichtliche), da in ihrem Zentrum letztlich dieselbe Repressionsinstanz steht.

Das eindrücklichste Beispiel für Herrschaftsverhältnisse im Bereich der Überlieferung – d. h. der Grundlage jeder Kultur und jedes Zeichensystems – bildet jedoch jenes samtweiche Privatissimum, das Abt Abbo dem jungen Adso über den betörenden Zauber der Edelsteine hält (451 f./K 571 f.), um ihn mit zwanglosem Übergang zum Thema der unentbehrlichen 'auctoritas' (bei der Auslegung so „zweideutiger Dinge") schließlich dahin zu führen, daß er auf Befehl der äbtlichen „Autorität" schwören soll, über die „unwahren Dinge" (die tatsächlichen Skandale des Klosters) stets zu schweigen. Im Alter erinnert sich Adso daran: „Ich war ergriffen, überwältigt; sicher hätte ich geschworen. Du, geneigter Leser, könntest nun nicht diese meine getreue Chronik lesen." (Glücklicherweise rettet William seinen Gehilfen aus der Gewissensnot, so daß es nicht zum 'Nullpunkt der Literatur' kommt.) Diese an 'Jacques le Fataliste' erinnernde Apostrophe soll den Leser erneut (nach dem Prolog über die mysteriösen Vorfälle in 'Ecos' Privatleben) auf den dünnen Faden, an dem der Lesestoff hängt, aufmerksam machen. Doch geht es hier nicht wie in Calvinos ›Wenn ein Reisender in einer Winternacht‹ allein um das Abenteuer des Lesens, sondern um das der historischen Lektüre. Die Bemerkung verweist auf die gemachte, nicht zufällige Lückenhaftigkeit schriftlicher Tradition und Dokumentation. Zwischen den Zeilen findet man vielleicht auch die sophistische Frage, was denn eine konstruierte Geschichte wie die vorliegende einer echten, aber im Mittelalter zensierten eigentlich voraushabe. Wenn die Fiktion die spezifisch mittelalterlichen, also authentischen Verfälschungen der Tradition aus moderner Sicht rückgängig zu machen sucht, die unterdrückten Keime späterer Entfaltung der Ursprungszeit zurückgibt, dann ist diese Fiktion keine 'fabula' (die „weder Wahres noch Wahrscheinliches" erzählt), sondern ein 'argumentum' (das „Unwahres, aber Wahrscheinliches" erzählt), obwohl sie es nicht zur 'historia' (die „Wahres und Wahrscheinliches" berichtet) gebracht hat (137/K 167; Lausberg § 250), man könnte sagen: eine Zensurkompensationsfiktion.

2.4. Alle bisher betrachteten aktualisierenden Eingriffe oder anachronistischen Fiktionen unterstreichen das historische Kontinuum, das uns mit dem Mittelalter verbindet und (semiotisch gesprochen) das unsere „kulturelle Einheit" als Zusammenfassung aller unserer Zeichensysteme begründet (Zeichen 176ff.). Sie dienen der Erkenntnis des Bestehenden, Tatsächlichen, Identischen innerhalb des relativ weitgefaßten Paradigmas 'mittelalterliche Neuzeit'. Nicht nur die Geschichtswissenschaft, sondern alle mit den 'symbolischen Formen' einer Kultur befaßten Disziplinen haben über dieses Erkenntnisinteresse hinaus (oft antagonistisch dazu) auch die Neugier nach kultureller Alterität zu stillen. C. Lévi-Strauss sprach vom 'regard éloigné', dem Blick aus der

Ferne oder von außen, um als Ethnologe und Kulturanthropologe anzuzeigen, daß eine fremde Kultur nur erkannt werden kann, wenn zugleich die eigene wie eine fremde entdeckt wird, und so der Unterschied des Eigenen und des Anderen als Unterschied überhaupt wahrnehmbar wird. Für die Historie stellt solche Außensicht ein besonderes Problem: Während der Ethnologe sein eigenes System wenigstens physisch durch Reise und Experiment übersteigen kann; bleibt dem Historiker nur die Selbstentzweiung, da er Vergangenes nicht ändern kann und selbst davon abhängt. Dennoch gilt seit dem Historismus das Ideal der Distanz von den Objekten; und die Kunst, das Urteil zu supendieren, eigene Wünsche zurückzuhalten, hat als heuristische Arbeitsdisziplin in den letzten 250 Jahren einen unbestreitbaren Fortschritt in der historischen Alteritätserkenntnis gebracht, vielleicht auch einen philosophischen Überschuß produziert, sofern die „schlichte Sistierung der Gegenwart als Selbstverständlichkeit" (Blumenberg 81) ein „Nutzen der Historie für das Leben" ist.

Eco hat sich zu der Frage, ob es überhaupt möglich sei, die eigene Kultur von außen zu sehen oder zu 'sistieren', eher ambivalent geäußert. Aus rein semiotischen Gründen scheint er sie zu verneinen, aus metasemiotischen offen zu lassen: „Lassen wir's in der Schwebe. Es handelt sich um Probleme, die, wie Foucault sagen würde, das einzelne Subjekt nicht lösen kann. Es sei denn, es beschränke sich auf die literarische Fiktion" (Gott u. Welt 283). Die Aporie der kulturellen Systemtranszendenz war vielleicht Ecos wichtigster Anlaß, Romancier zu werden. Sie könnte das innerste 'Geheimnis der Rose' darstellen, an dem es nichts mehr zu 'entschlüsseln' gibt. Auf der einen Seite schrieb Eco vor Jahren den oft angeführten, ganz an Peirce anknüpfenden Satz (Zeichen 165, vgl. auch 125 ff.): „Der Mensch ist seine Sprache, denn die Kultur konstituiert ein System eines Systems von Zeichen. Auch wenn er glaubt zu reden, wird der Mensch von den Regeln der Zeichen, die er verwendet, geredet." So wären wir also alle Gefangene der Zeichensysteme, und der Historiker würde, seiner Ketten spottend, nicht freier? Diese solipsistische Auffassung der Semiotik hat Eco jedoch auf der anderen Seite entschieden abgelehnt, insbesondere in seiner geistreichen Barthes-Kritik (Gott u. Welt 266 ff.): Die Sprache sei „kein Zwangssystem", sondern „gesellschaftliches Produkt", entstanden durch „gesellschaftlichen Konsens", folglich wie alle Symbolverhältnisse grundsätzlich „reversibel". Man könnte dies mit Williams Satz illustrieren: „der einzig wahre Beweis für die Existenz des Teufels" „sei die Intensität, mit der alle ihn am Werk zu sehen wünschen"; denn dies impliziert, daß die Macht des diabolischen Zeichensystems nur durch andere, humanere Wünsche aufzuheben wäre. In seiner Auseinandersetzung mit R. Barthes gibt Eco ein dem

Historiker vertrauteres Beispiel: das von Duby analysierte Modell der „drei Ordnungen“ (Klerus, Adel, Bauern), das sich im Laufe des Mittelalters über „wechselnde Allianzen“ und Differenzierungsprozesse zu einem überaus komplexen, insgeheim mobilen Regelsystem voller „langsamer peripherer Verschiebungen in einer Welt ohne Zentrum“ entwickelte. Gibt es also trotz der semiotisch unmöglichen Außensicht der Kultur historische und gegenwartsbezogene Alteritätserkenntnis?

Allein die pragmatische Kategorie der Veränderung, das Bewußtsein der Geschichtlichkeit eines Systems, befreit, wo nicht vom System, so doch vom Gespenst der Notwendigkeit des Systems. Die Vergangenheit demonstriert die Bewegung, die Produktion und Auflösung von Zeichensystemen, die Umstrukturierung von Codes (Zeichen 136) und erleichtert den Vergleich zwischen gesellschaftlichen Bedürfnissen und zeitadäquat darauf antwortenden oder anachronistisch neben ihnen errichteten Denkordnungen (vgl. Problema 254ff. zur bereits spätmittelalterlichen Überholtheit theokratischer Ontologie). Besonders lehrreich sind darum Zeiten konkurrierender ‘Sprachen’ oder Welterklärungen: Übergangszeiten, in denen die Systeme friedlich (pluralistisch-synkretistisch) nebeneinander wuchern, oder Krisenzeiten, in denen sich Altes und Neues auf Tod und Leben bekämpfen. Das Privileg der Historie: Erkenntnis kultureller Ordnungen im Umbruch, ist dem Gegenwartsbetrachter nur beschränkt möglich. Man kann nicht über der Zeit stehen, aber in der Zeit früh merken, was anders werden will. Dies ist im besten Fall ein divinatorischer, oft auch trügerischer ‘regard éloigné’, da die Philosophie, die nach Eco die Aufgabe hat, „der Welt eine kohärente Form zu geben, um ihren Anhängern zu erlauben, kohärent mit der Welt umzugehen“ (Semiotik 26; vgl. Zeichen 176ff.), nicht schon voraussagen kann, was sie erzeugt, bewirkt oder anrichtet, auch wenn Marx sich solche Prophetengabe zutraute (Semiotik 27; Beato 50). Der im Sinne Ecos ideale Philosoph und Intellektuelle kann die Welt nur „verändernd erkennen und erkennend verändern“ (Problema 257), Veränderung fördern und vor der Tragweite eben dieser Veränderung kritisch auf der Hut sein (Sette anni 230f.; Frames 6f.). Er geht nach demselben Peirceschen Prinzip der ‘Abduktion’ vor, das im Roman William von Baskerville anschaulich demonstriert: Er versucht so lange Systeme von Signifikationsregeln aufzuspüren, untaugliche zu verwerfen, nützliche weiterzuverwenden, bis die Zeichen schließlich ihre Bedeutung erlangen. Er arbeitet mit instrumentellen Hypothesen, richtigen und falschen „Zuweisungen zu bestimmten Codes“ (Zeichen 133f.), mit allen möglichen falsifizierbaren Einfällen, ‘serendipities’, Probehandlungen, die nach Gebrauch – wie die Wittgensteinsche Leiter – wieder weggestellt werden (495/K 625f.). Sein „flüchtiges“, stets revidierbares

Denken steht im Konflikt mit „den metayphysischen Krämpfen" der philosophia perennis, den „versteinerten Semiotiken" des ontologischen Strukturalismus und anderen „Aedifica" des theoretischen Immobilismus (Zeichen 114ff.; Hollen 120ff.).

Es gehört zur immanenten Paradoxie von Ecos Semiotik, daß sie ebenso historisch fundiert wie gegenwartsorientiert ist. Das vieldeutige Wort von der narrativen Fortsetzung der Theorie im Roman (s. oben S. 135) läßt sich darum auch als ein metasemiotisches Bekenntnis zur Geschichtsschreibung verstehen: Die Vergangenheit bietet dem prognostisch unsicheren Gegenwartsanalytiker formales Beispielmaterial für die Struktur sämtlicher semiotischer Umbauprozesse, wie sie von den ersten Sprüngen und Rissen einer etablierten Welterklärung über den latenten, später offenen Kampf der 'Sprachen' um soziale Geltung zum Umbruch und Sieg des neuen Systems führen. Der Roman handelt von der Geschichte einer solchen Krise. Ein im 12. Jh. beginnender Gärungsprozeß hat nach der gescheiterten Synthese der Hochscholastik in der Zeit der Handlung seinen Höhepunkt bereits überschritten. Die theokratisch-'pansemiotische' Wirklichkeitsdeutung, die vielfältig auf den immer gleichen jenseitigen 'Referenten', den 'Autor' des auslegbaren Naturbuchs, das einzige nicht zeichenhafte Wesen der Welt, verweist, ist nach der thomistischen 'Symbol-Säuberung' und nach mehrfachem sprach- und naturphilosophischem 'Rütteln' seit Abaelard mit der nominalistischen Erkenntniskritik sowie mit einer individualistisch-intuitionistischen Glaubensbegründung zusammengebrochen.[11] Dafür stehen stellvertretend (als Synekdoche oder Spitze des Eisbergs) die beiden im Roman wiederholt auftauchenden ockhamschen Leitideen des 'Omnipotenzprinzips' und des 'Individuums': 1. das Argument von der freien Allmacht Gottes, die keine (sie beschränkende) Weltordnung zuläßt, und 2. die Widerlegung des metaphysischen Postulats von nichtsprachlichen Universalien, m. a. W. die Beschränkung aller Erkenntnis auf das intuitiv und empirisch faßbare Einzelne (36/K 40f.; 209f./K 263f.; 319f./K 404f.; 495/K 625). Ein ganz von Gott her gedachtes, auf Gott zentriertes Weltbild weicht einer vom Menschen ausgehenden, vom menschlich Erfahrbaren und Machbaren her gedachten Welterklärung, und zwar innerhalb der christlichen Religion, erst viel später auch gegen sie (obwohl der Roman atheistische Akzente diskret ins 14. Jh. zurückblendet). Dieser Wandel ist ein faszinierendes Schauspiel von Antagonismen und Krisen, die sich mit dem Bild vom harmonisch geordneten Mittelalter nicht in Einklang bringen lassen und die vielmehr erklären, warum Westeuropa auch in der Neuzeit wie keine andere Zivilisation den Konflikt zum tragenden Kulturprinzip ausbauen konnte (Nipperdey 28). Der Roman, der keine Philosophiegeschichte in Bildern, sondern ein Denkanstoß für Zeitgenossen sein will, erinnert an dieses mittelalterliche Drama, um die Geschichtlichkeit der Zeichensysteme zu illustrieren und vor dem Errichten jener scheinbar festen Lehrgebäude der ahistorischen, darum auch asemiotischen Bauart zu warnen. Daß es Eco dabei mehr um das Prinzip als um eine Kritik bestimmter philosophischer Richtungen ging, zeigt die halb scherzhafte, halb bewundernde Bemerkung über den größten aller Ideenarchitekten, Thomas von Aquin, daß er, käme er heute wieder, zweifellos keine systematische Gesamtkonstruktion mehr abschließen, sondern auf losen Blättern vorläufige Erkenntnisse notieren würde (Gott u. Welt 295f.).

Zur Erläuterung sei ein einziges, besonders aufschlußreiches Motiv herausgegriffen: das den ganzen Roman durchziehende Verwirrspiel mit dem 'Wahrheitsbegriff', das in dem geglückten, bisher in seiner Schlüsselfunktion mißverstandenen (ja läppisch banalisierten) Oxymoron gipfelt (494/K 624): „Forse il compito di chi ama gli uomini è di far ridere della verità, fare ridere la verità, perchè l'unica verità è imparare a liberarci dalla passione insana per la verità." („Vielleicht hat, wer die Menschen liebt, die Pflicht, sie zum Lachen über die Wahrheit zu bringen, die Wahrheit selbst zum Lachen zu bringen; denn es gibt nur eine Wahrheit: sich von der geistesgestörten Leidenschaft für die Wahrheit befreien zu lernen.") Dies sagt William wie in einem Nachruf auf Jorge angesichts der rauchenden Trümmer des Klosters. In der paradoxen Homonymie des Wortes 'Wahrheit' kommen die zwei unversöhnlichen 'Wahrheiten' Jorges und Williams zusammen, und die Mühe, den Begriffsunterschied herauszufinden, repräsentiert Adso als implizierter Leser.

Die Wahrheit Jorges ist die definitive, dinghafte Wahrheit des Seins oder der Weltordnung und liegt ganz in den zwei Bibelsätzen: „Ich bin, der ich bin" und: „Ich bin die Wahrheit". Alles wahre Wissen ist Kommentar dieser Sätze (402ff./K 509ff.). Doch anderes, falsches Wissen führt nicht zur biblioklastischen Alternative von den entweder überflüssigen (das Dogma verdoppelnden) oder schädlichen (dem Dogma widersprechenden) Büchern – weshalb ein Kalif alle außer dem Koran verbrennen ließ –, sondern es dient als ruhmerhöhende Kontrastfolie der einen, immer gleichen Wahrheit. Bibliotheken sind darum alexandrinisch ('babylonisch') zu erweitern und durch Wahrheitskustoden zu schützen, die Dogmen rein zu erhalten, die gefährlichen Arkanweisheiten und Irrlehren zu verwalten; alles Wissen ist nach Nutzen und Würde zuzuteilen und die richtige Interpretation zu überwachen.[12]

Die Wahrheit Williams ist nicht festzulegen, weil sie nicht Dinge, sondern Zeichen, nicht einmal Dingbedeutungen, sondern Beziehungen zwischen Zeichen meint (495/K 625), vor allem aber, weil sie nicht in Besitz genommen werden kann. Sie ist eine Haltung oder 'Strebung' (im sokratisch etymologischen Sinn von philo-sophia), die das Haben ausschließt. Williams Daseinsziel ist einzig diese Wahrheit – „l'unico desiderio della verità“ (22/K 21) –, oder vielmehr das, was Abaelard 'inquisitio veritatis' nannte, eine „Glut“, die das Gegenteil des Inquisitionsfeuers darstellt, ein „suchendes Forschen“, eine Fahndung, eine Zetetik.[13] Diese Wahrheit ist der „theoretischen Neugierde“ verwandt und darum ständig unterwegs; Zweifel und Irrwege sind ihr nicht fremd, da sie sich in einem grundsätzlich unabgeschlossenen, geschichtlich bedingten Erkenntnisprozeß befindet. Sie ist keine Weltordnung, sondern „ein bißchen Ordnung im Kopf“ (210/K 264), eine „kleine Wahrheit“ des Orientierungswissens, meist eine Teilwahrheit (Gott u. Welt 242f.), ein „Werkzeug“ das nach Gebrauch weggeworfen wird und zu weiteren Verbrauchswahrheiten führt (495/K 626). Als „Tochter der Zeit“ kann sie keine Wesenheiten festhalten. Sie verwendet das Wörtchen „ist“ nicht anders als zur Verknüpfung von Zeichen und wäre darum maßlos überfordert, müßte sie über die Existenz auch nur einer einzigen Rose (282/K 356, 503/K 634f.), geschweige denn Gottes, etwas aussagen.[14] Sie ist in dem Maße wissenschaftlich, als nach Ockham (In sent. prol. 70 I 1) „die Theologie keine Wissenschaft ist“.

Das Dritte zwischen den zwei Wahrheiten Jorges und Williams ist das Lachen: der Katalysator, der die eine auflöst und in die andere übergehen läßt. William hat den letzten Zweikampf mit dem Gegner überlebt, der im Namen ewiger Seinswahrheit eine Werkzeugwahrheit, die Theorie des Komischen, verbergen wollte. Das Buch verschwand, von Jorge verzehrt und begraben, mit ihm eingeäschert; doch der Aufwand, mit dem er es geheimhalten wollte, läßt erschließen, was es enthielt und warum es gefährlich war: Eine zirkelhaft auf Autoritäten beruhendes und Autoritäten begründendes System des Absoluten (Semiotik 222; Specchi 218ff.) war bedroht durch eine autoritative Lehre vom Komischen und Relativen, das die Kraft hat, feste Substanzen zu dynamisieren, Wahrheitspetrifakte aufzulösen. Dieser Schluß läßt den Verlust des materiellen Buchs verschmerzen: Als gedanklicher Fund kompensiert er die gescheiterte Fahndung, um so mehr als alle Bücher aufeinander verweisen und William über andere die Substanz dieses Buches bereits erschlossen hat (289/K 365; 475f./K 599f.). Jetzt, am Ende, stellt er also fest, wie nahe das Lachen – das proprium des Menschen und erst recht der Humanität (Problema 34; Specchi 269f. u. ö.) – seinem eigenen Begriff der Wahrheit kommt, einer flüssigen, verflüssigenden und sich ausbreitenden Wahrheit – „il vero diffuso di sè“[15] –, und bekennt sich zur Aufgabe, die Menschen sowohl zum Lachen über die Wahrheit Jorges als auch zu seiner eigenen „fröhlichen“ Wahrheit zu erziehen, die als Humor oder Ironie die Dinge ins Schweben bringt. Darum lacht

Williams Wahrheit nicht nur über etwas, sondern sie lacht, intransitiv und überhaupt. Im übrigen erinnert diese Vorstellung weniger an Nietzsches „alle guten Dinge lachen" (Zarathustra IV 17) als an die in der mittelalterlichen Theorie des Komischen überaus beliebten Horazverse (Sat. I 1.24, vgl. Kindermann 94ff.): „ridentem dicere verum / quid vetat?" („Was hindert, lachend die Wahrheit zu sagen?"), die auch vortrefflich in den pädagogisch-optimistischen Kontext passen. Denn Horaz spricht von einem Lachen im Dienste des Wahren und vergleicht es mit den Honigplätzchen, die humane Lehrer als Lernhilfe einsetzen, und auch William meint eine zu lehrende und lernbare Kunst des Lachens, die den Menschen mündig macht, fähig, den Spuk der Gralshüter des absoluten Ernstes angstfrei zu durchschauen (176/K 218).

Eco hat sich mehrfach theoretisch über das Lachen geäußert, obwohl auch er wußte, daß es zu den nicht theoretisierbaren Themen gehört (Specchi 263). Dabei wird deutlich, daß er kein pauschales „Verlachen der Wahrheit" (Renard 212; Wyss 1983a 24; Bachorski 219) anpreisen will, daß er auch nicht bei M. Bachtins Karnevals-Transgressions-Theorie (bekanntlich eine 'terrible simplification') stehenbleibt, die im Roman übrigens nicht zufällig von Jorge als „Ventiltheorie" gutgeheißen wird (477/K 602f.), sondern daß er vornehmlich den philosophischen Humor meint, der mehr mit barocker 'subtilitas' und 'romantischer Ironie' zu tun hat als mit plattem Schwank und Spott, z. B. das 'sympathetische' Lachen Pirandellos, das selbstironische Don Quijotes oder gar – auf höchster metaphysischer Stufe – das Lächeln jenes Engels, der Augustinus in der Gestalt eines Knaben erschien und sich über theologische und sonstige Wissenshybris durch den Versuch, das Meer auszulöffeln, lustig machte.[16]

Nach dieser zeitgenössischen Interpretation ist die Frage überfällig, was Ecos Auffassung des Humors als Katalysator kultureller 'Dekonstruktion' mit der mittelalterlichen Wirklichkeit zu tun hat. Man kann die erhebliche (von E. R. Curtius übernommene) Fracht an mittelalterlichen Zitaten des Romans für und gegen das Lachen erwägen oder die Tatsache, daß gerade die typisch englische Tradition aufklärerischer Apologien für den Humor, die mit Shaftesburys ›Essays on the Freedom of Wit and Humor‹ (1717) beginnt und oft, z. B. noch in Chestertons ›The Common Man‹ (1950), auf das christliche und mittelalterliche Ideal der Ernstheiterkeit rekurriert, sich folglich etwa gegen Baudelaires Ansicht vom teuflischen (und Jesus unmöglichen) Lachen richtet. Man kann auch darüber streiten, ob das, was Jorge mit echt mittelalterlichen Mitteln zu verhindern sucht, die Verspottung der Religion, Eco selbst mit subversiver moderner Brillanz realisiert habe (so u. a. Schlette 138), oder, ob er umgekehrt echt franziskanische Heiterkeit des Mittelalters der finsteren Intoleranz und Angstpolitik von heute entgegengesetzt habe (so der Befreiungstheologe Leonardo Boff 437ff.). Diese weltanschaulichen (insofern fakultativen) Lesarten sind zum mindesten interessanter als die hausbackene Ansicht, ein solcher literarischer Aufwand zur Verteidigung des befreienden Lachens sei angesichts der unzähligen Schwänke, Späße, Gaukeleien, blasphemischen Zech- und Liebeslieder, Eselsmessen u. a. Karnevalsnarrheiten des Mittelalters doch unverhältnismäßig (so andeutungsweise Bondy). Ebensogut ließe sich behaupten, daß das mittelalterliche Welterklärungsmodell stark genug war, um seine eigene Infragestellung integrieren zu können.

Von allen Seiten her betrachtet, erscheint Ecos Problem eindeutig als modern. Die Vorstellung, daß die religiös fundierte Kultur des Mittelalters, wie Jorge dies befürchtet, am Bekanntwerden eines theoretischen Buches über das Lachen zugrunde gehen könnte, ist vielmehr selbst ein so surrealistischer Einfall – der wie etwa Rabelais' ›Abbaye de Thélème‹ in die Kategorie der Adynata oder literarischen Unmöglichkeiten gehört –, daß er selbst als praktisches Beispiel für die gemeinte subtile Art von Komik dienen kann. Man scheut sich fast, den belasteten Begriff Anachronismus dafür zu verwenden. Tatsächlich hat Eco selbst für diese vielleicht anspruchsvollste Form des intentionalen Anachronismus (analog zu 'Utopie') den eigenen Terminus 'Uchronie' gebildet (Gott u. Welt 133; Specchi 203). 'Uchron' ist eine ausgedachte Alternativentwicklung zur wirklichen Geschichte, das, was A. Demandt 'ungeschehene Geschichte' genannt und an zahlreichen Beispielen nach dem Muster: „Was wäre geschehen, wenn Alexander nicht 323 gestorben wäre? ... wenn Pontius Pilatus im Jahre 33 Jesus begnadigt hätte?" feinsinnig erörtert hat. Eco sieht in solchen Planspielen „eine sehr ernsthafte Form der Reflexion über die Gegenwart" (Gott u. Welt 133). Er pflegte sie selbst in dem allerdings etwas weiteren Rahmen einer historischen 'science fiction', bei der das „banale" Gesetz von der Unabänderlichkeit alles Geschehenen „durch eine kontrafaktuelle Gegenwelt imaginär aufgehoben" wird (Specchi 203), sei es durch die (oben S. 136f.) erwähnten parodistischen Zeitensprünge nach Art der ›Cena Cypriani‹, sei es durch archäologische Gegenwartsbeschreibungen aus einer (postkatastrophalen) Zukunft oder auch in 'unmöglichen Interviews' nach lukianischer Manier (mit Mucius Scaevola, Atilius Regulus, Pythagoras) oder in konjekturalen 'Besuchen' historischer Größen in der Gegenwart nach dem Modell der Rückkehr Jesu in Dostojewskijs 'Großinquisitor' (ein Beispiel s. oben S. 152 zu Thomas) oder in satirischen Strafversetzungen in die Vergangenheit – ein Soziologe der Frankfurter Schule empört sich über die fortschreitende Vermassung im perikleischen Griechenland (vgl. ›Die Zeit‹ 48, 21. 11. 86; Battagion 255 zu einer RAI-Sendung).

Solche 'Uchronien' bilden das historische, den Ortswechsel durch Zeitenwechsel ersetzende Gegenstück zu den phantastischen Reisen Swifts und Montesquieus: Sie sind bis in die Verfremdung hinein gegenwartskritisch, wollen durch Simulation geschichtlicher Alternativen die gewohnte Selbsteinschätzung untergraben, gewissermaßen in einem Zerrspiegel (in dem sich die Zeiten eher satirisch 'bespiegeln') die „höchst lächerliche Selbstsucht", die eigene Zeit für „die Erfüllung aller Zeit" (Burckhardt) zu halten, bloßstellen; sie dienen also dem gleichen Ziel wie das eigentliche historische Studium (etwa von Umbruchszeiten) oder wie der philosophische Humor als „Gefühl und Wahrnehmung des Gegenteils" (Specchi 260f.): der Begrenztheitserfahrung, nicht der Grenzüberschreitung (The frames 7f.); sie erleichtern jene metasemiotische Kontingenzerkenntnis, die überhaupt erst vernünftige Veränderung ankündigt oder indirekt begründet, indem sie fixe, alternativelos erscheinende Zeichensysteme zum Tanzen bringt.

Im ›Namen der Rose‹ finden sich freilich, abgesehen von Adsos Traum, keine expliziten 'Uchronien'. Wahrscheinlich wollte Eco in dem gattungsmäßig ohnehin heterogenen Werk nicht noch die Illusionsregeln des historischen Romans ganz außer Kraft setzen. Der Leser soll trotz sporadischer experimenteller Regelverstöße (s. oben S. 136f.) in ein einheitliches Mittelalter versetzt werden. Doch gerade in der philosophisch zentralen Thematik des Buchs, der Relativierung der „kulturellen Einheit" des Mittelalters – als Modell für alle kulturellen Einheiten – wird er zum selbständigen Vollzug einer 'Uchronie' ermuntert: Aristoteles' Poetik II wird trotz aller Peripetien, Morde und Suchabenteuer nicht gefunden. William, Adso und der Leser gehen leer aus. Diese Enttäuschungsstrategie impliziert eine offene Frage an die historische Phantasie: Was wäre ein Mittelalter, das schon die spätere Möglichkeit gekannt hätte, bis ins Metaphysische die Fragwürdigkeit, Inkonsequenz, ja das Chaos der Welt (anstelle des göttlichen Kosmos) durch eine erst später mögliche Art von Humor sichtbar zu machen und angstlos zu ertragen? Zur intendierten leisen Ironie des Romans, der insgesamt trotz des 'schrecklichen Endes' mehr eine Komödie als eine Tragödie darstellt – nach mittelalterlicher Definition des Komischen brennt der Bücherpalast wie eine lächerliche Bauernhütte (489/K 617) –, gehört gerade das schauspielähnliche Arrangement, in dem die damals Handelnden uns von der Bühne herab 'à part' daran erinnern, was wir aus unserer Vergangenheit wissen könnten, sie aber von ihrer Zukunft noch nicht wissen konnten. Aus dieser 'ungeschehenen Geschichte' einer ungelesenen Handschrift kann sich jeder eine Lehre ziehen. Man kann den Verlust der „Grundwerte", des „metaphysischen Weltvertrauens" mit der Befreiung von den Traditionsbollwerken des geschützten Wissens, dem Gewinn einer ständigen

„Erneuerungsmöglichkeit der Lebens- und Erkenntnisschemata" (Kunstw. 52) vergleichen und Partei ergreifen. Man kann aber auch manichäische Urteile meiden und beide Seiten zusammensehen, so wie Williams und Adsos „letzte Worte" in den beiden Schlußkapiteln des Romans, zusammengenommen, eine optimistisch-skeptische 'coincidentia oppositorum' voll heiterer und melancholischer Luzidität ergeben.

3. Das Vergebliche in der Geschichte

Jede Sicht, auch die weiteste, hat nach William James ihren eigenen blinden Fleck, aus dem sie nicht sehen kann und den sie selbst nicht sehen kann. „Non omnia possumus omnes." Wer aus anderer Sicht darauf hinweist, beginnt einen Dialog, so wie Eco selbst sich mit dem auseinandersetzt, was Thomas von Aquin gerade nicht sagen konnte (oben S. 146). Das Stichwort 'ungeschehene Geschichte' führt vielleicht zu einer solchen immanenten Grenze der Mittelaltersicht Ecos. Vergleicht man diese stark von J. Burckhardt inspirierte Kategorie A. Demandts (auch unter den Begriffen 'unverwirklichte Möglichkeit' und 'Might-have-been-History') mit Ecos 'Uchronie', so fällt das unterschiedliche Erkenntnisinteresse in die Augen: Ein Semiotiker oder Sprachphilosoph sucht, vom Mittelalter erzählend, die Gegenwart zu verstehen; ein theoretisch kompetenter Historiker sucht unter rigoroser Ausklammerung der Folgen und Wirkungen die Vergangenheit zu rekonstruieren, obwohl beide mit Fiktionen und Konjekturen arbeiten, die der Selbstverständlichkeit des Faktischen entgegenwirken, den Horizont durch Alterität erweitern sollen. Ecos Gegenwartsperspektive ist zwar keineswegs in hegelianischer Manier konsolatorisch oder bestätigend, sondern kritisch, aber sie benützt das Frühere als eine Funktion des Späteren, an der es gemessen wird, und erlaubt der historischen Phantasie nur 'uchrone' Transformationen innerhalb des gegebenen Rahmens anthropologischer Konstanten und langfristiger Prozesse, die sich als ganze nicht umdenken lassen. Wie jeder eigentliche historische Roman ergänzt der ›Name der Rose‹ überdies ein fragmentarisches Bild der Vergangenheit, füllt Überlieferungslücken durch literarische Phantasie und zeigt damit im wesentlichen gerade keine alternative Entwicklung, sondern eine plausible Vervollständigung der 'geschehenen' oder 'verwirklichten' Geschichte. Demandt dagegen interessiert sich in erster Linie für einstige Entscheidungssituationen und sucht sich die offene Zukunft der damals Handelnden vorzustellen (16f.; vgl. v. Moos § 69), nach dem Pascalschen Motto: „Le nez de Cléopâtre: s'il eûe été plus court, toute la face de la terre aurait changé" (P. 162), geht er grundsätzlich davon aus, daß alles auch anders hätte kommen können, und dies führt ihn vor allem zur Frage nach den „unterbliebenen Ereignissen, gescheiterten Plänen, verschütteten Ansätzen, unerfüllten Hoffnungen": „Auch das, was sich nicht hat entfalten können, ist Teil der Geschichte und liefert die Paraphernalien für diejenigen Entwicklungen, denen Zukunft beschieden war" (18).

Hinter den zwei Arten historischer Phantasie stehen also zwei Geschichtskonzeptionen, die sich keineswegs auf den Unterschied von 'Dichtung und Wahrheit' reduzieren lassen. Der Dichter kann sehr gut die Partei einer historisch verlorenen Sache ergreifen, um sie fiktiv zu rehabilitieren. (Lucan z. B. hat gegen die Götter, die Cäsar in Pharsalos recht gaben, Catos Sache verewigt.) Andererseits sind die ernsthaften Geschichtsforscher, die sich der Erfolgshistorie annahmen, kaum zu zählen. Es geht vielmehr um eine gegensätzliche philosophische Einstellung gegenüber der Absurdität des Faktischen, dem, was Burckhardt „Glück und Unglück in der Weltgeschichte" nannte. Der Neuzeithistoriker Th. Nipperdey hat in letzter Zeit mit Nachdruck vor einer wieder um sich greifenden Kontinuitätshistorie gewarnt: Die Epochen seien nicht nur für heutige Probleme von Interesse, sondern auch um ihrer „Eigenwirklichkeit" willen; sie seien nicht nur „mittelbar zu Hitler", sondern auch „unmittelbar zu Gott" (204), wobei er das Rankewort zeitadäquat entmythologisierte (232): „Die Geschichte ist mehr als Vorgeschichte für unsere Gegenwart, jede Vergangenheit war auch sie selbst, sie hatte eine offene Zukunft, die wir, die Historiker, ihr zurückgeben müssen." Ecos Roman ist demgegenüber fiktive Gegenwartsvorgeschichte und als solche nicht zu tadeln, sondern einzuordnen.

Um an einem *literarischen* Beispiel deutlich zu machen, welche *historische* Dimension der ›Name der Rose‹ ausläßt, sei an jenen Autor erinnert, dem Eco vielleicht als Schriftsteller das meiste verdankt: Jorge Luis Borges hat zahlreiche 'Ehrenrettungen' des Überholten geschrieben, mit denen er auf hinterlistige Art die Verlegenheiten und Aporien der Gegenwart erkunden wollte, nicht aus skurriler Vorliebe für vernachlässigte Bagatellen, sondern aus philosophischer Neugier für das Möglichkeitspotential der Wirklichkeit und das bizarr Zufällige der Verwirklichungen. Im Vergleich zu Borges' Exkursionen in die Theologie- und Philosophiegeschichte wirken Ecos Theoriedebatten didaktischer oder grotesker je nach der Belichtung eines 'fortschrittlichen' oder eines 'reaktionären' Mittelalters.[17] Borges nimmt sich demgegenüber gerade jener Phänomene liebevoll an, die durch Fortschritt und Weltgeist in die Klasse privater Hirngespinste oder auf die Abstellgleise der Kulturgeschichte gesetzt worden sind, als gälte es, ideengeschichtlichen Darwinismus zu widerlegen. Die Geschichte des Universalienstreits etwa wird im ›Namen der Rose‹ nicht anders als in den meisten Handbüchern aus der Sicht des siegreichen Nominalismus dargestellt, der neuzeitliche Empirie und Weltzugewandtheit ermöglicht hat (z.B. 35f./K 39f.). Borges macht daraus eine Apologie für den platonischen Ideen-Realismus, in der er überdies die Allegorie vom Ruf der Begriffspoesie zu befreien sucht. Vor Augen steht eine Ehrenrettung des vielleicht Mittelalterlichsten und Überholtesten am Mittelalter, die uns aber zuletzt doch auch über die Neuzeit ein wenig staunen läßt:

Die Geschichte der Philosophie ist kein eitles Museum der Zerstreuung und Wortspiele; wahrscheinlich entsprechen die beiden Thesen zwei Arten, die Wirklichkeit zu erfassen ... Eine heute unbegreifliche These erschien im 9. Jahrhundert als offensichtlich und überlebte irgendwie bis ins 14. Jahrhundert. Der Nominalismus, früher eine Neuheit für einige wenige, schließt heute die gesamte Menschheit ein; sein Sieg ist so weitreichend und grundsätzlich, daß sein Name überflüssig wurde. Niemand nennt sich einen Nominalisten, denn es gibt niemanden, der etwas anderes wäre.

Wir wollen trotzdem zu begreifen suchen, daß für die Menschen des Mittelalters nicht die Menschen wesentlich waren sondern die Menschheit, nicht die Individuen sondern die Art, nicht die Arten sondern die Gattung, nicht die Gattungen sondern Gott. Aus solchen Konzepten ... ist für mein Verständnis die allegorische Literatur hervorgegangen. Sie ist eine Fabel aus Abstraktionen, wie der Roman eine aus Individuen ist (Essays II 163f.).

Dies ist ein kleines Beispiel für Borges' Art, mit der Geschichte umzugehen, das Vergessene gegen das Bekannte, das Überwundene gegen das Wirksame in Schutz zu nehmen. Hätte Eco bei diesem seinem Vorbild nicht nur Motivanleihen aus der Bilderwelt der Bibliotheksphantasmagorie und dem Gedankengut eleatischer Veränderungskritik (bzw. konservativer Fortschrittsskepsis) gemacht – Jorge von Burgos ist deshalb (natürlich nicht wegen seiner humorfeindlichen Intoleranz) ein gezieltes Borges-Anagramm[18] –, sondern sich auch von dessen phantastischen Umkehroperationen und 'gelenkten Träumen' in der Tradition unseres Denkens inspirieren lassen, so hätte er einen anderen Roman geschrieben; er hätte sich vielleicht weniger darum bemüht, den mittelalterlichen Kampf zwischen dem Alten und dem Neuen durch Karikaturen des einen und Verklärungen des andern in teleologischer Dramaturgie und zum Vergnügen der geschichtsunkundigen Leser vor die Augen zu zaubern, als vielmehr darum, heute unverständliche, ja absurd wirkende Positionen in der Vorstellung wiederzubeleben, als andere Sinnmöglichkeiten, später ersetzte oder verdrängte, mit denen frühere Menschen tatsächlich leben konnten. Ob ein solcher Roman so erfolgreich geworden wäre wie der vorliegende, muß allerdings bezweifelt werden. Von Borges sagt Cioran (›Exercices d'admiration‹, 1977,

161): „Il méritait de demeurer dans l'ombre, de rester … aussi insaisissable et aussi impopulaire que la nuance."

Eco hat in einem brieflichen Epilog zu einer anderen Arbeit über das Mittelalter, dem ›Palinsesto su Beato‹, gesagt (163), er habe „nicht als Philologe, sondern als Zeitgenosse" geschrieben, allerdings wisse er nicht mehr genau, ob als ein Zeitgenosse des Beatus von Liebana oder als sein eigener Zeitgenosse. Dieser Scherz verrät den Philosophen, der so selbstverständlich im 20. Jh. steht, daß ihm frühere Jahrhunderte unter dem (vorhistoristischen) Kontinuitätsgesichtspunkt wie seine eigene Zeit erscheinen. (In strukturell ähnlicher Weise hielt sich das Mittelalter für einen Teil der Antike.) Nichts ist darum in der Kritik am ›Namen der Rose‹ absurder als der Vorwurf der Abkehr von der Gegenwart. Eco ist im Gegenteil gerade als Schriftsteller, der sich für die kulturelle und soziale Bedeutung der Semiotik einsetzt, Philosoph unserer Zeit geblieben. Aus demselben Grund aber ist Borges 'offener', sowohl als Dichter wie auch als 'Historiker'. Er sagt von sich, er wolle „unterhalten und bewegen, nicht überzeugen", und wählt als Sujets für dieses Vorhaben die Dogmenstreitigkeiten der frühen Kirche, den Universalienstreit, die Geschichte der Gottesbeweise, die Diskussionen über Zeit und Ewigkeit, über die Unsterblichkeit der Seele und verschiedenste Jenseitsvorstellungen. Was er vom Jenseits sagt, gilt für viele dieser 'poetischen' Gegenstände: seine Zeitgenossen würden sich nicht dafür interessieren, aber sie glauben daran; bei ihm sei es umgekehrt (Essays I 163). Auch der Historiker dient der Gesellschaft nicht durch Persuasion, sondern durch geistiges 'Interesse'. Als Mediävist interessiert er sich notwendigerweise für die Bedeutung der Religion, ohne daß er es sich wissenschaftlich leisten könnte, Bekenntnisse abzugeben oder gar die unchristlichen Spuren des Mittelalters zu einer Heldengeschichte des freien Geistes zu amplifizieren. Es genügt ihm – insoweit dem Dichter vergleichbar –, offene Erzählungen zu schreiben, die jeder mündige Leser nach Geschmack, Standort, Weltanschauung selbst beurteilen kann – ja, nach Ecos eigener Offenheitsästhetik müßte die (ideale) Geschichtsschreibung mehr Ambiguität, weniger lehrhafte Eindeutigkeit erzeugen als der Geschichtsroman. Die historische Wirklichkeit ist (nach Aristoteles) nicht schon von sich aus auch 'wahrscheinlich'. Da sie ohne die Hilfe der Fiktion und der Rhetorik zufällig, widerspruchsvoll und sinnlos erscheint, trifft auf sie in einem philosophischen Sinne uneingeschränkt zu, was der fiktive Adso von seinem fiktiven Manuskript nur behauptet: „è effetto del caso e non contiene nessun messaggio" (502/K 633).

Anmerkungen

[1] Belege werden mit Autornamen und Seitenzahl nach der Bibliographie am Ende des Beitrags, der ›Name der Rose‹ mit der Seitenzahl der italienischen Ausgabe und Kroebers Übersetzung (z. B. 80/K 97), die anderen Schriften Ecos mit abgekürztem Titel und Seitenzahl angeführt (N = Nachschrift zum ›Namen der Rose‹). Die (z. T. revidierten) Übersetzungen verantwortet der Verfasser (s. u. Anm. 5).

[2] An dieser Stelle ist es angezeigt, einmal nachdrücklich darauf hinzuweisen, daß Eco – von einem Berufsmediävisten herablassend als „Semiologie-Professor mit mediävistischer Vorbildung" (Wyss 1983b 24) qualifiziert – ein in Deutschland offenbar ganz unbekanntes Werk zur Mentalitäts- und Ideengeschichte des Mittelalters unter dem allzu bescheidenen Titel ›Il problema estetico in Tommaso d'Aquino‹ (bereits in 3. Aufl. erschienen: 1956, 1970, 1982) verfaßt hat, das m. E. zu den wichtigsten Arbeiten über einige (in Deutschland keineswegs unbeliebte) Themen wie Kunst- und Literaturtheorie, Poetik, ästhetische Erfahrung, Schönheitsmetaphysik, Visionsmystik, Allegorie, Metapher u. a. 'bedeutungskundliche' Methoden im Mittelalter gehört. „Italicum est, non legitur."

[3] Vgl. das von Eco auf Kafka bezogene Mallarmé-Zitat (Kunstw. 37): «Nommer un objet c'est supprimer les trois quarts de la jouissance, qui est fait du bonheur de deviner peu à peu: suggérer ... voilà le rêve.» Auch wenn damit moderne Lyrik gemeint war, trifft es doch vorzüglich einen Hauptzug vormoderner Literaturanschauung und das (im Zeitalter der allgemeinen Schulbildung) eher suspekte Prinzip: „Verborgenes gefällt; was jeder versteht, ist wertlos" (Joh. v. Salisbury; v. Moos § 49; vgl. Problema 179 ff.). – Es wurde gesagt (Wyss 1983a 18 f.; Schick 148), die Quellenforscher müßten Ecos Zettelkasten kennen, und selbst dann kämen sie nie ans Ende, da nicht einmal der Autor selbst „das Gestrüpp seiner Zitate lichten" könnte. Ecos Bibliothek ist jedoch nicht die seines Klosters, sondern eine durchschnittliche mediävistische Hausbibliothek mit den üblichen Klassikern von Gilson zu Le Goff. Ich könnte mir vorstellen, daß es dem Mediävisten eine Art Schadenfreude bereitet, wenn er etwa bei Curtius (422 ff.) die Argumente zum Lachen im Christentum oder die Stellen über hagiographische Komik, in Huizingas ›Herbst‹ Kap. XI die meisten Quellen zum Thema Vergänglichkeit bis zum titelgebenden Bernhard-von-Morlas-Zitat beisammen findet, doch, was trügen solche Nachweise zum Verständnis des Werks bei? Im übrigen ist das Verfahren, die älteste und ehrwürdigste, nicht die tatsächlich benützte Quelle zu nennen, gut mittelalterlich, und in einem Roman, der ein Bücherbuch sein will, erzeugt es keine Plagiate, sondern „Huldigungen" an verehrte Mediävisten (vgl. Specchi 131 ff.). – Während der Redaktion dieses Beitrags erschien das Heyne-Taschenbuch von Ickert/Schick, ›Das Geheimnis der Rose entschlüsselt‹, eine zuverlässige, theoretisch anspruchslose enarratio im obigen Sinn, die den früheren substantiellen Aufsatz von Schick in die Breite zieht. Viel Spürsinn wird auf Ecos Lesefrüchte verwendet, die sich bequemer aus dem (nicht benützten) ›Problema estetico‹ hätten entnehmen lassen. S. 28 wird an der deutschen Übersetzung bemängelt, daß sie mit dem Personen-Stichwort „Das Mädchen ... namenlos, vielleicht die Rose" eine im italienischen Original

bewußt geheimgehaltene Deutung ausdrücklich vollziehe. Dies ist ein 'argumentum ad hominem' gegen eine gut deutsche Art schulmeisterlicher Gründlichkeit, die aller 'obscuritas' sofort zu Leibe rücken will. Eine seltsame Verneigung vor dem „offenen Kunstwerk" ist es jedoch, wenn der ›N. d. R.‹ zu einem quellenphilologischen Gesellschaftsspiel oder Quiz funktionalisiert wird: „Daher fordern die Autoren und der Verlag Sie, den geneigten Leser, auf, uns Ihre Funde mitzuteilen. Wir werden sie in den kommenden Auflagen dieses Buches berücksichtigen" (10).

4 Gegen die irrige Ansicht von der Botschaftslosigkeit oder der Gleichgültigkeit und Gleichberechtigung aller Lesarten des „offenen Kunstwerks" vgl. Kunstw. 40f., 54f.; Zeichen 188 und N 11f., wo Eco den Leser auffordert, abwegige Deutungen des Romans „anhand des Textes" (m. a. W. philologisch) zu widerlegen. „Il testo ... non permette ogni lettura possibile, dirige i passi compiuti in libertà" (Beato 39). Zur mittelalterlichen (von Eco erneuerten) Grundvorstellung der dem Leser, nicht dem Autor zukommenden Hauptverantwortung für das Werk vgl. Minnis 103ff. u. passim; v. Moos § 49.

5 Die deutsche Übersetzung wurde in stilistischer Hinsicht schon oft gelobt, doch haben Neuzeitphilologen wie Wertheimer (101f.), Bachorski (1983, 39) und vor allem J. v. Stackelberg in seinem fundierten Beitrag ›Die deutsche Edelrose‹ einhellig die spezifisch historisierend-altertümelnde und gleichzeitig redundant kommentierende Art gerügt, in der die lateinisch spröde und gelegentlich fast technische Prosa Ecos umgesetzt wird. (Besonders störend scheinen mir die ständig in die 'Secco'-Dialoge eingestreuten „Sprach's" und „Sprach's und ging davon ...", z. B. K 120, 197, 216, 271, 353, 439, 496. Was der Merseburger Zauberspruch K 545 als Übersetzung der Dialektstelle 431 – mit einer durchaus nicht überflüssigen Aussage – soll, ist unerfindlich.) Ohne auf stilistische Ermessensfragen einzugehen, möchte ich mir als Mediävist erlauben, die spätromantisch-bildungsbürgerliche Manier, in der hier ein keineswegs 'konsolatorischer' Mittelalterroman übersetzt wird, für unangebracht und anachronistisch zu halten. Abgesehen davon enthält die Übersetzung mehrere nicht nur stilistische 'Freiheiten', sondern eindeutige Fehler; vgl. Anm. 3, 6, 10, 15, 16 und z. B. 13/K 9; „citava indici a memoria" heißt nicht „nannte Belege", sondern „zitierte Indizes (oder Register von Büchern) aus dem Kopf". 19/K 17: „la verità ... si manifesta a tratti" paraphrasiert auf Italienisch die Fortsetzung des Zitats aus I Cor. 13. 12 (nunc cognosco ex parte) und ist darum nicht mit „nur für kurze Augenblicke", sondern mit „nur stückweise" zu übersetzen. 37/K 42: „conclude il processo trovando un capo espiatore" wird ungenau mit „jeden Prozeß mit einem Schuldspruch endet" wiedergegeben, wo es sich doch um das Finden eines „Sündenbocks" dreht. 45/K 52: „e così sia", verdeutscht zu „Wohlan, so sei es", heißt auf gut katholisch nur: „Amen". 84/K 103: „per" mirabili allusioni in aenigmate sollte wegen der erneuten Anspielung auf I Cor. 13. 12 lateinisch bleiben und nicht mit „wundersame Rätsel und Anspielungen" eingedeutscht werden. 119/K 144: „vive di figmenta", „von Unstetigkeit lebe" – 'figmenta' ist lateinisch zu belassen oder korrekt mit „Erfindungen/Fiktionen" zu übersetzen. 139/K 139: „l'Ecclesastico" ist nicht der „Ekklesiast", sondern „Jesus Sirach"/Ecclesiasticus" (es handelt sich um die Stelle Eccli. 20. 23). 139/K 171 „gubernatore" ist

kein „Häuptling", sondern ein (römischer) „Statthalter". 248/K 316: „un odore roseo spirava dalle sue labbra" verliert in „weil es von ihren Lippen wie Honig troff" den keineswegs nebensächlichen Bezug des Mädchens zur 'Rose' und vielleicht auch zum 'flatus vocis' des Namens; also: „ein Rosenduft ging von ihren Lippen aus", obwohl es (bewußt?) komisch klingt.

[6] Im italienischen Original findet sich die deutsche Version: „Gott ist ein lautes Nichts ..." Im ›Cherubinischen Wandersmann‹ steht aber: „... ein lauter Nichts." Dies haben Kroeber und der französische Übersetzer J.N. Schifano (1982) im Sinne von „reines Nichts" korrigierend übernommen. Ecos Mißverständnis ist aber möglicherweise absichtlich und fruchtbar, da eine akustische Metapher etwa an Abaelards 'flatus vocis' erinnern könnte. Wie immer dem sei, ist „lautes Nichts" vieldeutiger, „offener" als „lauter Nichts".

[7] Vgl. allgemein 'Dieci modi di sognare il Medioevo' (Specchi 78–89). Zum Neu-Thomismus vgl. Problema 56ff., 83ff. u.ö.; zu Sedlmayr vgl. Gott u. Welt 248ff. ('Vom Cogito interruptus'), ein Beitrag, der einen Leitgedanken von ›Apocalittici e integrati‹ unter dem besonderen Aspekt des 'Mittelaltertraums' für die 'apokalyptische' Geisteshaltung wiederaufgreift. Ecos Antwort auf Roberto Vaccas ›Il Medioevo prossimo venturo‹ von 1970 erschien zwei Jahre später unter der polemischen Überschrift: ›Il medio evo è già cominciato‹. Dieser Essay wurde 1977 in die Sammlung ›Dalla periferia dell'impero‹ aufgenommen und unter dem Titel ›Auf dem Wege zu einem Neuen Mittelalter‹ in ›Gott und die Welt‹ (1985) übersetzt (auch engl. 1972 unter ›Towards a New Middle Ages‹). Während der erste Titel an R. Jungks ›Die Zukunft hat schon begonnen‹ erinnert, klingt in den Übersetzungen Berdjajews ›Das Neue Mittelalter‹ an. Die letztere Assoziation kann zu Mißverständnissen führen. Obwohl in der Beschreibung von Analogien zwischen Mittelalter und Neuzeit unvermeidlich Übereinstimmungen bestehen, sind die Mittelalterwertungen der drei Autoren doch ganz gegensätzlich: positiv bei Berdjajew, negativ bei Vacca und wertneutral bei Eco. Diesen Unterschied verkennt z.B. F. Ph. Ingold in seiner Besprechung der französischen Neuauflage von Berdjajews programmatischem Werk (Le Nouveau Moyen Age, ed. J.-C. Marcadé, Lausanne 1986), wenn er einzig die religiös 'gegenneuzeitliche' Traditionslinie, die vom restaurativ gesinnten russischen 'Gnostiker' vermeintlich zu Vacca, Eco und einer nebelhaften Postmoderne führen soll, hervorhebt (›Ein neues Mittelalter? Nikolai Berdjajew als Wegbereiter der Postmoderne‹, in: NZZ 27/28.9.86). Eco hat mit Bezug auf Augustinus und den mal. Chiliasmus gesagt, ein berühmtes Buch habe schon oft den falschen Erfolg erzielt, das bekämpfte Argument erst richtig zu „publizieren und zu perpetuieren" (Beato 50); seinem Mittelalterbuch ergeht es mit Bezug auf eine offenbar unverwüstliche Mittelalter-Nostalgie nun ähnlich. „Es ist der Moment, da ein großer Brandstifter zum Feuerwehrhauptmann ernannt wird" (Gott u. Welt 284, zur verfälschenden Wirkung des Ruhms am Beispiel des Thomas von Aquin).

[8] Specchi 88f. zu C. G. Londonio, Cenni critici sulla poesia romantica (1817); vgl. auch Gott u. Welt 108ff. zu der gnostisch millenaristischen Tradition 'selbstmörderischer' Jugendbewegungen unserer Tage.

[9] Wertheimer 101 zu Sommavilla, dem ›Osservatore Romano‹ und ›L'unità‹

(Diskussionen vom 23.10.80; 5.5.82 u.a.): „Zu Verstörungen kommt es vor allem bei den weltanschaulich gebundenen, auf dogmatische Art gebundenen Rezipienten. So ereifert sich die jesuitisch-katholische und die linksradikale Seite mit nahezu austauschbaren Argumenten, wobei der Vorwurf der systematischen Auflösung gesicherter Wertordnungen zugunsten eines *allegro nominalismo nichilistico* (Sommavilla) ins Zentrum der Anklage rückt."

[10] Vgl. Velthoven 47f., Mackey 385f. Zu einer Epitome des 2. Buchs der ›Poetik‹ (aus dem 10. Jh.), dem ›Tractatus Coislinianus‹ vgl. jetzt R. Janko, Aristotle on Comedy, Towards a Reconstruction of Poetics II, Berkeley/Los Angeles 1984. – Warum „il libro della poetica" (119) mit „Buch der Rhetorik" (K 143) übersetzt wird, weiß nur B. Kroeber.

[11] Vgl. Zeichen 111ff.; 126ff.; Semiotik 223ff.; Specchi 228; Problema 243ff., 251ff. sowie Rossi, Imbach und vor allem Velthoven.

[12] Vgl. Le Goff 570ff. zu dem Grundgedanken des Romans von den zwei Möglichkeiten der Wissensspeicherung: 'das Buch als Schatz' und 'das Buch als Werkzeug' sowie zum hochmittelalterlichen Wandel von der ersten zur zweiten Konzeption. Darauf beruhen vor allem die Diskussion 45ff./K 52ff. und die polemische Formulierung (289/K 366) über die Bibliothek als Mittel, die Wahrheit zu verbreiten oder um deren Bekanntwerden zu verzögern. Dazu vgl. auch ›De Bibliotheca‹ in ›Sette anni‹ 237ff.

[13] Abaelard, Sic et non, Prol. (Boyer/McKeon 1976) 103: „Dubitando quippe ad inquisitionem venimus, inquirendo veritatem percipimus." Anspielungen darauf im Roman: 139/K 170; 142/K 174 und vor allem 67/K 81 (Wortspiel mit 'inquisitio'= Inquisition/Forschung).

[14] Zum 'Rosen'-Titel vgl. N 9, Velthoven 54f. und Abaelard, Logica ingredientibus (Geyer 1933) 30: „Universalia nomina nullo modo volumus esse, cum rebus eorum peremptis iam de pluribus praedicabilia non sint, quod tamen tunc quoque ex intellectu significativum est, licet nominatione careat, alioquin propositio non esset: nulla rosa est." Der 'Name der Rose' wäre 'die Rose', aber es gibt sie nicht, ebensowenig wie 'das Pferd' als Universale (36/K 40) oder wie das Ding an sich (im Italienischen reimt 'rosa' sinnkräftig auf 'cosa'), sondern nur das Viele, Individuelle. Zur Unsagbarkeit der Existenz Gottes vgl. 496/K 626 und 139/K 170: Jorges Furcht vor der Sagbarkeit des Satzes „Deus non est" (Ps. 13.1, 52.1) aufgrund der abaelardschen Theorie des Zweifels (Anm. 13). Shakespeares ›Romeo-und-Julia‹-Verse II 2.43–7 wurden sicher zu Unrecht herangezogen, da sie das Gegenteil sagen, die Bedeutung der Sache auf Kosten des Namens (ähnlich wie das „Name ist Schall und Rauch" in Fausts 'Gretchengespräch') hervorheben. Zu den unzähligen Bedeutungen der Rosenmetapher vgl. Pozzi, passim, sowie eine übersehene bei Borges, Erzähl. II 78f.: die islamische 'rosa perpetua' für Gott.

[15] In der Übersetzung (K 36) „daß sie ... sozusagen selber um sich greift" geht diese Bedeutung (33) einer 'Diffusion' verloren.

[16] Die Übersetzung „mit einem Löffelchen über das Meer fahren" (K 619) stammt aus einer Verwechslung von 'traversare' mit 'travasare' (490): „un fanciullo che tenta di travasare l'acqua del mare con un cucchiaio." Vgl. auch 139/K 169: „fomite di dubbio"; 482/K 608: Franziskus und die Kunst, „die Dinge von

einer anderen Seite zu sehen". Zur Theorie des Komischen vgl. Specchi 261ff.: 'Pirandello ridens' (262 z.B. zur humorfeindlichen Ansicht von den „nicht lachenden Engeln"); Frames of comic 'freedom'; Sette anni 253ff.: 'Il comico e la regola'. Es entbehrt nicht der Ironie, daß die 'Untheoretisierbarkeit' des Komischen selbst eine theoretische Tradition hat, seitdem Cicero (De orat; II 218) seine ausführliche Systematisierung der 'ridicula' mit dem Satz einleitete: „mihi quidem nullo modo videtur doctrina ista res posse tradi." Zu Bachtins in der Mediävistik bisweilen überschätzter Theorie des „offiziellen Ernstes und der inoffiziellen Lachkultur" des Mittelalters vgl. Gurjewitsch 352ff. oder Moser, passim, sowie die kritischen Bemerkungen Ecos in: The frames ... 3: „The theory is unfortunately false"; Sette anni 257: „dovrebbero cambiare le metafisiche del comico, comprese la metafisica o la meta-antropologia bachtiniana della carnevalizzazione."

[17] Es fehlt Eco nicht an jener für Borges typischen „Neugier auf Abseitiges", vielleicht aber dessen bei allem Sinn für absurde Komik mitschwingende historische „Pietät". Die Schilderung des verrückten Raritätenkabinetts des Jean, Duc de Berry (nach dem von J. Guiffrey herausgegebenen ›Inventaire‹, Paris 1894–6) sowohl in Problema 29f. wie auch im Roman 426/K 539 dürfte vor allem der surrealistischen Belustigung dienen.

[18] „Die Widerlegung der Zeit ... ist irgendwie in allen meinen Büchern enthalten" sagte Borges (Essays II 180); Eco könnte das Gegenteil sagen; die Widerlegung der Ewigkeit und des Stillstands ist in all seinen Texten enthalten.

Bibliographie

Schriften U. Ecos

Il nome della rosa, Mailand 1980, ^{6}1985; Der Name der Rose, übers. von B. Kroeber, München/Wien 1982; TB-Ausgabe, München 1986.

Nachschrift zum 'Namen der Rose', München/Wien 1984; TB-Ausgabe, München 1986 (Postille a 'Il nome della rosa', Mailand 1983; auch im Anhang der 6. Aufl. 1985).

Apokalyptiker und Integrierte. Zur kritischen Kritik der Massenkultur, Frankfurt a. M. 1984 (Apocalittici e integrati, Mailand 1964).

Beato di Liebana, 'L'Apocalissi', ed. U. Eco, mit einer Einf.: Palinsesto su Beato (21–80) und einem Nachwort: Eco su Eco (165–9), Parma 1973.

Einführung in die Semiotik, München 1972 (La struttura assente, Mailand 1968, ^{2}1980).

The Frames of Comic 'Freedom', in: U. Eco/V. V. Ivanov/M. Rector, 'Carnival', ed. Th. Sebeok, New York 1984, 1–9.

Gott und die Welt. Essays und Glossen, übers. von B. Kroeber, München/Wien 1985 (Auswahl aus: Il costume di casa, Dalla periferia dell' impero, Sette anni di desiderio, Mailand 1973/77/83).

Das offene Kunstwerk, übers. von G. Memmert, Frankfurt a. M. 1962, ^{2}1973 (Opera aperta, Mailand 1962, ^{4}1976).

Lector in fabula, La cooperazione interpretativa nei testi narrativi, Mailand 1979.
Il problema estetico in Tommaso d'Aquino (Turin 1956); 2., revid. u. erweiterte Ausg., Mailand 1970, 3. Aufl. 1982.
The Role of the Reader, Bloomington 1979.
Semiotik und Philosophie der Sprache, übers. von Ch./J. Trabant-Rommel, München 1985 (Semiotica e filosofia del linguaggio, Turin 1984).
Sette anni di desiderio, Mailand 1983, ²1986.
Sugli specchi e altri saggi, Mailand 1985.
Zeichen, Einführung in einen Begriff und seine Geschichte, Frankfurt a.M. 1977 (Segno, Mailand 1973).
Eco, U./Th. E. Sebeok, Der Zirkel, oder im Zeichen der Drei. Dupin, Holmes, Pierce, München 1985 (The Signe of Three, Bloomington 1983).

Sekundärliteratur

Bachtin (frz. Bakhtine), M., L'œuvre de François Rabelais et la culture populaire au Moyen Age et sous la Renaissance, Paris 1970 (Auswahl: Literatur und Karneval ..., übers. von A. Kaempfe, München 1969).
Bachorski, H.-J. (1983), Brückenschlagen – Hakenschlagen, Erzählen über's Mittelalter ..., in: Mitteil. d. dt. Germanistenverbands 30 (1083), 34–40.
–: (1985), Hrsg., Lektüren. Aufsätze zu U. Ecos 'Der Name der Rose' (Göppinger Arb. z. Germanistik 432), Göppingen 1985.
Barthes, R., Leçon/Lektion, Antrittsvorlesung im Collège de France, frz./dt., Frankfurt a.M. 1978.
Battaggion, 'Der Name der Rose' von 1980 bis 1984 im Rahmen des aktuellen italienischen Literaturbetriebs, in: Bachorski 1985, 247–270.
Boff, L., La doppia impasse della conservazione e della creazione (1985), in: Giovannoli 429–38.
Blumenberg, H., Schiffbruch mit Zuschauer. Paradigma einer Daseinsmetapher, Frankfurt a.M. 1979.
Bondy, F., Der Leser als Krimi-Held, in: Rhein. Merkur/Christ u. Welt 3.12. 1982, Nr. 49.
Borges, J.L., Gesammelte Werke, 9 Bde., München/Wien 1980/82 (Bd. 3: Erzählungen I–III; 5: Essays I–II).
Burgess, A., Sherlock Medievale (1983), in: Giovannoli 185–9.
Cardini, F., Clericus in labyrintho (1980), in: Giovannoli 21–32.
Curtius, E.R., Europäische Literatur u. lateinisches Mittelalter, Bern 1948 (ff.).
Demandt, A., Ungeschehene Geschichte. Ein Traktat über die Frage: Was wäre geschehen, wenn ...? Göttingen 1984.
Duby, G./G. Lardreau, Dialogues, Paris 1980.
Duby, G., Les trois ordres ou l'imaginaire du féodalisme, Paris 1978 (Die drei Ordnungen, Frankfurt a.M. 1981).
Ferretti, G. C., Il best-seller all'italiana. Fortuna e formula del romanzo di qualità, Bari 1983.
Giovannoli, R. (Hrsg.), Saggi su 'Il nome della rosa', Mailand 1985 (introduzione 7–20).

Gurjewitsch, A. J., Probleme der Volkskultur und der Religiosität im Mittelalter, in: ders., Das Weltbild des mittelalterlichen Menschen 1980, 352 bis 400.
Hollen, W., Erzählte Semiotik, Betrachtungen zu U. Ecos 'Der Name der Rose', in: Literatur im Kontext, Festschrift H. Schrey, St. Augustin 1985, 113–132.
Huizinga, J., Herbst des Mittelalters (1923), Stuttgart 1953 (ff.).
Ickert, K./U. Schick, Das Geheimnis der Rose entschlüsselt. Zu Ecos Weltbestseller 'Der Name der Rose', München 1986.
Imbach, R., Der Teufel . . . ist die Wahrheit, die niemals vom Zweifel erfaßt wird, in: Civitas 1983, 1/2, 30–33.
Kindermann, U., Satyra. Die Theorie der Satire im Mittellateinischen, Nürnberg 1978.
Koselleck, R., Vergangene Zukunft. Zur Semantik geschichtlicher Zeiten, Frankfurt a. M. 1979.
Lausberg, H., Handbuch der literarischen Rhetorik, 2 Bde., München 1960.
Legendre, P., L'amour du censeur, essai sur l'ordre dogmatique, Paris 1974.
Le Goff, J., Kultur des Mittelalters, München 1970 (ff.; La civilisation de l'occident médiéval, Paris 1964).
Lévi-Strauss, C., Der Blick aus der Ferne, übers. von H.-H. Henschen et al., München 1985 (Le regard éloigné, Paris 1983).
Mackey, L., Il nome del libro (1985), in: Givannoli 383–396.
Minnis, A. J., Medieval Theory of Authorship, Scholastic Literary Attitudes in the Later Middel Ages, London 1984.
Moos, P. v., Geschichte als Topik. Das rhetorische Exemplum von der Antike zur Neuzeit . . ., Hildesheim 1987.
Moser, D.-R., Fastnacht – Fasching – Karneval. Das Fest der 'Verkehrten Welt', Graz/Wien/Köln 1986.
Nipperdey, Th., Nachdenken über die deutsche Geschichte, München 1986.
Parker, D., Lo strano caso del Polipo del Faraone . . . (1984), in: Giovannoli 412–28.
Pozzi, G., La rosa in mano al professore, Fribourg 1974.
Renard, Ph., La sfida di Umberto Eco (1984), in: Giovannoli 208–222.
Rossi, N., Un libro proibito (1984), ebd. 255–282.
Schick, U., Erzählte Semiotik oder intertextuelles Verwirrspiel? U. Ecos Il nome della rosa, in: Poetica 16 (1984) 138–61).
Schlette, H. R., Nur noch nackte Namen . . ., in: Orientierung 48 (1984) 133–138.
Sommavilla, G. (S. J.), L'allegro nominalismo nichilistico di Umberto Eco, in: Civiltà Cattolica 19. 9. 1981.
Stackelberg, J. v., Die deutsche Edelrose. Anmerkungen zur Übersetzung von Umberto Ecos 'Nome della rosa', in: Colloquium Helveticum I 1 (1985) 85–95.
Suchomski, J., *Delectatio* und *utilitas*. Ein Beitrag zum Verständnis mittelalterlicher komischer Literatur, Bern 1975.
Velthoven, Th. van, Teken, Waarheid, Macht. Over 'Der naam de roos' van U. Eco, in: Tijdschrift voor Filosofie 47 (1985) 42–69 (auch italien., in: Giovannoli 288–310).
Vollenweider, A., Ein Krimi aus der Retorte, in: FAZ 9. 10. 1982.

Von den Steinen, W., Das Vergebliche in der Weltgeschichte (1954), in: ders., Geschichte als Lebenselement, Bern/München 1969, 24–42.
Weinrich, H., Unser Mann im Mittelalter, in: Merkur 1 (1983) 95–7.
Wertheimer, J., Im Labyrinth der (Zeit-)Zeichen: Chronik eines Bestsellers, in: Arbitrium 1984, 97–105.
Wyss, U. (1983 a), Die Urgeschichte der Intellektualität und das Gelächter. Ein Vortrag über 'Il nome della rosa', (Erlanger Studien 41) 1983.
–: (1983 b), Spiegel, Traum, Allegorie. Über Mittelalterbücher, in: Mitteil. d. dt. Germanistenverbands 30 (1983) 21–33.
Zecchini, G., Il medioevo di Umberto Eco (1984), in: Giovannoli 322–369.
Zimmer, D., Gipfelkonferenz im Kloster, in: Die Zeit 8.10.1982.

WAS SIND KETZER?
Über den geschichtlichen Ort der Häresien im Mittelalter

Von Alexander Patschovsky

In Umberto Ecos Erfolgsroman ›Il nome della rosa‹ spielen Ketzer eine zentrale Rolle. Es unterstreicht den geistigen Rang dieses Werkes, das eigentlich der historischen Belletristik zuzurechnen ist und das eher auf intellektuelles Vergnügen zielt als auf historisch tiefgründige Wahrheit, wenn man gerade als Fachhistoriker mit dem Spezialgebiet der Ketzergeschichte anerkennen muß, daß Ecos Überlegungen zum Ketzerphänomen mit zum Profundesten gehören, was über dieses Thema in den letzten Jahrzehnten gedacht und geschrieben worden ist.

Es sind zwei zentrale Aussagen, die ich hervorheben und denen ich an dieser Stelle etwas nachgehen will. Die eine findet sich in dem Dialog zwischen der fiktiven Hauptgestalt des Romans, jener Mischung aus Sherlock Holmes, William von Ockham und Roger Bacon, der Eco den Namen William von Baskerville gab, und Ubertin von Casale, dem der Mystik zuneigenden Franziskanerspiritualen, der tatsächlich um die Wende vom 13. zum 14. Jh. gelebt hat und der uns u. a. ein tiefsinniges Werk mit dem sprechenden Titel ›Arbor vitae crucifixae Jesu‹ (Baum des gekreuzigten Lebens Jesu) hinterlassen hat.[1] Dieser Dialog kreist um die Frage der Abgrenzung zwischen den in der Rechtgläubigkeit bleibenden, ja teilweise als Heilige verehrten kirchentreuen Mystikern (zu denen vor allem auch Frauen wie Margarete von Città di Castello und Klara von Montefalco gehörten) und den von der Kirche verdammten radikalen Mystikern, die man als Ketzer brandmarkte, sei es unter dem Namen der Fraticellen oder der 'Häresie vom Freien Geist'. Beide Gruppen schöpften aus demselben ekstatischen mystischen Erlebnis, nur waren die Konsequenzen verschieden: Hier die auf Christus gerichtete Brautmystik, dort angeblich frivole Libertinage. Die beiden Dialogpartner kommen zu sehr unterschiedlichen Bewertungen: Ubertin urteilt vom Ergebnis her, für ihn unterscheiden sich beide Gruppen wie Feuer und Wasser, die einen sind engelhaft gut, die anderen diabolisch böse, die einen gehören zum Reiche Gottes, die anderen zum Reiche Satans. Die schablonenhafte Schwarzweißmalerei, das Fehlen differenzierender Zwischentöne – das ist gut mittelalterlich gedacht. Der ganz unmittelalterlich aufgeklärte William von Baskerville sieht das anders. Er erkennt, „daß zwischen dem Feuer der Seraphim und dem Feuer des Luzifer nur ein geringer Unterschied ist, denn beide entspringen einer extremen Entzündung des Willens“[2]. Anders ausgedrückt: Es gibt eine innere Verwandtschaft zwischen Heiligen und Ketzern, beide Bereiche konvergieren. Man könnte formulieren: Ketzer sind verhinderte Heilige; Heilige sind verkappte Ketzer. Dies der erste Punkt.

Der zweite betrifft einen komplexeren Sachverhalt: In einem Dialog zwischen William von Baskerville und Abbo, dem Abt des Klosters, in dem die Handlung spielt, prallen zwei schon dem Mittelalter mögliche grundverschiedene Verständnismodelle für Erscheinungsform und Wesen der Häresie aufeinander, die allerdings auf einer höheren Ebene nicht nur erneut konvergieren, sondern zugleich einen tieferen Gegensatz sichtbar machen.[3] Abt Abbo weigert sich, zwischen den einzelnen häretischen Gruppierungen einen Unterschied zu machen, seien das Katharer oder Waldenser, Fraticellen oder Anhänger des Fra Dolcino; für ihn handelt es sich dabei jeweils nur um eine der „zahllosen Erscheinungsformen des Bösen“[4], die alle eines gemeinsam haben: sie stellen die hergebrachte Ordnung, in der das Gottesvolk lebt, auf den Kopf[5]. Für diese Grundeinstellung gegenüber den Ketzern hatte das Mittelalter das Gleichnis von den Füchsen Simsons parat (Iudic. 14, 4/5): wie jeder von ihnen ein anderes Gesicht hat, ihre Schwänze aber zur Einheit zusammengebunden sind, so seien die Ketzer in einzelne Sekten geschieden, in der Bekämpfung der Kirche aber einig.[6] „Vermischt nicht, was verschieden ist“, ruft William von Baskerville dem Abte zu,[7] meint aber an anderer Stelle selbst – entsprechend dem Denk- und Sprachgebrauch scholastischer Kategorien –, der Unterschied zwischen den Sekten ginge nicht in die Substanz, sondern sei lediglich akzidentiell[8]. In einem tieferen Sinne sind sich also der Abt und sein Widerpart einig: Häresie ist ein Gesamtphänomen, ihre divergierenden Erscheinungsformen sind etwas rein Äußerliches; und Häresie als Ganzes zielt auf Veränderung der Welt, ist folglich bedingt durch Unzufriedenheit mit dieser Welt. Der Ketzer ist seinem Wesen nach nicht so sehr glaubensmäßig als sozial aussätzig. Daher reagieren die systemerhaltenden Kräfte auf die Systemveränderer, indem sie sie ungeachtet aller Unterschiede als Einheit fassen, gar nicht an den Überzeugungen des Ketzers als eines Individuums interessiert sind, sondern jedem einzelnen die Abirrungen und Untaten des ganzen Genus anlasten. So wird der vielleicht harmlos Irrende zum häretischen Monstrum, präsentiert sich „die Vielfalt der Häresien als ein einziges großes Knäuel teuflischer Widersprüche, das den gesunden Menschenverstand beleidigt“[9]. Die Positionen beider Männer unterscheiden sich indessen wieder in der Wertung dieses Sachverhalts: Ketzerei als Infragestellen der vorgegebenen Ordnung ist für den Abt vom Teufel, für William von Baskerville Aufschrei der gequälten Kreatur. Und weil Ketzerei als Ketzerei gar nicht gefragt ist, sondern bloßes Ventil ist für tieferliegende Spannungen, die im sozialen Bereich vermutet werden, ist letztlich nicht nur der Unterschied zwischen allen Ketzersekten sekundär, sondern auch zwischen ketzerischer und rechtgläubiger Lehre: „Jeder ist ketzerisch, jeder ist rechtgläubig, nicht um den Glauben geht es, den eine Bewegung anbietet, sondern allein um die Hoffnung, die sie weckt. Jede häretische Lehre ist stets nur das Banner, die Kampfparole einer Revolte gegen realen Ausschluß. Kratz an der Häresie, und du findest den Aussätzigen."[10]

Soweit Eco. Sein Verständnisansatz ist nicht unbedingt neu, deswegen allerdings auch nicht unbedingt richtig. Gegen den Versuch z. B., Häresie als ein primär soziales Phänomen aufzufassen, hat ein Gelehrter wie Herbert Grundmann sein Leben lang mit Leidenschaft gefochten. Aber auch er hätte wohl zugegeben, daß nirgendwo der soziale Erklärungsansatz für Häresie derart gedankenreich und suggestiv mit unbestreitbaren Erscheinungsformen mittelalterlicher Ketzererkennung und Ketzerbekämpfung verknüpft worden ist wie bei Eco. Daß nur ein Gradunterschied zwischen Heiligen und Ketzern bestand, hätte er sogar vollen Herzens unterschrieben, denn kein anderer als Grundmann selbst hat als erster aufgezeigt, daß religiöse Bewegung ein geschichtliches Gesamtphänomen ist – ungeachtet aller dogmatischen Differenzen, Kanonisierungen von Personen und Ansichten hier, Verteufelungen dort –, das man nicht gröber verkennen kann, als wenn man dessen häretischen Bestandteil isoliert, Ketzer zu Exoten macht oder zur Randgruppe im Minderheitenstatus.[11] Als 'mehrheitsfähig' erwiesen sich Ketzer zwar offenkundig nicht, sonst hätte ihre Ketzerei irgendwann einmal als rechter Glaube allgemeine Geltung gefunden, hätte ihre Anhängerschaft den Status einer verfemten Sekte zumindest mit dem einer 'anerkannten Kirche' eingetauscht, wie das im Laufe der Jahrhunderte wenigstens den Protestanten geglückt ist (womit die mittelalterliche Ketzersekte der Waldenser als evangelische Gliedkirche eine späte Rehabilitierung erfuhr). Aber 'Mehrheit' oder 'Minderheit' sind bloße Ex-eventu-Kategorien, ohne Belang für die historische Einordnung, wenn beide zwei Seiten derselben Medaille sind, verschiedene Verzweigungen derselben Grundströmung.

Welches aber ist diese Grundströmung? Ist es der uralte Antagonismus zwischen den Erfolgreichen und den Schlechtweggekommenen, zwischen denen, die im Lichte, und denen, die im Dunkeln stehen, wie Bert Brecht das in den Schlußstrophen des Dreigroschenfilms ausdrückt? Dann wäre Ketzerei nichts als das Stigma eines gesellschaftlichen Defekts, und – Eco zufolge – wäre auch der 'rechte Glaube' auf derselben Ebene anzusiedeln. Religion (gleich welcher Art) also Opium fürs Volk? Auf eine subtile Variante des Marxschen Verdikts läuft Ecos sozialer Erklärungsansatz für das Häresiephänomen im Grunde hinaus. Oder muß man mit Herbert Grundmann die mittelalterliche Ketzerei in ein weiteres Umfeld einbetten, aus dem sie zu erklären wäre und für das sie ihrerseits Indikatorcharakter hätte? Was also waren die Ketzer? Verhinderte (oder wirkliche) Sozialrevolutionäre, und nichts sonst, oder doch wenigstens: dies zuerst? Oder Kinder ihrer Zeit in einem sehr viel weiteren Sinne, der das Element sozialen Rebellentums nicht unbedingt ausschließt, aber das Ketzereiphänomen auch nicht darauf reduziert? Ecos Buch provoziert auch und gerade für den 'Fachhistoriker' von neuem die Frage nach dem geschichtlichen Ort der Häresie.

Ich will die Frage von zwei Seiten her angehen:

1. Was waren die Ketzer in der Sicht des mittelalterlichen Menschen?
2. Welchen Feldern historischen Geschehens lassen sich Häresien zuordnen?

Die erste Frage zielt auf den Ort der Häresie im *Weltbild* des Mittelalters; die zweite auf ihren Ort in der mittelalterlichen *Geschichte*. Es ist klar, daß beide Aspekte im Rahmen dieses Essays nur paradigmatisch behandelt werden können. Und es ist ebenso klar, daß dabei die anzuführenden Ketzer und Ketzersekten selbst nur Paradigmata sind und daß in keiner Weise die Absicht besteht, auf ihre jeweilige Erscheinungsform und Geschichte näher einzugehen oder gar Ecos diesbezügliche Aussagen 'nachzuprüfen'.

I.

Zunächst also: Was waren die Ketzer in der Sicht des mittelalterlichen Menschen? Die Frage ist mit einem Satz beantwortet: Sie waren des Teufels. Von dieser Grundeinschätzung her lassen sich nahezu alle Aussagen und Verhaltensweisen des Mittelalters den Ketzern gegenüber verstehen. Das läßt sich schon an den kanonisch-rechtlichen Häresiedefinitionen ablesen, wie sie z. B. Johannes de Segusio, Kardinalbischof von Ostia (und daher allgemein der Hostiensis genannt), um die Mitte des 13. Jh. zusammenstellte.

Zehn Fallgruppen bildete er[12]: Ketzer war, (1) wer die Sakramente der Kirche schändete wie der Simonist (weil er sakramentale Handlungen zu einem Kaufobjekt degradierte); (2) der Schismatiker; (3) wer in der Exkommunikation verharrte; (4) wer die Heilige Schrift falsch auslegte; (5) wer eine neue Glaubensgemeinschaft, eine Sekte, begründete oder sich einer solchen anschloß; (6) wer den Jurisdiktionsprimat der Römischen Kirche, d. h. des Papstes, nicht anerkannte; (7) wer nicht teilhatte an der sakramental begründeten Glaubensgemeinschaft der Kirche; (8) wer die Gebote des Apostolischen Stuhls hartnäckig übertrat; (9) wer den päpstlichen Erlassen widersprach und sie nicht anerkannte; und ganz allgemein war (10) jeder ein Ketzer, der über Glaubensartikel und Sakramente anders dachte als die Römische Kirche.

Manches überschnitt sich da (etwa Fallgruppe 3 und 7), anderes lief auf dasselbe hinaus, wie z. B. die Fallgruppen 6, 8, 9 und 10, die im Grunde nur Spezifikationen desselben Prinzips sind, das erstmals Papst Gregor VII. in einem berühmten Dictum des ›Dictatus papae‹ formulierte: „Daß niemand als rechtgläubig anzusehen sei, wer nicht mit der Römischen Kirche übereinstimmt"[13]; man könnte sogar sagen, daß die „Häresie des Ungehorsams"[14] gegenüber der Römischen Kirche, d. h. gegenüber dem Papst, als die Häresie schlechthin galt.

Aber all das sind nur Versuche, die Erscheinungsformen der Häresie von Sachfeldern her zu erfassen, so wie die Aufnahme des Ketzerkatalogs Isidors von Sevilla in Gratians Dekret (C. 24 q. 3 c. 39) den Versuch darstellt, Häresie in der Fülle ihrer personalen Ausformung in den Griff zu bekommen. Mit Hilfe solcher Kriterien und Beschreibungen suchte man Orientierung zu gewinnen, um inmitten der gläubigen Herde die 'räudigen Schafe' ausfindig zu machen (um ein beliebtes Bild für Ketzer zu gebrauchen), um den bloß irrenden Bruder in Christo vom verstockten Irrlehrer, den bußfälligen und damit der Erlösung fähigen Sünder vom hartnäckig auf seinem Irrtum beharrenden und darum unbußfertig in Todsünde verbleibenden Ketzer unterscheiden zu können. War aber einmal aufgrund derartiger Kriterien erkannt und rechtsförmlich entschieden, wer ein Ketzer war, dann konnte über seine Zuordnung kein Zweifel mehr bestehen: In welcher Gestalt auch immer Ketzer auftreten, so variiert Hostiensis das Bild der Füchse Simsons mit ihren zusammengebundenen Schwänzen: sie sind stets für die Hölle bestimmt.[15]

Von dieser heilsgeschichtlichen Zuordnung her erfolgte die wesensmäßige Charakterisierung. Da sind vor allem die Bilder der Krankheit, die für Häresie gebraucht werden, die nicht nur die Gefahr der Anstekkung und damit der Verderblichkeit für den Christen signalisieren, sondern die für sich schon das Abnorme ausdrücken[16]: das Wort 'Krankheit' (morbus) kann geradezu synonym mit Ketzerei gebraucht werden; vom Bild der 'räudigen Schafe' (oves morbidae) war schon die Rede; Ketzerei ist 'Aussatz' (lepra); Ketzerlehre und Ketzer werden gern mit dem schmückenden Beiwort 'todbringend' (mortiferus) oder 'pestbringend' (pestiferus) versehen, ja die Pest selbst kann 'häretisch' sein und dann 'Verdammnis stiftend' (dampniferus). Häresie verbreitet sich wie ein Krebsgeschwür (ut cancer serpit/se diffundit), wie ein Virus, oder wie man Gift verspritzt (venenum sue versucie diffundere), das dann 'todbringend' (letiferus) in den Eingeweiden wühlt und das man aus dem Mund der 'alten Schlange' empfing. Es fügt sich ins Bild, daß häretische Lehren und ihre Träger 'pervers' sind, Häresie eine 'Nichtswürdigkeit' (nequitia) ist, ein 'Schandfleck' (labes), eine 'stinkende Fäulnis' (putrida tabes), daß die Berufsbezeichnung für den Ketzerinquisitor 'Inquisitor der häretischen Schlechtigkeit' (inquisitor haereticae pravitatis) lautet, dessen Aufgabe darin besteht, das Zerstörungswerk der häretischen Füchse im Weinberg des Herrn zu verhindern,[17] und der sich dieser Aufgabe nach Art eines Arztes unterzieht (publica pestis heretica ... remediis medicinalibus est curanda). Man gebe sich da freilich keinen Illusionen hin: Von dieser Sorte 'Arzt' erwartete man die Amputation, nicht die Heilung eines 'kranken Gliedes'.

Ganz allgemein: Ketzer sind bösartig (malignus), verderbt (pravus), fluchwürdig (execrandus), sie suhlen sich im Schmutze (sordere) ihrer Häresie, verfälschen (falsare) den Glauben. Ihnen eignet Verschlagenheit (astutia oder versutia), und die ist teuflisch oder schlangengleich. Sie sind wie Dornensträucher (vepres) und Unkraut (zizania), und dergleichen hatte man herauszureißen (eradicare, exstirpare) und – falls man damit nicht entsprechend dem Gleichnis Jesu vom Unkraut (Matth. 13, 24–30) bis zum Jüngsten Gericht warten wollte – zu verbrennen. Und das tat man denn auch, zunächst bis ins 13. Jh. hinein in eher tumultuarischer Form; seit Kaiser Friedrich II. die Verbrennungsstrafe für Häresie obligatorisch machte, dann nach Recht und Gesetz.[18]

Sprache ist verräterisch, und so weisen die Wortfelder, in denen die Bezeichnung Ketzer und verwandte Begriffe immer wieder begegnen, von selbst auf den Bereich, der als Quelle und Inbegriff aller Ketzerei gelten kann: auf die Welt des Bösen. Im Tugenden- und Lasterschema des Mittelalters ist Häresie ganz selbstverständlich der superbia, der 'Hoffart', zugeordnet, die nach übereinstimmender Auffassung der Theologen als der berufsmäßigen Sittenwächter die radix vitiorum, die 'Wurzel alles Bösen', war; hypocrisis, 'Heuchelei', ist eine der Ableitungen der superbia, die den Ketzer ganz besonders kennzeichnet. Denn Häretiker sind von Natur aus unfähig zu allem Guten, und tun sie es de facto doch, dann spiegelt sich in Wahrheit gerade darin ihre Bosheit: Nicht fromm sind sie, sondern sie erwecken nur den 'Anschein der Frommheit' (species pietatis); täuschen Heiligkeit nur vor, um ihre wahren Absichten zu verbergen (sub sanctitatis simulatione se palliant), wie der Wolf im Schafspelz.[19] So ist es auch nur recht und billig, wenn man das Häresiedelikt rechtlich einstuft wie das Fälschereidelikt und ebenso ahndet.[20]

Die Zuordnung von Häresie und Häretikern zum Reich des Bösen geht aber noch über die bloße Stigmatisierung hinaus: Sie sind als pars oder membra diaboli nicht nur für sich böse und vom Teufel gleichsam besessen, sondern Teil der Teufelswelt selbst: Im Tegernseer Antichristspiel aus der späten Stauferzeit sind 'Heuchelei' (hypocrisis) und 'Häresie' die Begleiter des Antichrist; und jeder mittelalterliche Theologe kannte zu den Worten des 1. Johannesbriefes 2, 18: „Ihr habt gehört, daß der Antichrist kommt, und jetzt sind viele Antichriste gekommen", den Kommentar der Glossa ordinaria: „'Antichristen' – das sind alle Ketzer ..."[21].

Wer so genau wußte, an welchem Ort die Ketzer in der kosmischen Ordnung zu plazieren waren, der hatte auch keine Mühe sich vorzustellen, was sie trieben: Teufelswerk natürlich, und das war trotz mancher bizarren Züge ein ziemlich eintöniges Einerlei.[22] Zum festen Repertoire der Ketzervorstellung gehörte vor allem der Ketzersabbat (der direkte Vorläufer und Konkurrent des Hexensabbats), mit allem Drum und Dran: Auf solchen Veranstaltungen wurden kleine Kinder geschlachtet, verbrannt und aus ihrer Asche 'nach Heidenbrauch' (more paganorum)[23] magisches Pulver bereitet; da übte man sich in sexuellen Exzessen, mit Vorliebe solchen widernatürlicher wie widergöttlicher Art (Beischlaf mit Mutter, Schwester, Patentante, aber auch Mann mit Mann und, mutatis mutandis, Frau mit Frau); vor allem aber erwies man Lucifer kultische Verehrung, der seine Gläubigenschar entweder als Kater zu beglücken pflegte, der auf eine nach Heidenart aufgestellte Säule kletterte und sich das Hinterteil küssen ließ, oder der in großer Herrlichkeit und Majestät erschien, auf einem goldenen Thron sitzend und umschwebt von Engeln, genau wie das 'Lamm Gottes' in der Offenbarung Johannis (7, 9–12), nach der eine Szene dieser Art gestaltet wurde.

Eine Art 'verkehrte Welt' also, die nicht eigentlich ein Eigenleben führte, sondern für deren Gestaltung die Ordnung einer vom Geiste Gottes durchwalteten heilen christlichen Welt gleichsam kat' antiphrasin den Bezugspunkt bildete. Ketzer mußten daher Leute sein, die das genaue Gegenteil dessen machten, was christliche Lehre als recht und Gott wohlgefällig erkannt hatte: Statt Gott zu verehren, beteten sie Lucifer an; statt zu den Getreuen Christi zu gehören, waren sie Teil des Corpus Antichristi; ihre rituellen Zusammenkünfte sind Persiflagen des christlichen Ritus, soweit nicht aus älteren Traditionen die Zerrbilder heidnischer oder gnostischer Riten als Muster dienten (bei Eco finden sich sprechende Beispiele). Diese Zusammenkünfte finden grundsätzlich im Geheimen statt, wie Heimlichkeit überhaupt Wesensmerkmal der Ketzerei ist: man trifft sich nachts in unterirdischen Kellern oder Höhlen, bildet Konventikel, wo man im Geheimen lehrt, wirkt als 'Winkellehrer'.[24]

Man verkennt den stereotypen Charakter von Schilderungen derartiger Untergrundtätigkeit, nimmt man sie für bare Münze; derartige Praktiken wurden nicht berichtet, weil offene Predigt für Ketzer in der Tat lebensgefährlich sein konnte, sondern weil dergleichen unabhängig von aller äußeren Wirklichkeit zu ihrem inneren widerchristlichen Wesen gehörte, denn Christus hatte gesagt (Joh. 18, 20): „Ich habe offen vor aller Welt gesprochen. Ich habe immer in der Synagoge und im Tempel gelehrt, wo alle Juden zusammenkommen. Nichts habe ich im geheimen gesprochen." Auf gleicher Ebene liegt es, wenn mittelalterliche Berichterstatter einem einzureden suchen, der Ketzeranhang rekrutiere sich vornehmlich aus leichtverführbaren 'Fräulein' (mulierculae), vor deren Gefährdung der Apostel Paulus so eindringlich gewarnt hatte (2. Tim. 3, 6);[25] oder daß Frauen generell das bevorzugte Objekt häretischer Werbung seien, über die man an ihre Männer – nach mittelalterlicher Anschauung bekanntlich die capita mulierum – heranzukommen suchte;[26] man muß keiner frauenemanzipatorischen Richtung angehören, um zu erkennen, daß hier nicht brandneue historische Wirklichkeiten, sondern altehrwürdige sozialpsychologische Klischees Pate standen.

So abgeschmackt und wenig phantasievoll das überwiegend ist – Originalität war auch gar nicht gefragt, sondern Einordnung in das vorgeblich Bekannte: in das Reich Satans als der Gegenwelt zum Reiche Christi, was immer man von beidem zu wissen meinte. Solch fixe Vorstellung davon, welche Rolle die Ketzer auf der Weltbühne zu spielen hatten, erklärt z. B. die unterschiedslose Übertragung 'luciferianischer' Glaubensvorstellungen und -praktiken auf Gruppen, die natürlich weder 'Luciferianer' waren noch irgend etwas miteinander zu tun hatten: Dergleichen unterstellte man dem theosophischen Zirkel der sich vornehmlich aus dem hohen Klerus rekrutierenden Ketzer von Orléans 1022, den Katharern des 12./13. Jh., dem Ritterorden der Templer 1307 bis 1312 und den Waldensern in Schlesien und der Mark Brandenburg im 14. Jh., bis der gesamte Vorstellungskreis schließlich an den Hexen festgemacht wurde.[27] Das sind typische Wandermotive, die nichts über die Ketzer, aber viel über die Welt aussagen, in der sie lebten und von der sie verfolgt wurden. Weil man zu wissen meinte, wo ihr metaphysischer Ort war, glaubte man auch, ihre geschichtliche Gestalt zu kennen. Und so fragte man Ketzer, hatte man sie einmal als solche erkannt (oder sie dazu gemacht), was man ihnen aufgrund höherer Einsicht in die Weltordnung zutrauen durfte, ja zutrauen mußte; und bei den wenig rücksichtsvollen Fragemethoden (seit 1252 war auch die Folter gestattet) erfuhr man immer, was man wissen wollte, sofern man zur Bestätigung der eigenen Vorurteile überhaupt Fragen zu stellen für notwendig hielt.[28]

Kurzum: Der Ort der Ketzerei im Weltbild des mittelalterlichen Menschen präformierte in entscheidender Weise die Aussagen über ihre geschichtliche Gestalt. Wer als Historiker wissen will, was es mit Ketzern auf sich hatte, muß erst den Nebel der Klischees durchdringen, der ihr Bild in den Quellen verhüllt. Wer aber verstehen will, weshalb man im Mittelalter so wenig an einer säuberlichen Unterscheidung der Häresien und der Häretiker interessiert war, daß man die Accessoires der Teufelsdiener undifferenziert auf alle übertrug, muß sich bewußt sein, daß unseren mittelalterlichen Gewährsleuten nicht so sehr Angst vor einer Bedrohung der Ordnung *dieser* Welt die Feder lenkte, sondern weil sie im Ansturm der Ketzer auf diese Welt die *metaphysische* Welt bedroht sahen. Im katharischen Mythos von Lucifer, der am Ende der Zeiten mit seinen Getreuen erneut den Kampf mit dem Erzengel Michael wagen und diesmal siegreich bestehen würde, erhielt diese metaphysische Angst um das Seelenheil der Streiter Gottes eine vermeintliche Bestätigung (ein Bild übrigens, das – zur Verwirrung der Historiker – gleichfalls losgelöst von seinen Erfindern auf ganz andere Ketzergruppen übertragen werden konnte[29]). Erst vor dem Hintergrund des allgegenwärtigen Bewußtseins vom kosmischen Ringen zwischen Gott und dem Satan, in das der einzelne Mensch auf der einen oder auf der anderen Seite im Hier und Jetzt verstrickt ist und dessen Ausgang über das individuelle Heil eines jeden entscheidet, erhält das mittelalterliche Bild vom Ketzer und die Erbarmungslosigkeit, mit der er bekämpft wurde, geschichtlich Relief.

II.

Vom geschichtlichen Ort des Ketzers im Weltbild des Mittelalters zum Bezugsrahmen, den das historische Verständnis für mittelalterliche Häresien erschließen kann! Ketzerei begegnet unter Theologen, bei denen gelehrte Beschäftigung mit Glaubenswahrheiten gewissermaßen das natürliche Berufsrisiko darstellte ('hérésie savante' ist der dafür geprägte Terminus); und Ketzerei ist ebenso bei der komplementären Erscheinung zur Häresie der Intellektuellen anzutreffen: bei den religiösen Bewegungen breiterer Schichten ('hérésie populaire' genannt).[30] Häresie war Sache der hohen Politik und der kleinen Leute, war Massenbewegung und auch auf bloß esoterische Zirkel beschränkt, war Gegenstand ökumenischer Konzilien und lokal begrenzter Lynchjustiz, beschäftigte die Phantasie von Dichtern wie von Notaren, von Predigern wie von Rechtsgelehrten. Kurz: es gab wohl nicht sehr viele Felder mittelalterlicher Lebenswirklichkeit, die nicht in irgendeiner Form vom Phänomen Häresie berührt worden wären. Von ihnen allen will ich hier nur zwei etwas näher betrachten: den Bereich von Kirchenreform und Kirchenkritik sowie das weite soziale Bezugsfeld der Häresie – beides freilich jeweils bereits kleine Welten, die einen relativ umfassenden Einblick in das häreseologische Spektrum erlauben.

Zunächst also zum Umfeld von Kirchenreform und Kirchenkritik, in dem Häresien während des gesamten Mittelalters begegnen, vom ersten Moment an, wo man überhaupt von dergleichen sprechen kann.[31] Dieses erste Beispiel ist die vom hl. Bonifatius eingeleitete Reform der fränkischen Kirche, als in den reichlich erratischen Gestalten eines Aldebert und eines Clemens auch schon Ketzer begegnen. Man wird ihnen schwerlich gerecht, wenn man sie als ekstatische Schwärmer bzw. theologische Eigenbrötler – wie es sie immer und überall gab und gibt – aus ihrer eigenen Zeit gleichsam herauszuschneiden sucht.[32] Denn wichtiger, als was sie lehrten, ist, daß sie lehrten und Zuhörerschaft fanden und daß man sie überhaupt entdeckte. Ihr Auftreten ist zunächst einmal ein Zeichen für eine gewisse religiöse Aufnahmebereitschaft in breiteren Kreisen, die man bei dem bekannten Zustand der fränkischen Kirche in vorbonifatianischer Zeit nicht unbedingt erwarten würde; und daß man sie fand, vor Synoden verhörte und ihren Fall gar in Rom verhandeln ließ, dürfte weniger zu werten sein als ein Indiz für eine von diesen Leuten ausgehende konkrete Gefahr, sondern vielmehr als Zeugnis einer geschärften Bereitschaft des fränkischen Klerus zur Wahrnehmung pastoraler Pflichten, zu denen auch die Sorge um den rechten Glauben im Sinne der anerkannt gültigen kirchlichen Tradition gehörte.

Als diese Bereitschaft wieder abnahm, verschwanden auch die 'populären Häresien', und sie tauchten wieder auf, als es erneut um Reform der Kirche ging: nun nicht mehr bloß im ehemals fränkischen, sondern im gesamten abendländischen Bereich, und dieses Ringen um Reform sollte bis zum Ausgang des Mittelalters nicht mehr aufhören. Exakt zum Jahre 1000 wird uns nach dem Vorspiel der Karolingerzeit der nächste Fall[33] von mittelalterlicher Häresie berichtet: Schauplatz ist Vertus in der Champagne, Ketzer ist ein Bauer namens Leutard, der nach evangelischem Vorbild (wie er es verstand) ein neues Leben führte und propagierte, bibelfest genug, um mit dem zuständigen Bischof von Châlons-sur-Marne öffentlich eine Disputation zu führen, bei der er freilich keine sehr gute Figur machte, so daß ihm sein Anhang davonlief und er sich, an seiner Berufung verzweifelnd, das Leben nahm; das typische Ende eines Teufelsdieners, wie der Chronist nicht vergaß zu erwähnen.[34] In der ersten Hälfte des 11. Jh. begegnen uns in Europa noch vier weitere leidlich gut bezeugte Fälle von Häresie: in Orléans 1022, in Arras 1025, in Monteforte bei Turin 1028, in Lothringen um 1050.

Sie alle unterscheiden sich beträchtlich im dogmatischen Bereich; die soziale Zusammensetzung differiert und zeigt doch zugleich das Spektrum der gesamten Bevölkerung: Bauern in Vertus, hoher Klerus in Orléans, städtisches Kaufleute- und Handwerkermilieu in Arras, hoher Adel in Monteforte, 'kleine Leute' anscheinend in Lothringen. Ein sektenmäßiger Zusammenhang zwischen den einzelnen Gruppen ist nicht erkennbar. Schaut man aber auf Raum und Zeit und auf gewisse Grundzüge ihrer Lehren, so wird der Zusammenhang mit dem Hauptereignis des 11. Jh. evident: der mit dem Namen Gregors VII. verbundenen Kirchenreform, die zudem in genau jenem Raum ihren Rückhalt fand, in dem auch die Ketzer der ersten Hälfte des 11. Jh. begegnen. In der zweiten verschwinden sie wieder – ganz natürlich, weil sie und ihr Kräftepotential von der allgemeinen Kirchenreform, die man schon beinahe eine Kirchenrevolution nennen könnte, aufgesogen worden sind.[35]

Als dann der Elan der Reform nicht mehr alle Kräfte der Kirche beseelte, sich die Amtskirche zum Gewinner aufwarf, die ihre in den Turbulenzen des sog. Investiturstreits erreichte Machtstellung kontinuierlich weiter ausbaute, während daneben die Suche nach neuen, wahreren christlichen Lebensformen abseits der Amtskirche und stets im latenten oder offenen Konflikt mit ihr und ihren Vertretern weiterging, da begegnen seit dem Anfang des 12. Jh. erneut Ketzer: Erst vereinzelt, wie der in der Utrechter Diözese wirkende Tanchelm, der quer durch Frankreich ziehende Mönch Heinrich von Lausanne, der Priester Petrus von Bruis, den eine aufgebrachte Menge in St-Gilles in der Provence verbrannte, der bretonische Adlige Eon von Stella oder der Regularkanoniker Arnold von Brescia, dessen Asche Friedrich Barbarossa in den Tiber streuen ließ. Sie unterscheiden sich in ihrem Auftreten als Wanderprediger, zumeist mit theologischer Bildung und klerikaler Herkunft, wie nach Art der Zusammensetzung ihrer Anhängerschaft kaum oder gar nicht von gleichzeitigen Wanderpredigern wie Robert von Arbrissel, Bernhard von Thiron, Girald von Salles und Vitalis von Savigny, oder auch Norbert von Xanten, deren Rechtgläubigkeit entweder nicht in Zweifel gezogen wurde oder die sie verteidigen konnten und die als Kloster-, ja sogar Ordensgründer in die Geschichte eingingen und als Heilige verehrt wurden: Robert von Arbrissel etwa als Stifter der insbesondere bei Damen des Hochadels beliebten Abtei Fontevrault, Norbert von Xanten als Begründer des Prämonstratenserordens.[36] Es ist keine Frage, daß die Ketzer wie die Heiligen unter den Wanderpredigern ein und demselben sozialen wie frömmigkeitsgeschichtlichen Umfeld zuzuordnen sind und es eher Unterschiede der individuellen theologischen Bildung und des Auftretens, der persönlichen Beziehungen zu den Machtträgern in Kirche und Laienschaft waren als prinzipielle Differenzen in Reformziel, -methode und -publikum, die die einen zu Tode oder in Klosterhaft und die anderen zur Ehre der Altäre brachte. Verstehen wird man jedenfalls die einen wie die anderen nur, wenn man sie als verschiedene Ausprägungen gleichartiger historischer Grundbedingungen betrachtet.

Ein wenig anders liegt der Fall bei den seit der Mitte des 12. Jh. auftretenden Katharern und den seit den 1170er Jahren begegnenden Waldensern. Beide – namentlich die Katharer – entwickelten sich sehr rasch zu Großsekten, die der Kirche zumindest in bestimmten Regionen wie Südfrankreich und Oberitalien ernsthaft Konkurrenz zu machen verstanden. Sie haben für ein volles Jahrhundert das mit der Amtskirche nicht konforme Potential religiöser Bewegung zu binden vermocht, bis die einen – die Katharer – durch Inquisition, Ketzerkreuzzug (Albigenserkriege 1209–1229) und überlegene Theologie in die Bedeutungslosigkeit abgedrängt wurden und schließlich ganz aus der Geschichte verschwanden, die anderen – die Waldenser – zwar in Frankreich, Italien und Deutschland trotz aller Verfolgung sich bis über das Ende des Mittelalters hinaus halten konnten (in Piemont z. B. sogar bis in die Gegenwart), aber über die Kryptoexistenz einer vom Strome der Zeit abgeschnittenen Sekte seit dem 14. Jh. nie mehr hinauskamen – falls sie sich nicht mit den aus ganz anderen Voraussetzungen erwachsenen religiösen Bewegungen des Hussitismus im 15. und des Protestantismus im 16. Jh. verbanden. Daß Katharer und Waldenser in ihrer Blütezeit das Phänomen der Häresie als einer Erscheinung von zuvor eher marginaler Bedeutung zu einem beachtlichen religions-, kirchen-, ja machtpolitischen Faktor werden ließen, hat wesentlich damit zu tun, daß ihnen in der zweiten Hälfte des 12. Jh. das Feld religiöser Reformen weitgehend überlassen worden ist. Stand nämlich in der ersten Hälfte des 12. Jh. mit den rechtgläubig bleibenden Wanderpredigern, vor allem aber den Ordensstiftungen der Zisterzienser und Prämonstratenser sowie der Regularkanoniker für religiöse Kräfte ein hinreichend großes kirchentreues Angebot zur Auswahl, so kann man Vergleichbares in der zweiten Jahrhunderthälfte nicht mehr erkennen, als jene Reformorden zunehmend konsolidiert, saturiert und im Vergleich zum Impetus ihrer Anfänge degeneriert waren, die Sehnsucht breiter Schichten der Bevölkerung nach wahrer evangelischer Lebensweise aber unverändert (wenn nicht sogar in gesteigerter Form) fortbestand. Katharer und Waldenser füllten daher eine Lücke, deckten einen Bedarf, den kirchentreue Bewegungen in dieser Zeit nicht zu befriedigen vermochten. Es war also im Prinzip gleichgültig, ob Ketzer aus einer Konkurrenzsituation heraus im Christenvolke Anhang fanden, oder weil sie allein das Feld religiöser Erneuerung beherrschten. Für ihren Erfolg oder Mißerfolg, ja für ihre eigene Existenz war zunächst einmal entscheidend, ob überhaupt nennenswerte religiöse Kräfte vorhanden waren, die nach Ausdruck suchten.

War das der Fall, so war die Grundvoraussetzung für die Existenz von Ketzern gegeben, deren Erfolg sich dann danach bemaß, wie attraktiv die rechtgläubige Konkurrenz war und wie gefährlich für Leib und Leben eine häretische Existenz.

Primär von hier aus erklärt sich auch der Abstieg der Katharer und Waldenser seit dem beginnenden 13. Jh., denn mit den Bettelorden bekamen sie wieder kirchentreue Rivalen um die Gunst des Publikums. Insbesondere die Franziskaner haben ihnen das Wasser abgegraben, die genau wie sie eine Lebensform anstrebten, in der das religiöse Grundanliegen der Zeit nach Ausrichtung des Lebens am Beispiel Christi, der Apostel und der Urkirche Gestalt zu werden schien. Gerade aber weil es die Franziskaner so ernst meinten mit ihrem beständigen Ringen um die wahre evangelische Lebensform, verwundert es nicht, wenn sich innerhalb des Franziskanerordens und in dessen Umfeld der Prozeß wiederholte, der sich innerhalb der gesamten religiösen Bewegung des 12./13. Jh. vollzogen hatte: daß sich im Spannungsfeld zwischen religiös-reformerischem Ideal und praktizierter Wirklichkeit, oder ganz einfach weil neue Strömungen wie die von Joachim von Fiore ausgehenden eschatologischen Erwartungen en vogue kamen, Gruppen abspalteten oder den Orden sprengten; im 14. Jh. waren das die Observanten hier und Konventualen dort, und lange vorher schon die Spiritualen, Fraticellen und Apostoliker (wie man in der deutschsprachigen gelehrten Literatur die Anhänger des Fra Dolcino zu nennen pflegt). Wichtig für das Verständnis ist, daß all diese genuin häretischen oder als häretisch gebrandmarkten Gruppen und Strömungen nicht zu denken sind ohne eine stete Wechselbeziehung zu religiösen Grundanliegen der Zeit, der sie ihre Entstehung verdankten, in der sie verankert waren und deren Ausdruck sie gewesen sind.

All diese und die mancherlei anderen Ketzergruppen, die ich hier übergehe, sind natürlich auch noch ganz anderen Bezugsfeldern als dem religiös-reformerischen zuzuordnen. Von ihnen allen soll – wie angekündigt – nur noch das freilich wichtigste, jedenfalls am meisten umstrittene zur Sprache kommen: das soziale Umfeld, in dem Ketzer wirkten, aus dem heraus sie stammten, das sie mitformten.

Den Beitrag der Ketzer zur Gestaltung der mittelalterlichen Gesellschaft wird man außerordentlich niedrig ansetzen müssen, fragt man einmal, was sie konkret verändert, was sie Neues geschaffen haben. Sieht man von den Arbeitergenossenschaften der oberitalienischen Humiliaten und Waldenser ab[37] sowie den Böhmischen Brüdern, ja generell der böhmischen Kirche der nachhussitischen Zeit[38], so kann man nicht erkennen, daß Ketzer besondere Sozialformen entwickelt oder der Gesellschaft ihren besonderen Stempel aufgedrückt hätten; nicht einmal die Hussiten kann man ohne weiteres als Ausnahme gelten lassen, da hier der Ketzerbegriff höchst problematisch ist[39].

Muß die Antwort auf die Frage nach dem eigenständigen Beitrag der Ketzerei zur Formung der mittelalterlichen Gesellschaft überwiegend negativ ausfallen, so konnte sich doch weder Ketzerei abseits der Gesellschaft entwickeln noch die Gesellschaft ohne Ketzerei. Das wird sofort klar, wenn man nach dem sozialen Milieu fragt, aus dem Ketzer kamen und in dem sie wirkten. In der Zeit des hl. Bonifatius war das sichtlich das platte Land, im 11. Jh. sind es immer noch das Dorf (Vertus war damals ein bloßer Fronhof), daneben aber schon die Adelsburg (Monteforte), vor allem aber die Stadt: die Stadt als kulturelles Zentrum klerikaler Gelehrsamkeit wie in Orléans, oder auch als Handels- und Gewerbezentrum wie in Arras, und ganz einfach als Ort, wo Menschen zahlreich zusammenkamen wie in Mailand, wo man die Ketzer von Monteforte deshalb verbrannte, weil sie Massenanhang für ihre Lehren zu gewinnen begannen. Vom 12. Jh. an ist das Bild dann eindeutig: Häresie und Stadt werden zur untrennbaren Einheit. Nicht daß es danach nicht auch noch auf dem Lande Ketzer gegeben hätte – das Waldensertum Deutschlands hatte sogar vor allem dort seinen Rückhalt –, aber neue religiöse Formen (ketzerische wie rechtgläubige) werden in der Stadt entwickelt, städtische Probleme liefern die Stichworte für die religiösen Themen. Waldes ist ein Musterbeispiel dafür: Erfolgreicher Kaufmann war er in Lyon, als ihm Bedenken kamen, wie er seinen Lebens- und Erwerbsstil mit dem Wunsch nach dem Heil seiner Seele vereinbaren könnte. Er gab seinen Besitz auf, praktizierte 'apostolische' Armut und redete davon; das brachte ihm Zulauf, da er aber als Laie predigte, verhedderte er sich im Gestrüpp der kirchlichen Sanktionen, die aus dem kirchlichen Verbot der Laienpredigt resultierten, und geriet so aus Mangel an Gehorsam samt seinem Anhang ins häretische Abseits. Franz von Assisi, dessen sozialer Ausgangspunkt und religiöser Antrieb ganz die gleichen waren wie bei Waldes, vermochte Konflikte mit der Kirchenobrigkeit zu vermeiden, bei der er für seine religiösen Bedürfnisse auch schon ein offeneres Ohr fand als sein unglücklicher Vorläufer. Aber daß Franziskaner wie anfangs auch die Waldenser (und im übrigen auch die Katharer und all die anderen häretischen Gruppen und Grüppchen) vornehmlich im städtischen Milieu wirkten, zeigt hinlänglich deutlich, in welchem sozialen Bereich häretische wie rechtgläubige religiöse Bewegungen seit dem 12. Jh. zu Hause waren. Wer die europäische Stadtgeschichte kennt, ihre stürmische Entwicklung exakt in jenem Zeitraum, wo Häresien gleichsam stadtfest werden, wird dieses Wechselverhältnis selbstverständlich finden.

Die Frage ist nur – und man muß sie mit Eco stellen –, ob und inwieweit in der Stadt genuin religiöse Probleme Ausdruck in häretischen oder rechtgläubigen Bewegungen fanden (so Grundmann), oder ob auf religiöser Ebene nur artikuliert wurde, was in ganz anderen Bereichen an Spannungen aufbrach und vorhanden war. Bei näherem Zusehen merkt man sehr rasch, daß pauschale Antworten in die Irre führen: Man findet Beispiele wie die mailändische Pataria der Kirchenreform des 11. Jh., wo genuin religiöse Anliegen weiter Bevölkerungskreise zugleich Transmissionsriemen innerstädtischer Auseinandersetzungen waren.[40] Die Anfänge des Waldensertums aber wird man gerade umgekehrt beurteilen müssen: daß Züge des stadttypischen Erwerbslebens zu religiösen Konflikten führten, und zwar nicht dadurch, daß irgendwelche Bevölkerungsschichten wirtschaftlich und sozial unter die Räder kamen, sondern es war der wirtschaftliche und soziale Erfolg, der zu religiös empfundener Pein wurde.

Noch häufiger beobachtet man ein unverbundenes Nebeneinander von sozialer oder wirtschaftlicher Position und religiösem Dissidententum, wie etwa bei den schlesischen Waldensern in Schweidnitz 1315, die sichtlich den gehobenen Gesellschaftsschichten der Stadt angehörten, sich darin in nichts von ihren rechtgläubigen Mitbürgern im gleichen Range unterschieden, und die doch Waldenser waren.[41] In dieselbe Richtung weisen die Untersuchungen von Emmanuel Le Roy Ladurie anhand der Inquisitionsprotokolle der Jahre 1318–1325 für die im Pyrenäendorfe Montaillou entdeckten Katharer,[42] wie man generell feststellen darf, daß die Problemfelder Armut/Reichtum, Herrschaft/Knechtschaft für die Katharer keine Rolle spielten: Die katharischen perfecti waren zweifellos arm, lebten und bewegten sich nach Apostelvorbild; aber die Anhängerschaft, die sie trug, unterschied sich sozial in nichts vom rechtgläubigen Kirchenvolk.[43]

Die Vorstellung, daß erst und nur der sozial Entrechtete zum Ketzer wurde, wird schließlich bei einer religiösen Bewegung wie dem Beginentum des 13. und 14. Jh. vollends fragwürdig.[44] Die Beginen rekrutierten sich vornehmlich in der Frühzeit der Bewegung aus den Ober- und Mittelschichten der städtischen Gesellschaft. Die Vorstellung, daß Frauen aus diesen Schichten das Leben einer soror in saeculo führten – d.h. einer Frau, die abgeschieden von den Freuden dieser Welt und doch inmitten dieser Welt im Dienst am Nächsten ihren Lebensinhalt fand –, weil sie zuvor verarmt waren, wäre nach ihrer sozialen Position und religiösen Motivation geradezu abwegig. Das anzunehmen wäre auch verfehlt im Hinblick auf die Art ihres Ketzertums: Denn entweder wurden sie der Häresie verdächtigt, weil in ihren Zirkeln mystisches Gedankengut verbreitet wurde, das man als freigeistig-libertinistisch verteufelte; oder – noch häufiger – weil ihr Semireligiosenstatus, in der

Mitte zwischen Laientum und Regelgebundenheit eines Ordens angesiedelt, Probleme der Kirchendisziplin aufwarf, die eine auf neue religiöse Formen zunehmend unflexibler reagierende Kirchenobrigkeit nur noch glaubte mit Exkommunikation und Häretisierung lösen zu können. Aber die verfolgten Beginen fanden immer wieder den Beistand ihrer geistlichen Protektoren (namentlich der Franziskaner), und die Kurie selbst schwankte in ihren Maßnahmen.[45] In summa: Nichts läge ferner von der historischen Wirklichkeit, als das von Eco so suggestiv formulierte Modell der sozialen Aussätzigkeit als Ursache der Häresie auf die Beginen des späten Mittelalters anzuwenden.

Damit sei nicht geleugnet, daß religiöse Bewegung sozialrevolutionäre Züge tragen konnte. Das liegt zum einen daran, daß man seit Kaiser Friedrichs II. Zeiten im Instrumentarium der Ketzerverfolgung ein überaus wirksames Mittel fand, politischer Gegner Herr zu werden; man mußte als Sozialrebell nicht das geringste mit Ketzerei zu tun haben, um sich doch vor dem Inquisitionsrichter wiederzufinden. Dies um so mehr, als die mittelalterliche Kirche nicht nur eine Glaubens-, sondern auch eine Herrschaftsanstalt war, jede Sozialkritik daher von Haus aus Kirchenkritik sein mußte. Und gegen diese Art Kritik brachte die Kirchenobrigkeit in zunehmend sorgloserem Maße die Instrumente kirchlicher Disziplinierung zur Anwendung, beginnend mit der Exkommunikation und endend mit der Übergabe an den 'weltlichen Arm' zwecks Verbrennung auf dem Scheiterhaufen. Diese untrennbare Verquickung von sozialem Veränderungswillen und Kirchenkritik macht es für den Historiker nicht nur schwer, sondern sinnlos, die fast stets bei mittelalterlichen Rebellionen gegebenen kirchenkritischen und deshalb oft zu Ketzereien erklärten Beimengungen von der sozusagen genuin sozialkritischen Substanz zu trennen und darüber zu meditieren, was da wohl Ursache und was Wirkung sei. Ob man sich nun als Beispiele den Bauernaufstand der ostfriesischen Stedinger von 1229–1234 vor Augen hält,[46] die englische Peasants' Revolt von 1381 oder die hussitische Revolution, und nicht zuletzt den von Eco so oft zitierten Fra Dolcino und seinen Anhang – ein Aufstand von Unterdrückten mußte geradezu naturnotwendig im Mittelalter religiöse, und das heißt eo ipso: häretische Züge annehmen, aber deswegen war noch lange nicht jede Häresie die Ideologie einer Aufstandsbewegung. Das scheint nicht einmal für Ecos Kronzeugen, die Anhänger des Fra Dolcino, zuzutreffen: Raniero Orioli hat bei den in Bologna zwischen 1303 und 1308 von der Inquisition verhörten Mitgliedern der Sekte feststellen können, daß die Gedankenwelt, in der diese Leute lebten, dachten, predigten, frei war von jeglichem umstürzlerischen Element;[47] das weist darauf hin, daß selbst Fra Dolcinos und seiner Anhänger Aufstand ein sekundäres Moment, das bloße Akzidens einer primär oder der Substanz nach religiösen Bewegung war.

Das Verhältnis zwischen religiösem und sozialem Moment bei Häresien konnte sogar die Form annehmen, daß nicht die wirtschaftlich und sozial Zukurzgekommenen, sondern daß gerade umgekehrt soziale Aufsteigerschichten eine besondere Affinität zu Ketzereien entwickelten. Dergleichen ließ sich für die diversen mit der Inquisition in Berührung gekommenen Ketzer in Böhmen während der ersten Hälfte des 14. Jh. beobachten,[48] wo einesteils die zu deutschem Recht in Südböhmen siedelnden Nachkommen der Kolonisten des 13. Jh. in besonderem Maße dem Waldensertum zuneigten, und wo andernteils infolge der unspezifischen Suche der Inquisitoren nach kirchenkritischen Tendenzen jedweder Art Angehörige gerade städtischer Oberschichten vor das Inquisitionstribunal gerieten. Das diesen Leuten eigene Selbstbewußtsein verhalf ihnen in ihrem sozialen Umfeld zu führenden Positionen, brachte sie jedoch hinsichtlich ihrer Überzeugungen von der rechten christlichen Lebensweise in Konflikt mit der Amtskirche. Nicht die soziale Entwurzelung ist hier Ursache für Häresie, sondern der gesellschaftliche Erfolg.

Wenn aber führende soziale Stellung einesteils und Affinität zu kirchenkritischer, und damit im Endeffekt zu ketzerischer Einstellung andernteils zwei Seiten derselben Medaille sein können, so bedingen sie in gewissem Maße auch einander: Das Element der Ketzerei ist immer auch das Element eines Veränderungswillens; wo dieser Wille in ländlichen oder städtischen Führungsschichten begegnet, ist Ketzerei Ausweis für einen Gesellschaftszustand, der sich insgesamt in dynamischer Veränderung befindet (also nicht etwa nur die Unterschichten beträfe; andernfalls würden Oberschichten zur Bewahrung des Bestehenden neigen, und das hieße gegenüber ketzerischen Ansichten zur Repression). Das aber heißt: keine dynamische Gesellschaft ohne Häresie und keine Häresie, die nicht durch ihre bloße Existenz auf einen spannungsvollen Gesellschaftszustand zurückverwiese. Spannung und Dynamik gesellschaftlicher Prozesse waren aber nicht das Privileg bestimmter gesellschaftlicher Gruppen, und ebensowenig besaß irgendeine von ihnen ein Abonnement auf Ketzerei. Häresie und Gesellschaft konnten wohl ein Bezugsfeld bilden; aber sowenig im Mittelalter jede Gesellschaft Häresien hervorbrachte, war jede Häresie auf ein und dasselbe gesellschaftliche Milieu fixiert.

Der geschichtliche Ort der mittelalterlichen Häresie liegt für den modernen Betrachter also an ganz anderer Stelle als für den Menschen jener Zeit. War damals Ketzerei in klarer Eindeutigkeit im Reiche des

Bösen als einem ausgrenzbaren Teil der Welt verankert und bestimmte sich von dieser Zuordnung her auch der Erwartungshorizont gegenüber den Ketzern, so ist aus heutiger Sicht der Ketzer eine Erscheinungsform der gesamten mittelalterlichen Welt, nicht nur eines Teils von ihr. Ketzerei ist in dieser Sicht geschichtlich nichts als ein besonderer (oft nicht einmal extremer) Ausdruck breit angelegter Prozesse und Zustände. Häresien sind, sofern sie nicht selbst etwas auslösten (und das war selten), vor allem Indikatoren, 'Zeichen', würde Eco sagen, deren Bezugspunkt im Geflecht geschichtlicher Ordnungen aufzudecken die mit jeder einmal gefundenen Einsicht stets von neuem gestellte Aufgabe des Historikers ist. Er sollte sich dabei freilich bewußt sein, daß der Schein, in dem der Mensch des Mittelalters den Ketzer erblickte, nur anders, aber nicht weniger Schein ist in der modernen geschichtswissenschaftlichen Betrachtung. Gegen Ende seines Buches läßt Eco seinen Helden, dessen kriminalistischer Spürsinn jedem Historiker zur Ehre gereichen würde, sagen: „Mi sono comportato da ostinato, inseguendo una parvenza di ordine, quando dovevo sapere bene che non vi è un ordine nell'universo". Indessen wird ihm der Trost zuteil: „Ma immaginando degli ordini errati avete pur trovato qualcosa ..."[49].

Anmerkungen

[1] Der Dialog findet sich in der italienischen Ausgabe von 1980 auf S. 63–67, in der von Burkhart Kroeber besorgten deutschen Fassung von 1982 auf S. 77–82; diesen beiden Ausgaben liegen die folgenden Zitate zugrunde. – Entsprechend dem Charakter dieses Beitrags sind Nachweise auf ein Minimum beschränkt.

[2] S. 79; it. Ausg. S. 65.

[3] S. 189–196, dazu S. 249–258; it. Ausg. S. 153–158, 199–206.

[4] S. 194; it. Ausg. S. 157: „... non siano altro che due delle facce, innumerevoli, della stessa manifestazione demoniaca."

[5] S. 192, 195; it. Ausg. S. 155: „... mettono a repentaglio l'ordine stesso del mondo civile." S. 158: „... mettono a repentaglio l'ordine su cui si regge il popolo di Dio."

[6] Grundmann (wie unten Anm. 16) S. 320. Die Zuspitzung auf die Bekämpfung der Kirche findet sich im sog. Passauer Anonymus, ed. Jakob Gretser, Raineri ordinis Praedicatorum liber contra Waldenses haereticos, in: ders., Lucae Tudensis episcopi scriptores aliquot succedanei contra sectam Waldensium (Ingolstadt 1613) S. 54.

[7] S. 192; it. Ausg. S. 155: „... non confondete cose diverse!"

[8] S. 249 f.; it. Ausg. S. 200.

[9] S. 254; it. Ausg. S. 203: „... mostra gli eretici un solo intrico di diaboliche contraddizioni che offendono il senso comune."

[10] S. 258; it. Ausg. S. 206: „Ciascuno è eretico, ciascuno è ortodosso, non

conta la fede che un movimento offre, conta la speranza che propone. Tutte le eresie sono bandiera di una realtà dell'esclusione. Gratta l'eresia, troverai il lebbroso."

[11] Unter die 'Außenseiter und Exoten' hat Arno Borst, Lebensformen im Mittelalter (1973) S. 588 ff. die Ketzer eingereiht, als ersten 'Sonderling' den Bauern Leutard aus Vertus in der Champagne, von dem unten noch die Rede sein wird. – Daß das Minderheiten-Etikett dem Ketzerphänomen kaum gerecht wird, zeigte Dietrich Kurze, Häresie und Minderheit im Mittelalter, HZ 229 (1979) S. 529–573.

[12] ad X 5.7.3 s.v. 'Omnem haereticum', ed. Venedig 1581 Buch 5 fol. 34vb–35ra. Zum ganzen Zusammenhang Othmar Hageneder, Der Häresiebegriff bei den Juristen des 12. und 13. Jahrhunderts, in: The Concept of Heresy in the Middle Ages (11th–13th C.), hrsg. von W. Lourdaux und D. Verhelst (1976) S. 42–103, hier bes. S. 45 ff.

[13] Reg. Greg. II, 55a, ed. Erich Caspar, Das Register Gregors VII., MGH Epp. sel. 2 (1920) S. 207 Lehrsatz 26: „Quod catholicus non habeatur, qui non concordat Romanae ecclesiae." Dazu Horst Fuhrmann, „Quod catholicus non habeatur, qui non concordat Romanae ecclesiae". Randnotizen zum Dictatus Papae, in: Festschrift H. Beumann (1977) S. 263–287.

[14] Hageneder S. 54. „Glaube wird Gehorsam", formulierte Yves Congar, Der Platz des Papsttums in der Kirchenfrömmigkeit der Reformer des 11. Jahrhunderts, in: Sentire Ecclesiam. Festschrift H. Rahner (1961) S. 196–217, hier S. 202.

[15] Summa aurea zu X 5.7, § 8: Qua pena feriatur (sc. haereticus), ed. Lyon 1537 fol. 238va: „... quia de varietate conveniunt in idipsum, id est ad eundem finem, scilicet infernalem."

[16] Für das Folgende finden sich die Nachweise im einzelnen bei Herbert Grundmann, Der Typus des Ketzers in mittelalterlicher Anschauung (1926); Nachdruck in: ders., Ausgewählte Aufsätze 1 (MGH Schriften 25, 1, 1976) S. 313–327; R. I. Moore, Heresy as Disease, in: The Concept of Heresy (wie Anm. 12) S. 1–11; A. Patschovsky, Die Anfänge einer ständigen Inquisition in Böhmen (1975), Wortregister.

[17] Das Bild stammt aus Cant. 2, 15: „Capite nobis vulpes parvulas, quae demoliuntur vineas." Dazu Grundmann S. 321. Lothar Kolmer, Ad capiendas vulpes (1982), hat das Bild zu Recht in den Titel seiner Arbeit über die Anfänge der Inquisition in Südfrankreich genommen.

[18] Zuletzt hierzu Kurt-Victor Selge, Die Ketzerpolitik Friedrichs II., in: Probleme um Friedrich II. (Vorträge und Forschungen 16, 1974) S. 309–343, bes. S. 321 ff.

[19] Grundmann S. 318.

[20] Vgl. den Passauer Anonymus, ed. Gretser (wie Anm. 6) S. 86, der sich für die Bestrafung häretischer Kleriker auf den Canon 'Ad falsarios' im Titel 'De crimine falsi' der Dekretalen Gregors IX. berief (X 5.20.7). Die hier einschlägige Textpassage auch bei Patschovsky, Der Passauer Anonymus (MGH Schriften 22, 1968) S. 35. – Im gleichen Sinne Thomas von Aquin, Summa theologiae II, 2 q. 11 art. 3.

[21] „Antichristi sunt omnes haeretici"; vgl. den Text bei Migne, PL 114, 697. Der Passauer Anonymus beginnt den Ketzerteil seines Sammelwerkes geradezu programmatisch mit dem Johannes-Wort samt Glosse; ed. Gretser (wie Anm. 6) S. 47. – Der deutsche Wortlaut der Bibelzitate hier und im folgenden nach der von der Katholischen Bibelanstalt besorgten ökumenischen ›Einheitsübersetzung der Heiligen Schrift. Das Neue Testament‹ (1979).

[22] Die Nachweise für das Folgende bei Grundmann S. 324ff.; dazu Dietrich Kurze, Zur Ketzergeschichte der Mark Brandenburg und Pommerns vornehmlich im 14. Jahrhundert, Jb. für die Geschichte Mittel- und Ostdeutschlands 16/17 (1968) S. 50–94, hier bes. S. 52ff.; Patschovsky, Waldenserverfolgung in Schweidnitz 1315, DA 36 (1980) S. 137–176, bes. S. 147ff., sowie ders., Zur Ketzerverfolgung Konrads von Marburg, DA 37 (1981) S. 641–693, bes. S. 653ff.

[23] So der Bericht des Mönches Paul von St-Père-en-Vallée in Chartres über die 1022 entdeckten Ketzer von Orléans, Vetus Agano VI, 3, ed. M. Guérard, Cartulaire de l'abbaye de Saint-Père de Chartres (1840) S. 112.

[24] Vgl. Grundmann S. 322f.; dazu Patschovsky, DA 36, S. 172 Anm. 166 (Keller). Konventikelbildung mit geheimen Lehren rügt Albert d. Gr. in seinem Gutachten über die Häresie im Schwäbischen Ries als 'contra modum evangelicum'; ed. J. de Guibert, Documenta ecclesiastica Christianae perfectionis studium spectantia (1931) S. 116. Von der 'doctrina anguli' spricht Berthold von Regensburg; vgl. A. E. Schönbach, Studien zur Geschichte der altdeutschen Predigt, 3. Stück: Das Wirken Bertholds von Regensburg gegen die Ketzer (SB Wien, phil.-hist. Kl. 147, 1904) S. 22 Z. 19f.; ebd. S. 45 Z. 20ff.: „ipsi heretici econtra in tenebris et angulis et textrinis, in domibus leprosorum, in latebris et in cavernis sub terra, ut vermes et talpe."

[25] Vgl. Robert E. Lerner, Vagabonds and Little Women: The Medieval Netherlandish Dramatic Fragment 'De Truwanten', Modern Philology 65 (1968) S. 301–306.

[26] Vgl. Pseudo-David von Augsburg, De inquisitione haereticorum c. 15/16 und 24, ed. W. Preger, Der Tractat des David von Augsburg über die Waldesier, Abh. München, hist Cl. 14, 2. Abt. (1878) S. 213 und 218.

[27] Nachweise bei Patschovsky, DA 36, S. 149ff.

[28] Bei den Katharern z. B. dürfte es genügt haben, bestimmte Lehrpunkte wie das dualistische Weltkonzept, den Mythos vom Engelsturz und die Vorstellung von der Menschenseele als einem der mit Lucifer vom Himmel gestürzten Engel etwas verzerrt auszulegen, um das gewünschte Ergebnis katharischen Teufelskultes zu erhalten.

[29] Dieser Mythos wird den Waldensern in Schweidnitz 1315 nachgesagt und den im selben Jahre verhörten, wohl ebenfalls waldensischen Ketzern in Österreich, über die der sog. Kremser Inquisitionsbericht unterrichtet, ed. Margaret Nickson, Archives d'histoire doctrinale et littéraire du moyen âge 42 (1967) S. 305.

[30] Vgl. Herbert Grundmann, Hérésies savantes et hérésies populaires au moyen âge (1968); Nachdruck (wie Anm. 16) S. 417ff.

[31] Im folgenden verzichte ich bei Erwähnung allbekannter Dinge auf jegliche Belege und verweise statt dessen auf Überblickswerke wie Herbert Grund-

mann, Ketzergeschichte des Mittelalters, in: Die Kirche in ihrer Geschichte. Ein Handbuch, hrsg. von B. Moeller, Bd. 2, Lief. G (1. Teil) (³1978), oder Malcolm Lambert, Medieval Heresy (1977; deutsch 1981). – Grundlegend für den ganzen Zusammenhang Herbert Grundmann, Religiöse Bewegungen (1935; ²1961).

[32] So Theodor Schieffer, Winfrid-Bonifatius und die christliche Grundlegung Europas (1954; ²1972) S. 221.

[33] Ich übergehe hier den Fall der pseudoprophetissa Thiota, die ein unter Leitung des Hrabanus Maurus tagendes Mainzer Konzil 847 zur Prügelstrafe verurteilte, weil sie sich das Predigtamt angemaßt und aus gewinnsüchtigen Motiven das nah bevorstehende Ende der Zeiten verkündet habe; ein Fall von Häresie ist das eigentlich nicht, wurde von den Zeitgenossen auch nicht so betrachtet. Quelle: Annales Fuldenses zum Jahre 847, ed. F. Kurze, MGH SS rer. Germ. (1891) S. 36f., die einschlägige Passage neu hrsg. von W. Hartmann, MGH Concilia 3 (1984) S. 151. Zur Sache Lambert (wie Anm. 31) S. 9.

[34] Rodulfus Glaber, Historiae II 11, ed. Maurice Prou (Collection de textes, 1886) S. 49f.

[35] Diese Deutung begründete Arno Borst, Die Katharer (Schriften der MGH 12, 1953) S. 80f.

[36] Zu den (rechtgläubigen) Wanderpredigern immer noch grundlegend Johannes von Walter, Die ersten Wanderprediger Frankreichs, 2 Teile (1903 und 1906). Dazu J. J. van Moolenbroek, Vitalis van Savigny († 1122) (1982); Jacques Dalarun, L'impossible sainteté: la vie retrouvée de Robert d'Arbrissel (v. 1045–1116), fondateur de Fontevraud (1985).

[37] Martin Schneider, Europäisches Waldensertum im 13. und 14. Jahrhundert. Gemeinschaftsform – Frömmigkeit – Sozialer Hintergrund (1981), bes. S. 61f., 71. Eine grundlegende moderne Studie zu den Humiliaten fehlt; vgl. vorderhand K.-V. Selges Humiliaten-Artikel in der Theologischen Realenzyklopädie 15 (²1986) S. 691–696, dazu Lester K. Little, Religious Poverty and the Profit Economy in Medieval Europe (1978) S. 113ff.

[38] Über das Bleibende der hussitischen Revolution vgl. František Šmahel, La révolution hussite, une anomalie historique (1985).

[39] Man wird dem Geschehen in Böhmen viel eher gerecht, wenn man absieht von der durch die Gesamtkirche vorgenommene Etikettierung des hussitischen Böhmen als häretisch und vielmehr den Hussitismus als erstes Beispiel einer Sprengung der kirchlichen Einheit wertet: durch Kräfte, die aus der Kirche selbst kamen, die diese Kirche umformten, und die den Anfang vom Ende des seit dem 11. Jh. bestehenden amtskirchlichen Systems der abendländischen Christenheit einläuteten. Diese Dimension des Geschehens kann man mit den Kategorien Ketzerei/rechtgläubige Kirche nicht mehr zureichend erfassen.

[40] Dieser Zusammenhang ist trotz zahlreicher Versuche bislang von der Forschung noch nicht befriedigend herausgearbeitet worden. Vgl. indessen Hagen Keller, Der Übergang zur Kommune. Zur Entwicklung der italienischen Stadtverfassung im 11. Jahrhundert, in: Beiträge zum hochmittelalterlichen Städtewesen, hrsg. von B. Diestelkamp (1982) S. 55–72.

[41] Patschovsky, DA 36, 158ff.

[42] E. Le Roy Ladurie, Montaillou, village occitan de 1294 à 1324 (1975; modifizierte deutsche Fassung 1980).

[43] Vgl. Arno Borst (wie Anm. 35) S. 226 ff.

[44] Es gibt keine moderne zusammenfassende Studie über das mitteleuropäische Beginentum. Den besten Zugang gewährt derzeit der von K. Elm, R. Sprandel und R. Manselli gestaltete Beginenartikel im Lexikon des Mittelalters 1 (1980) Sp. 1799–1803.

[45] Vgl. etwa A. Patschovsky, Straßburger Beginenverfolgungen im 14. Jahrhundert, DA 30 (1974) S. 56–198. Das Hin und Her kurialer Maßnahmen gegenüber den Beginen läßt sich besonders gut am Verhalten Bonifaz' IX. beobachten; vgl. die einschlägigen Dokumente bei Paul Fredericq, Corpus documentorum inquisitionis haereticae pravitatis Neerlandicae 1 (1889) S. 253 ff. Nr. 238 bis 241.

[46] Dazu Rolf Köhn, Die Verketzerung der Stedinger durch die Bremer Fastensynode, Bremisches Jahrbuch 57 (1979) S. 15–85.

[47] Raniero Orioli, L'eresia a Bologna fra XIII e XIV secolo, II: L'eresia dolciniana (Studi storici 93–96, 1975), bes. S. 139.

[48] A. Patschovsky, Quellen zur böhmischen Inquisition im 14. Jahrhundert (MGH Quellen zur Geistesgeschichte des MA 11, 1979), bes. S. 55 ff.

[49] S. 495; deutsche Ausg. S. 625: „'Ich bin wie ein Besessener hinter einem Anschein von Ordnung hergelaufen, während ich doch hätte wissen müssen, daß es in der Welt keine Ordnung gibt.' ... 'Aber indem Ihr Euch falsche Ordnungen vorgestellt habt, habt Ihr schließlich etwas gefunden ...'".

INTOLERANZ UND REPRESSION
Die Inquisition, Bernard Gui und William von Baskerville

Von Bernhard Schimmelpfennig

Aufgespießt auf eines seiner eigenen Folterinstrumente stirbt der Inquisitor, vom lange unterdrückten und nun aufsässigen Volk bedrängt. So zeigt es der Film, das 'Palimpsest' des Romans, und nimmt damit zugleich das Ende Bernard Guis in 'künstlerischer Freiheit' um gut vier Jahre vorweg. In Wirklichkeit starb der Dominikaner am 30. Dezember 1331 in den Mauern seines Bischofspalastes von Lodève friedlich im Bett, versehen mit den Sterbesakramenten und einem vollkommenen Ablaß.

Ein Zeitgenosse – vielleicht Bernards Neffe Pierre – versuchte sogar, ihn zu einem Heiligen zu stilisieren; lassen wir den Biographen einen Absatz lang zu Wort kommen: Bernards Beichtvater, der ihm länger als 15 Jahre kontinuierlich die Beichte abgenommen hatte, bezeugte, nie etwas von einer Todsünde vernommen zu haben. In Avignon hat Bernard sogar Wunder gewirkt, allerdings nur an zwei Brüdern seines Ordens. Den einen, es war der von Schlaflosigkeit gepeinigte Provinzial und Inquisitor von Aragón, ließ er wieder ruhig schlummern; den anderen befreite er von Fieber und Dysenterie. Weil die Wunder während der Bemühungen um die Heiligsprechung des früheren Ordensleiters Raimund von Peñafort geschahen, forderte ein Avignoneser Dominikaner, der Orden solle sich nicht für die Kanonisierung toter Brüder einsetzen, wenn er einen lebenden Heiligen wie Bernard besitze. War dies scherzhaft gemeint gewesen, so hat der Prior des Konvents von Limoges, wo Bernard bestattet werden wollte, dessen Nähe zu Gott voller Ernst und mit eigenen Augen erkannt. Bei einer Nachtwache sah er, wie ein Licht vom – einstmals von Bernard innegehabten – Sitz des Priors im Chorgestühl erstrahlte und den Hauptaltar erleuchtete, neben dem sich später Bernards Grabdenkmal erhob. Grübelnd, was die Vision bedeuten könne, erhielt der Prior am folgenden Morgen die Nachricht von Bernards Tod. – Noch im 15. Jh. wurde in Limoges in eine Handschrift ein, wenn auch anderer, Bericht über Bernards heiligmäßiges Leben eingetragen.

Bernard Gui blieb ein verkannter Heiliger. Zwar hatte ein Provinzialkapitel 1327 in Limoges beschlossen, für Bernard nach dessen Tod wie für einen Ordensprovinzial Messen und Gebete sprechen zu lassen, doch als 'pressure group' für Bernards Heiligsprechung wollte sich der Orden trotz ausreichender Anzahl schon vollbrachter Wunder nicht betätigen. Vielleicht konnte er es auch nicht angesichts des zu erwartenden Widerstandes durch andere Orden, denen es mehr als genug erscheinen mußte, daß die Predigerbrüder durch Johannes XXII. zwar nicht Raimund von Peñafort, dafür aber Thomas von Aquin als neuen Heiligen erhalten hatten. Und gerade Bernard Gui hatte einen großen Anteil an dem Erfolg, denn mit einer der frühesten Lebensbeschreibungen des Aquinaten hatte er auf dessen Heiligsprechung hingewirkt. Möglicherweise hätte Bernard als Heiliger mehr Chancen gehabt, wenn er ein Ende wie im Film unserer Tage erlitten hätte. Dann wäre er ein Märtyrer gewesen wie vor ihm zum Beispiel Petrus Martyr, der Schutzpatron der Inquisition und der am schnellsten (bereits ein Jahr nach seinem Tod) kanonisierte Heilige des Mittelalters. Eine Parallele zu dem Heiligen hatte wohl Bernards zeitgenössischer Biograph ziehen wollen, als er aus der Vita des Petrus den Bericht des Beichtvaters in seinen Text übernahm. Weil ihm der Erfolg – das Erreichen der Kanonisierung – jedoch versagt blieb, geriet Bernards Heiligkeit in Vergessenheit; im Gegensatz zu Ecos 'Rose' (S. 635) „halten wir sie" nicht einmal als „nackten Namen". Um so größer ist noch heute das Entsetzen ob Bernards Wirken als Inquisitor, so auch in Ecos Roman.

Wer den ›Namen der Rose‹ nur als spannende Erzählung liest oder sich gar mit dem Film zufriedengibt, dürfte von der Inquisition lediglich Bernards grausiges Geschäft in Erinnerung behalten, seit Friedrich Schillers und Dostojewskis Großinquisitor und einigen gothic novels ein literarisches Requisit. Doch birgt der Roman weitaus mehr und zugleich differenzierte Angaben, die der historischen Wirklichkeit, soweit wir sie erkennen können, relativ nahekommen. Zum besseren Verständnis der relevanten Passagen (III) seien zuerst Entstehung und Wesen der Inquisition (I), sodann die Person Bernard Guis (II) vergegenwärtigt.

I.

Intoleranz ist eine Schwäche, die vielleicht schon immer dem Menschen eigen war. Daß sie auch in vor- und außerchristlichen Gesellschaftssystemen zur Verfolgung Andersdenkender führen konnte, zeigen unter anderem die Geschichte des antiken Judentums und einzelner islamischer Reiche sowie die Christenverfolgungen im Römischen Reich. Im Christentum wies als erster Paulus Zeichen von Intoleranz auf, seit Konstantin dem Großen ist die Verfolgung von Nichtchristen oder christlichen Gegnern bekannt. Auch im 11. und 12. Jh. kam es sporadisch zur Verfolgung von 'Ketzern'. Zur gleichen Zeit hat sich aber noch ein Theologe wie Anselm von Havelberg für die Toleranz (tolerantia) gegenüber Nichtkatholiken eingesetzt. Die konsequente Verfolgung und Aufspürung wirklicher oder vermeintlicher Abweichler begann im 'christlichen Abendland' erst mit der Inquisition in der nun institutionalisierten Zusammenarbeit von Kirche und Staat. Von da an ist die gerade auch vom Staat praktizierte Repression nicht mehr aus der europäischen Geschichte wegzudenken bis hin zu den totalitären – manchmal auch sich 'demokratisch' gebärdenden – Systemen unserer Zeit.

Die gesetzliche Grundlage der christlichen Inquisition wurde 1184 geschaffen. Papst Lucius III. hatte damals monatelang in Verona auf den Kaiser Friedrich Barbarossa warten müssen. Die Zeit nutzte der Papst, um einen Text vorzubereiten, der die beiden Spitzen von Kirche und Staat zum gemeinsamen Kampf gegen 'Ketzer' verpflichten sollte. Nach Eintreffen des Kaisers wurde das Gesetz, wie geplant, von beiden Seiten gebilligt und im November vom Papst verkündet.

Das Dekret 'Ad abolendam', wie es nach seinen beiden ersten Wörtern heißt, richtete sich nicht nur gegen die Katharer, deren Gefährlichkeit für die orthodoxe Lehre damals schon seit Jahrzehnten bekannt war, sondern zum Beispiel auch gegen die 'Armen von Lyon' – später als Waldenser bekannt; deren Rechtgläubigkeit war bis dahin von Päpsten nicht bezweifelt worden, denn sie wollten anfangs lediglich – wie früher die Apostel – in Armut leben, außerdem die Bibel in der Volkssprache lesen und ihren Anhängern predigen. 'Häretische' Lehren verkündeten sie erst, nachdem sie seit 1184 von Päpsten und Bischöfen verketzert, also in die Radikalität gedrängt worden waren. Weil Ähnliches sich auch später wiederholte, ist leider zu konstatieren, daß es häufig die Amtskirche war, die vermeintliche Abweichler zu 'Ketzern' stempelte und damit geistige Erneuerungen verhinderte, zudem gewöhnlich anfangs ohne ausreichende Begründung. Der einzige 1184 offiziell genannte Vorwurf gegen die Waldenser betraf die Predigt – auch später ein von Päpsten und Inquisitoren häufig gegen 'Ketzer' vorgebrachtes Argument.

Andere Gruppen wurden 1184 beschuldigt, die von der römischen Kirche gelehrten Sakramente zu mißachten. Das traf zwar für einige zu, machte jedoch nachdenklichen Christen das Leben schwer. Wie bei den christologischen Konflikten in der Spätantike die Glaubenslehre, wurde im Hochmittelalter die Sakramentenlehre erst allmählich und oft gerade infolge der Auseinandersetzung mit vermeintlichen Abweichlern von Theologen inhaltlich fixiert – das dauerte etwa zweihundert Jahre. Heutzutage beunruhigt dieser Umstand zwar keinen Dogmenhistoriker, doch damals konnte er große Unsicherheit hervorrufen. Denn woher sollte ein Durchschnittschrist, sofern er sich Gedanken machte, den aktuellen Stand der Sakramentenlehre erfahren? Vom eigenen Bischof oder Pfarrer wohl kaum: Wenn diese überhaupt Theologie studiert hatten, dann wußten sie höchstens noch das, was sie früher einmal gelernt hatten; ihr tatsächliches Wissen aber war gewöhnlich recht gering und außerdem davon beeinflußt, welchen Angehörigen welcher Schulmeinung sie in der Ausbildung gehört hatten. Ähnlich verhielt es sich mit einer eindeutigen Formulierung des aktuellen Glaubens. Auch sie wurde gerade in Auseinandersetzung mit den bedrohlichsten Ketzergruppen und erst 1215 durch das 4. Laterankonzil vorgenommen und verkündet.

Dieses Manko sowie die von Alexander Patschovsky in diesem Band analysierte generelle Haltung der Amtskirche gegenüber 'Ketzern' erklären des Papstes Maßnahmen von 1184: Wer immer von der römischen Kirche oder einzelnen Bischöfen aus irgendwelchen Gründen als Häretiker be- und verurteilt würde, sollte auf ewig verdammmt sein; der Inhalt der verwerflichen Lehren war nicht definiert. Die Verdammung sollte darüber hinaus aber auch die treffen, die derartige Ketzer beherbergten, verteidigten oder sonstwie begünstigten. Noch schlimmer – und in der Folge vielen Christen verhängnisvoll – war ein anderer Passus. Ihm zufolge sollte auch jeder, der als verdächtig galt, der gleichen Sentenz verfallen, sofern er nicht seine Unschuld erweisen konnte. Der alte Grundsatz 'in dubio pro reo' wurde hier also ins Gegenteil verkehrt; diese Änderung sollte bald genug Unheil heraufbeschwören.

Um alle mutmaßlichen Ketzer, deren Begünstiger oder die Verdächtigen aufzuspüren, hatte jeder Bischof in seiner Diözese ein- oder zweimal im Jahr selbst, durch seinen Archidiakon oder durch andere geeignete Personen Inspektionen zu unternehmen. In den Orten, wo die 'fama' von Ketzern kündete oder von Personen, die vom normalen christlichen Lebenswandel abwichen – auch dies für die Zukunft wichtig! –, sollten die Kontrolleure Untersuchungen, also 'Inquisitionen', durchführen und dabei zwei oder drei Männer guten Rufes oder auch die ganze Nachbarschaft der Betroffenen vernehmen. Hierdurch war zugleich mit der Inquisition auch die Denunziation ins Leben gerufen. Die Verdächtigten sollten sich durch Eid reinigen; wer diesen ablehnte, gab sich als 'Ketzer' zu erkennen, denn vornehmlich die Waldenser lehnten den Eid ab, weil ihn Jesus verboten habe (Matth. 5, 33 ff.).

Die Verurteilten wurden dem weltlichen Arm übergeben; verurteilten Klerikern waren zuvor die geistlichen Standesprivilegien, das Amt und die Pfründe entzogen worden. Hatte jemand abgeschworen, sich aber später wieder als Ketzer erwiesen, wurde er ohne weiteres Verhör dem weltlichen Arm überwiesen. Wie dieser strafte, war nicht festgelegt; als üblich galten die Verbannung, der Strang und auch schon (sporadisch seit dem 11. Jh.) die Verbrennung. War hierdurch die Mitarbeit weltlicher Behörden festgelegt, so wurde sie noch dadurch verstärkt, daß alle weltlichen Instanzen beim Aufspüren helfen und bei Amtsantritt die Hilfe durch Eid versprechen sollten. Leisteten sie Widerstand, drohte ihnen die Absetzung und die Verurteilung als 'Begünstiger der Häresie'. Die Intention, alle wirklichen oder vermeintlichen Abweichler aus Kirche und menschlicher Gesellschaft auszustoßen, war somit eindeutig. Allerdings wurde diese Absicht in der Praxis unterschiedlich stark verwirklicht.

Bis in unser Jahrhundert, bis 1917, blieb das eben kurz vorgestellte Dekret gültiges – bis ins frühe 19. Jh. auch praktiziertes – Recht in der katholischen Kirche, desgleichen die Verfeinerungen in späteren Erlassen, die ich im folgenden noch kurz nach systematischen Gesichtspunkten vorstellen und mit der Praxis vergleichen möchte.

Ein wichtiger Punkt betraf die Bestrafung. Hierbei eindeutige Verhältnisse geschaffen zu haben, ist das zweifelhafte Verdienst Kaiser Friedrichs II., der häufig als erster 'moderner' Herrscher dargestellt wird. Nach spätantikem, vielleicht auch aragonischem Vorbild bestimmte er 1224 für alle Ketzer, die nicht abschwören wollten oder rückfällig geworden waren, den Feuertod als Strafe. Von Friedrichs häufigem Gegner, Papst Gregor IX., 1231 auch kirchlicherseits akzeptiert, blieb fortan der Scheiterhaufen das sichtbarste und erschreckendste Merkmal der Inquisition. Für schuldig befundene Geistliche wurden zuvor degradiert. In dieser Zeremonie entkleidete sie der zuständige Bischof der dem jeweiligen Weihegrad entsprechenden Gewänder. Verurteilten Priestern oder Bischöfen – auch diese gab es – schnitt der Degradator außerdem das Fleisch von den drei Weihefingern der rechten Hand, bis die Knochen bloßlagen. Allen Degradierten wurde schließlich – oft mit einer Glasscherbe – die Tonsur vom Kopf abgekratzt. Erst dann wurde der solcherart Skalpierte dem weltlichen Richter zur Verbrennung übergeben – mit der im Zeremoniell vorgeschriebenen Bitte, ihn an Leib und Leben zu verschonen; schließlich galt seit der Spätantike der Rechtssatz „Die Kirche dürstet nicht nach Blut" („ecclesia non sitit sanguinem").

Reuigen Ketzern gegenüber hatte der Richter mehr Spielraum. Je nach der Schwere des Vergehens konnte er verschiedene Strafen verhängen. Bei relativ geringer Schuld mußten die Bußfertigen eine befristete Zeit oder auch das ganze Leben lang ein Zeichen – meist ein aufgenähtes Kreuz – tragen. Sie konnten weiterhin an ihrem Wohnort bleiben; doch dürfte das verordnete Zeichen sie und ihre Angehörigen in der Gemeinde, auch im zivilen Leben, isoliert haben, sofern nicht die Ketzer in einer Siedlung die Mehrheit bildeten. War das Vergehen schwerer und somit die auferlegte Buße größer, konnte der Richter den Verurteilten mit einer Pilgerfahrt bestrafen; seitdem gab es häufiger als zuvor den Typ des Strafpilgers. Inquisitoren wie Bernard Gui unterschieden hierbei zwischen großen und kleinen Pilgerreisen. Bevorzugt wurden die ersteren – nach Jerusalem, Rom oder Santiago de Compostela: Die religiöse 'Rendite' war bei ihnen größer, noch größer allerdings die 'Chance', daß der Strafpilger unterwegs umkam und demzufolge in seiner Heimatgemeinde nicht mehr unangenehm auffallen konnte. Damit sank natürlich das religiöse Ansehen der Pilger insgesamt; kaum verwunderlich, daß einzelne Stadträte – wie etwa Ende des 13. Jh. der von Regensburg – anordneten, jeden sich der Stadtmauer nähernden Pilger vorsichtshalber sofort aufzuhängen. Besonders schwere Vergehen schließlich wurden mit lebenslänglicher Kerkerhaft bei Brot und Wasser bestraft. Gerade die Inquisition bewirkte, daß erstmals in größerem Umfang ständige Gefängnisse eingerichtet wurden: bei Verdächtigten für die oft jahrelange Untersuchungshaft, bei Verurteilten für die Haftstrafe. Einige Richter erweiterten später noch das Strafsortiment, indem sie zum Beispiel reuigen Ketzern geboten, sich für einen bestimmten Zeitraum sonn- und feiertags auf die Kirchenschwelle zu legen und sich von den anderen Kirchenbesuchern bespucken und treten zu lassen.

Doch genügten diese Strafen der Amtskirche nicht. Der Verurteilte war fortan unfähig, ein geistliches oder weltliches Amt auszuüben; bei schweren Fällen wurde das Haus des Verurteilten dem Erdboden gleichgemacht, das Grundstück sollte wüst bleiben; außerdem wurde das Vermögen konfisziert. Allerdings gab es um dessen Aufteilung zwischen geistlichen und weltlichen Institutionen immer wieder Verteilungskämpfe, die meist zugunsten der Kirche endeten. Schon Papst Innozenz III. hatte 1199 betont, daß es schlimmer sei, die himmlische Majestät, also Gott, anzugreifen, als die irdische. Dennoch orientierte er sich – wie seine Nachfolger – an den seit der Spätantike für 'normale' Majestätsverbrecher vorgesehenen Strafen: Auch die Nachkommen eines hingerichteten oder zur Haft verurteilten Ketzers fielen unter das Verdikt; die Angehörigen der zwei folgenden Generationen waren nicht rechtsfähig und nicht erbberechtigt. Dem finanziellen Nutzen für die Kirche dienten noch andere päpstliche Bestimmungen (z. B. Innozenz' IV. 'Ad extirpanda'), die zumindest in Italien dafür sorgen sollten, daß Hauswirte und Kommunen für verurteilte Ketzer, die in ihrem Haus oder Gemeindebereich geweilt hatten, haftbar gemacht und zur Zahlung von Bußgeldern verpflichtet wurden. Auch diese Bestimmungen motivierten natürlich wieder Spitzel und Denunzianten, tätig zu werden. Schließlich sei noch erwähnt, daß abgeurteilte Ketzer nicht auf geweihtem Boden bestattet werden durften. Und Verstorbene, deren ketzerischer Ruf erst nach ihrem Tode 'bewiesen' werden konnte, sollten exhumiert, verurteilt und verbrannt werden; auch ihr Vermögen wurde natürlich konfisziert.

Ein doppeltes Problem bildete das Verfahren selbst, also die Inquisition: zum einen mußte genauer festgelegt werden, wie sie durchzuführen sei, zum anderen, wer als Richter fungieren sollte.

Entsprechend dem Inquisitionsverfahren im römischen Recht war es anfangs auch beim kirchlichen Verfahren üblich, dem Angeklagten Namen und Aussagen der Zeugen bekanntzugeben. Weil jedoch vornehmlich bei sozial hochstehenden und mächtigen Angeklagten den Zeugen der Anklage Gefahr drohte, bürgerte sich – zuungunsten des Angeklagten – die Geheimhaltung der Namen ein. Und weil die inkriminierten Taten oft nur im privaten Bereich begangen wurden, konnten auch Familienmitglieder – Ehegatte, Sohn vom 14., Tochter vom 12. Lebensjahr an – als Zeugen vernommen werden, allerdings nur für die Anklage, und zwar mit der Begründung, ein Vergehen gegen Gott löse alle Bande der Verwandtschaft. Doch selbst diese Ausweitung des Zeugenkreises genügte nicht immer. Daher erlaubte Papst Innozenz IV. im Jahre 1252, die Folter anzuwenden. Der scholastischen Distinktionsfähigkeit grandios folgend, lösten Papst und Richter hierbei das Dilemma, das sich aus dem schon genannten Rechtssatz („Die Kirche dürstet nicht nach Blut") ergab und die Anwesenheit von Geistlichen bei Handlungen, die den Körper schädigten, ausschloß. Als Folterknechte betätigten sich nämlich weltliche Amtsdiener; der Notar, der das Geständnis aufschrieb, war entweder Laie oder saß – wenn er Kleriker war – hinter einer Tür oder einem Vorhang, so daß er als nicht anwesend galt. Das Geständnis selbst wurde Stunden später oder am nächsten Tag vor dem Richter dem Angeklagten vorgelesen; bekannte sich dieser schuldig, so stellte man das Geständnis als freiwillig, also ohne Folter, abgelegt hin, denn diese war ja vorher erfolgt.

War die Stellung des Angeklagten im Vergleich zu anderen Verfahren bereits erschwert, weil er die Namen der Zeugen nicht kannte und der Folter ausgeliefert war, so wurde sie noch dadurch verschlimmert, daß er zwar bei Bestehen auf seiner Unschuld oder bei Hartnäckigkeit (pertinacia) einen Verteidiger haben durfte, dieser jedoch vom Inquisitor bestimmt wurde. Außerdem mußte der Angeklagte schwören, über den Inhalt der Verhöre zu schweigen. Schon deshalb waren begründete Regreßansprüche oder Appellationen kaum möglich. Und war der Verhörte überführt oder geständig, durfte er sowieso nicht mehr appellieren.

Die erwähnte Distinktionsfähigkeit kam dem geistlichen Richter übrigens auch bei der Bestrafung zugute: Einer Weisung Papst Innozenz' III.

folgend bat er, wie schon angedeutet, stereotyp, wenn er einem weltlichen Richter einen Verurteilten übergab, diesen an Leib und Leben zu schonen. Weil der Feuertod von Kaiser Friedrich II. und anderen weltlichen Herrschern verfügt war und der Geistliche selbst der Hinrichtung gewöhnlich nicht beiwohnte, konnte er ohne Risiko die Bitte äußern und seine Hände unbefleckt halten. Doch auch wenn ihm dies einmal nicht gelang, war das kein Problem, denn Papst Alexander IV. hatte um 1260 verfügt, daß sich Inquisitoren gegenseitig von Irregularitäten absolvieren dürfen; und zu diesen gehörte auch die Verletzung des genannten Rechtssatzes.

Schwieriger war es zu bestimmen, wer als Richter zu fungieren habe. Papst Lucius III. hatte bekanntlich dafür die Bischöfe oder ihre Archidiakone vorgesehen. Der Absicht stand entgegen, daß noch im 13. Jh. viele Bischöfe vom Kirchenrecht, oft auch von der Theologie äußerst geringe Kenntnisse besaßen; außerdem gaben Bischöfe häufig der Politik und einem gehobenen Lebensstil den Vorrang vor der Wahrung oder Duchsetzung der Kirchendisziplin. Aber auch vom Papst ernannte Inquisitoren arbeiteten anfangs nicht immer zufriedenstellend. Daher übertrug Papst Gregor IX. seit 1231/33 das Geschäft Mitgliedern der neuen Bettelorden, vor allem Dominikanern, aber auch Franziskanern. Gleichzeitig begründete er die Inquisition als besonderes Gerichtsverfahren. Bald darauf erwirkten die beiden Orden vom Papst Privilegien, die die Bestellung von Inquisitoren dem jeweiligen Ordensprovinzial übertrugen. Doch auch weiterhin konnte der Papst selbst Inquisitoren bestimmen; seit dem 14. Jh. nahmen außerdem Bischöfe die ihnen zustehende Aufgabe häufiger wahr – vor allem, wenn sie den Bettelorden angehörten, gebildet oder vor ihrer Bischofswahl schon Inquisitoren gewesen waren. Zwar sollten Bischof und Inquisitor einträchtig zusammenwirken, aber in der Praxis gab es nicht selten ein Neben- oder Gegeneinander von päpstlichen, bischöflichen oder von Provinzialen bestimmten Inquisitoren und oft auch – etwa in Südfrankreich – eine Konkurrenz zwischen dominikanischen und franziskanischen Glaubensrichtern. Das mag zwar manchem Verdächtigen das Leben gerettet, häufiger jedoch die potentiellen 'Kunden' noch mehr verunsichert haben.

Päpste wie Inquisitoren betonten gleichermaßen zwei Absichten der Inquisition: Ausrottung der Feinde des rechten Glaubens und Schutz der Christen vor Ansteckung. Hierzu möchte ich betonen, daß die Initiatoren und Praktiker der Inquisition, auch etwa Bernard Gui, gewöhnlich keine Zyniker der Macht waren – wie manche Autoren seit der Aufklärung annahmen –, sondern von der Richtigkeit ihrer Anschauung und Maßnahmen überzeugt waren. Doch gerade diese Überzeugung machte den von ihnen geübten Terror für ihre Zeitgenossen so schrecklich, eine 'tolerante' Gegenposition meist unmöglich und ihr Erbe bis heute verhängnisvoll.

Die Ausweglosigkeit der Situation zeigt sich gerade bei der, eigentlich positiv verstandenen, zweiten Absicht, dem Schutz der Christen vor Ansteckung.

Als Papst Benedikt XII. 1335 vorschrieb, jeder Pfründenbewerber – vor allem wenn er Priester war – müsse Latein lesen und schreiben und halbwegs passabel singen können, galt dies als Reform, wurde also beim Gros der bisherigen Weltgeistlichen nicht vermutet. Dem entsprach es, wenn nicht nur von sich überzeugte Bettelmönche über Pfarrer spöttelten, diese könnten nicht predigen; und wenn sie es täten, bestünde die Predigt vor allem darin, dem Kirchenvolk das 'Vaterunser', eventuell sogar das Glaubensbekenntnis, in der Volkssprache vorzulesen, doch erklären könnten sie die Glaubensinhalte nicht. Kein Wunder, daß sich im 13. Jh. Pfarrklerus und Bettelorden kaum wegen der Predigt in die Wolle gerieten, sondern wegen der sonntäglichen Messe, der Beichte und des Begräbnisses, denn dabei ging es wegen der zu entrichtenden Gebühren oder der Kollekte um finanziellen Gewinn oder Verlust. Wie primitiv noch im 15. Jh. etwa die schwer verständliche, daher irrige Ansichten fördernde Transsubstantiationslehre normalen Gläubigen veranschaulicht wurde, zeigen Fresken mit der sogenannten 'Hostienmühle' (z. B. in Eriskirch, Bodensee): Die Evangelisten hängen am Schwungrad, die Apostel drehen die Kurbel; währenddessen steckt Maria oben in den Trichter das Jesuskind hinein, unten purzeln Hostien in einen Kelch.

Demzufolge dürfte bei dem 'normalen' Christen das Wissen wichtiger Glaubensinhalte gering gewesen sein. Inquisitoren, aber auch noch spätere Theologen betonten, man müßte dem Kirchenvolk zumindest beibringen, das 'Paternoster', 'Ave Maria' und 'Credo' auswendig zu lernen. Doch war dies eher eine Maximal- als eine Minimalforderung. Daher waren Inquisitoren häufig zufrieden, wenn von ihnen Verhörte die beiden ersten Gebete, wenn auch manchmal fehlerhaft, aufsagten. Was blieb dem Laien sonst: der 'magische' Ertrag der lateinischen, also unverständlichen Messe, finanzielle Stiftungen, Bruderschaften – gleichfalls häufig mit finanziellen Pflichten, aber auch Trinkgelagen, verbunden –, der meist nicht billige Ablaß, die Verehrung von Heiligen mit ihrer spezifischen bildlichen Darstellung und, oft strapaziöse, Pilgerfahrten. Natürlich waren das alles verdienstvolle Betätigungen; doch der Unterweisung im Glauben dienten sie kaum.

Dieser eben kurz skizzierte Hintergrund ist für unser Thema in zweierlei Hinsicht wichtig: für die Absichten der Amtskirche, letztlich die Laien in Abhängigkeit zu halten, ihnen jedenfalls Bibellesen und Diskussionen über Glaubensinhalte zu verwehren, aber auch, um die Empörung vieler einfacher Christen zu verstehen, wenn 'Ketzer' gerade den Sinn von Ablaß und Pilgerfahrt verneinten und somit anzweifelten, was landläufig einem 'armen Christenmenschen' zum Heil verhelfen zu können schien. Im 'irdischen Jammertal' wollte der Durchschnittschrist nicht die wenigen handgreiflichen Möglichkeiten verlieren, die ewige Seligkeit zu gewinnen. Die Amtskirche zog am selben Strang. Seit dem 13. Jh. wurde die Lehre vom Fegefeuer ausgebaut und somit die Bedeutung von Ablaß und Bußpilgerfahrt gesteigert. Letztere diente, wie schon angedeutet, auch den Inquisitoren.

Vor allem jedoch wurde die Unwissenheit der Laien, damit die Stärke des Klerus zementiert. Schon Papst Lucius III. hatte 1184 die Laienpredigt verdammt; viele seiner Nachfolger taten es ihm nach. Innozenz III. hatte 1199 kein Verständnis dafür aufgebracht, daß viele Laien der Diözese Metz französische Bibelübersetzungen lasen, über den Schriftinhalt diskutierten und predigten, einige Pfarrer, die das verboten, nach der Begründung fragten und sich über die 'simplicitas' (so Innozenz) ihrer Priester mokierten. Mit der für die damaligen, noch nicht 'mündigen' Laien wenig schmeichelhaften, biblischen Erklärung, man dürfe die Perlen nicht vor die Schweine werfen, verurteilte der Papst jene Betätigungen der Laien und verbot, gleichfalls unter Bemühung der Bibel, jegliche Kritik an Priestern. Auch dieses Dekret galt in der katholischen Kirche bis 1917 und prägte nachhaltig – zum Teil bis heute – das Verhalten vieler Geistlicher gegenüber den Laien.

Spätere Päpste und Bischöfe eiferten Innozenz nach. Und so verwundert es nicht, daß 1229 – nach dem Ende der Albigenserkriege – eine Synode in Toulouse, wenig später ein Zentrum der Inquisition, den Laien jeglichen Besitz einer Handschrift des Alten oder Neuen Testaments verbot; lediglich Breviere, Psalterien oder Stundenbücher, also Bet- und Erbauungsliteratur, waren erlaubt. Ebenso wurden Laien öffentliche oder private Disputationen über Glaubensdinge strikt untersagt. Spätere Synoden oder Päpste wiederholten die Anordnungen. Wer nicht Kleriker oder Mitglied einer von der Kirche anerkannten Gemeinschaft war und dennoch eine Bibel, vor allem eine Übersetzung, besaß, erwies sich schon dadurch als der Ketzerei verdächtig. Die Amtskirche hatte das Lehrmonopol. Daß angesichts des schon angedeuteten, oft niedrigen Wissensstandes vornehmlich der Weltgeistlichen die ihnen anvertrauten Schäflein bei eigenständigen Überlegungen oft in die Irre gingen – erst recht, wenn sie exegetische Predigten von Mystikern oder Spiritualen zum Vorbild wählten –, nimmt nicht wunder; doch hatte das lediglich zur Folge, daß Inquisitoren neue Opfer fanden.

Und wie Inquisitoren schon bei der meist erstmaligen Einrichtung von

Untersuchungs- und Strafgefängnissen der Menschheit den Weg des 'Fortschritts' gewiesen hatten, so auch bei der Aufspürung neuer Opfer. Es genügte bald nicht mehr, dem Angeklagten die offenkundige Zugehörigkeit zu einer Ketzergruppe nachzuweisen; vielmehr versuchten – etwa in Südfrankreich und Böhmen – seit dem 14. Jh. Inquisitoren, den Verdächtigen aufgrund seltsamen Verhaltens als Ketzer zu überführen; manche Inquisitoren versuchten sogar – wie später Orwells Gedankenpolizei –, das Denken von Verdächtigen zu kontrollieren und zu bestrafen, indem sie verfängliche Fragen stellten und dadurch 'falsche' Vorstellungen bloßlegten. Andere galten als verdächtig, wenn sie ihren Wohnsitz gewechselt hatten und kurz danach ein Inquisitor in ihrem früheren Ort eingetroffen war.

Nur wer sich in allem der Kirche und Gesellschaft anpaßte, lebte gewöhnlich ungeschoren. Doch auch er konnte in die Mühle der Inquisition geraten, falls er aus irgendeinem Grund denunziert oder verdächtigt wurde. In oft freundlichen Gesprächen stellte der Inquisitor liebenswürdige Fangfragen; und wenn der Verhörte dank seiner kirchlicherseits gewährleisteten Unwissenheit 'schiefe' Formulierungen äußerte, war seine Häresie erwiesen. Verschlimmert wurde die Situation des Verhörten noch durch die Zweisprachigkeit: Der Inquisitor ging oft von einem auf Latein vorgefertigten, demzufolge normierten, Fragenkatalog aus, stellte also auch – zum Teil mit Hilfe eines Dolmetschers – Fragen, deren Inhalt und Sinn dem Verhörten fremd waren; die in der Volkssprache gegebenen Antworten wurden dann ins Latein übersetzt und dabei häufig dem vorgegebenen Muster angeglichen, was der Verhörte natürlich nicht wußte, erst recht nicht verhindern konnte.

Doch selbst wenn er freigesprochen wurde, konnte er später Pech haben, auch an einem neuen Wohnort, falls er wieder einmal unangenehm auffiel, denn auch die Namen von lediglich Verdächtigten wurden in den geheimzuhaltenden Protokollen oder Registern festgehalten und auswärtigen Inquisitoren mitgeteilt. Und ein zum zweiten Mal Verdächtigter galt schon als halb überführt. Verzichtete der Inquisitor auf die Folter, konnte er ihn im Kerker schmoren lassen. Protokolle aus Südfrankreich, aus Bernard Guis Wirkungsbereich, zeigen, daß manche Angeklagten erst nach langer Haft – teilweise nach mehr als zehn Jahren – seelisch und körperlich zermürbt gestanden haben.

Daß außer Ketzern auch manch orthodoxer Christ am Treiben der Inquisitoren Anstoß nahm, überrascht nicht. Doch Widerstand gegen die Inquisition war selten möglich, noch seltener erfolgreich. Meist erschöpfte sich der Widerstand in individuellen Racheunternehmungen, wie es etwa Petrus Martyr widerfuhr und es der Film unhistorisch auch Bernard Gui erleiden läßt. Organisierter Widerstand versprach nur dann Erfolg, wenn er von weltlichen Machthabern und einflußreichen Geistlichen unterstützt wurde; entzogen diese ihre Hilfe, brach auch der Widerstand zusammen. Deutlich wurde dies zum Beispiel in Albi, Carcassonne und anderen südfranzösischen Orten, wo vor und nach 1300 die Tätigkeit der Inquisitoren zeitweise lahmgelegt worden war. Als der geistige Führer des Widerstands, der auch von Eco genannte Franziskaner Bernard Délicieux, plante, einen Sohn des Königs von Mallorca zum neuen weltlichen Herrn zu proklamieren, blieb ihm nur noch ein Teil der 'Rebellen' in Carcassonne treu; erst recht verlor er jegliches Gehör beim französischen König, der den Plan als Hochverrat betrachten mußte. Generell ist Délicieux' Agitation deshalb interessant, weil sie Mißstände der Inquisition in Südfrankreich anprangerte: Fälschung von Verhörprotokollen, Einkerkerung und Verurteilung Unschuldiger, Bereicherung an konfisziertem Gut. Quellen seines Wissens waren oft die Aussagen von Verurteilten, die dafür ihren vor dem Inquisitor geleisteten Eid brachen, damit aber, legalistisch gesehen, neues Unrecht begingen. – Es sei nochmals darauf verwiesen, daß die gerade in Südfrankreich stark verfolgten Waldenser jeglichen Eid verweigerten. Doch auch ihnen war es verboten, Einzelheiten von Verhören zu 'verraten'. – Délicieux war sogar kühn genug zu behaupten, selbst die Heiligen Petrus und Paulus, würden sie jetzt leben, hätten keine Chance vor einem Inquisitor. Natürlich hatte sich Délicieux klar als 'Begünstiger der Häresie' erwiesen. Nach dem Tod oder der Kaltstellung vieler seiner Gönner – auch Papst Clemens V. hatte ihn geschützt – war es für den neuen Papst, Johannes XXII., ein leichtes, Délicieux von einem Tribunal verurteilen zu lassen. Durch Alter, Untersuchungshaft und Folter geschwächt, starb Délicieux 1320, bald nach seiner Verurteilung, im Kerker. Die gerade auch wohl durch sein Wirken veranlaßte und von Clemens V. angeordnete Kontrolle von Gerichtshöfen der Inquisitoren blieb toter Buchstabe.

II.

Für den Dominikanerorden allgemein, erst recht für dessen Inquisitoren, waren Délicieux' Anklagen Verleumdungen, sein Wirken ketzerisch. Dies gilt in besonderem Maße für Bernard Gui, der die Unruhen als Prior verschiedener Dominikanerkonvente miterlebt und sie in mehreren Werken beschrieben hat; er beurteilte Délicieux als „Verfolger der Inquisitoren und des Bischofs" von Albi („persequens inquisitores et episcopum"). Betrachtet man nur seinen Haß auf Délicieux oder sein Wirken als Inquisitor, so wäre sein von Eco gezeichnetes Porträt zu akzeptieren. Doch ist dieses Bild zu einseitig.

Um 1261/1262 als Sohn eines kleinen Adligen in der Nähe von Limoges geboren, scheint sich Bernard Gui frühzeitig zum Orden der Dominikaner hingezogen gefühlt zu haben. Schon sein Eintritt in den Klerus durch die Tonsurierung erfolgte vor 1275 im Predigerkonvent von Limoges; dort nahm er auch am 16. September 1279 den Ordenshabit an und legte genau ein Jahr später die Gelübde ab. Demzufolge betrieb er bis 1290 auch seine Studien (Trivium und Theologie) in südfranzösischen Ordenskonventen und fungierte folgerichtig erst als Lektor (bis 1294), dann als Theologieprofessor und Konventsprior (1294–1307) in Albi, Carcassonne, Castres und schließlich in Limoges. Für sein späteres Wirken war diese Zeit besonders deshalb wichtig, weil er 'vor Ort' das Wirken von Ordensbrüdern als Inquisitoren, aber auch den Widerstand gegen deren Tätigkeit miterlebte. Im Januar 1307 vom Ordensprovinzial für Frankreich zum Inquisitor in Toulouse bestimmt, war er als solcher von 1308 bis 1323 in Toulouse, Carcassonne, Albi und Pamiers tätig; noch als nomineller Bischof des galizischen Tuy (August 1323–Juli 1324) wirkte er als Inquisitor in Südfrankreich weiter. Erst als Bischof von Lodève (ab 20.7.1324) gab er diese Tätigkeit auf; statt dessen widmete er sich von nun an bis zu seinem Tod (30.12.1331) vor allem der Verwaltung seiner Diözese und der Überarbeitung verschiedener historiographischer Werke.

Allerdings bedeutete das nicht, daß er nicht mehr an der Bekämpfung von Ketzern teilnahm. Ganz im Gegenteil! Wie andernorts gab es auch in Lodève ein Gefängnis der Inquisition. 1327 war ein von Bernard beauftragter Kommissar an einem feierlichen Urteil über Ketzer beteiligt; etwa ein Jahr später befahl Bernard gemeinsam mit anderen Bischöfen einem Inquisitor, den Leichnam eines Ketzers zu exhumieren. Schon darin zeigt sich die Zusammenarbeit zwischen Ortsbischof und Inquisitor, wie sie Bernard generell gefordert hat. Über diese besitzen wir noch ein anderes, unmittelbares Zeugnis, nämlich ein Pontificale (= Sammlung der von einem Bischof durchzuführenden Riten), das Bernard als Bischof von Lodève schreiben ließ. Wie in sein Handbuch für Inquisitoren (siehe unten) nahm er auch in das Pontificale einen Ordo (= Beschreibung) der Degradation auf, der um 1307 in Südfrankreich konzipiert und zum Beispiel 1319 bei der Degradierung des Bernard Délicieux, aber auch (gemäß dem ›Liber sententiarum‹, s.u.) gegenüber von Bernard Gui Verurteilten angewandt worden war. Meines Wissens ist sein Pontificale das älteste, das einen derartigen Text enthält; die Aufnahme des Textes wäre dann bewußt vorgenommen, und es wäre dann zu unterstellen, daß Bernard Gui den Ordo eintragen ließ, um ihn als Bischof nach der Verurteilung häretischer Kleriker anzuwenden.

Besser jedoch sind wir über seine Tätigkeit als Inquisitor unterrichtet.

Zwei von Bernards Notaren haben die Protokolle der von ihm geleiteten Verhöre und Gerichtssitzungen in einer Handschrift (›Liber sententiarum‹) aufgezeichnet. Er selbst verfaßte am Ende seiner Tätigkeit (ca. 1321–1323) ein Handbuch für Inquisitoren, die ›Practica inquisitionis heretice pravitatis‹. Auch dieses Werk enthält weitgehend Protokolle oder Formulare, außerdem Traktate über die dem Autor am gefährlichsten erscheinenden Häresien (Waldenser, Beguini und Apostoliker) sowie über Juden – in Südfrankreich gleichfalls von der Inquisition bedrängt – und Hexerei. Weil das Werk weitgehend Systematik, Analyse und Ratschläge vermissen läßt, war ein gut fünfzig Jahre später von dem Katalanen Nikolaus Eymerich verfaßtes Handbuch (›Directorium inquisitorum‹) erfolgreicher und wurde daher oft gedruckt. Für den Historiker ist aber Bernards Buch wichtiger, denn es gewährt durch seine vielen Originaltexte einen unmittelbareren Zugang, um die Arbeit der Inquisitoren und ihre Opfer erkennen zu können. An seine Leser gerichtet forderte Bernard, der Inquisitor müsse in erster Linie der Beichtvater eines Verhörten und deshalb intensiv bestrebt sein, ihn zur wahren Gesinnung zurückzuführen. – Lediglich Unbußfertige sollen verbrannt werden, denn es sei besser, der sowieso sterbende Körper falle dem irdischen Feuer anheim als die unsterbliche Seele dem der Hölle. – Vielleicht hat Bernard deshalb die Folter in seinem Handbuch nicht erwähnt. Und vielleicht glaubte er wirklich, als Inquisitor seinem Postulat selbst entsprochen zu haben: In nur 18 feierlichen Urteilsverkündigungen zwischen 1308 und 1323 urteilte er über 930 Personen (meist Albigenser, Waldenser und Beguini, doch nur ein spanischer Apostoliker), von denen zwei falsche Zeugen, 89 schon tot und 40 flüchtig waren. Von den Verstorbenen definierte Bernard 72 als eigentlich hinzurichtende Delinquenten („relinquendi si viverent"); von den Lebenden verurteilte er 42 zum Tod, 307 zu lebenslänglichem Kerker, also zu einem langsamen Sterben. Mag uns diese 'Jagdstrecke' auch erschrecken; Bernard Gui könnte sich als gerechten, aber milden Richter betrachtet haben, denn schließlich verpflichtete er 152 Reuige nur zum Kreuztragen oder zur Pilgerfahrt. Die Zahl der Freigesprochenen läßt sich nicht genau ermitteln; sie dürfte etwa ein Drittel der Verhörten umfaßt haben.

Überblicken wir die fünfzehn Jahre von Bernards Tätigkeit, so sprach er bis 1313 besonders viele Urteile (460) – infolge des vorangegangenen Widerstandes gegen die Inquisition, der in seinen Augen eine neue Zunahme von Häretikern bewirkt hatte –; 1316 waren es 76, 1319 164, von 1321 bis 1323 230 Urteile. Das Fehlen von Urteilen in anderen Jahren ergab sich zum Teil aus Bernards Abwesenheit. So war er in den Jahren 1317 und 1318, allerdings ohne Erfolg, als Abgesandter Papst Johannes' XXII. in Oberitalien und Nordfrankreich diplomatisch tätig. Interessant ist vor allem die erste Reise, denn sie bot Bernard die einzige Gelegenheit, italienische Verhältnisse kennenzulernen; sie könnte also Eco als Vorbild für den angeblichen Italienbesuch im Jahre 1327 gedient haben. Zweck der Reise war die Beseitigung von Differenzen zwischen ghibellinischen Signori und dem als päpstlicher Vikar in Reichsitalien fungierenden König Robert von Neapel. Um den päpstlichen Auftrag zu erfüllen, besuchte Bernard zusammen mit einem franziskanischen Kollegen verschiedene Städte. Nebenbei studierte er für seine historiographischen Arbeiten mehrere Handschriften. Aber von einer 'Nebentätigkeit' als Inquisitor wird nichts berichtet; sie wäre wohl auch nicht von den kirchlichen Instanzen akzeptiert worden, denn Bernard besaß kein entsprechendes Spezialmandat des Papstes, war demnach als Inquisitor weiterhin auf Frankreich beschränkt.

Weil vom 16. bis ins 18. Jh. viele kirchliche Handschriften in Frankreich vernichtet wurden, unter ihnen gerade auch viele in Dominikanerkonventen aufbewahrte Inquisitionsprotokolle, stellt der von Bernard Gui stammende Fundus einen Glücksfall dar; ihm vor allem verdankt er sein Nachleben in der modernen Geschichtswissenschaft und auch bei Eco. Im 14. Jh. selbst war Bernard als Inquisitor nach seinem Tod bald vergessen: der ›Liber sententiarum‹ ruhte im Konventsarchiv von Toulouse (heute in London), die ›Practica‹ wurde nur selten kopiert. Um so mehr Verbreitung fanden seine etwa dreißig anderen Werke, vor allem seine Arbeiten über Heilige, über den Dominikanerorden, über französische und über Weltgeschichte. Einige von ihnen ließ sogar der französische König Karl V. 1368/69 ins Französische übersetzen. Und wie Eco bei Bruder William die Inquisitorentätigkeit als nützliche Propädeutik für das Handwerk als Detektiv darstellt, so kam bei Bernard der wißbegierige Inquisitor dem Historiographen zugute: Bernard war gegenüber ungesicherten oder widersprüchlichen Aussagen früherer Autoren kritisch; die generelle Geltung der in Ecos Roman hervorgehobenen 'auctoritates' zweifelte er an und überließ bei widersprüchlichen Angaben das Urteil dem Leser. Doch auch gegenüber sich selbst verhielt er sich skeptisch und war daher bereit, eigene Passagen aufgrund neuer Handschriftenstudien – etwa während der Italienreise – zu überarbeiten; außerdem bemühte er sich, seine Geschichtswerke zu ergänzen und zu aktualisieren. Daher existieren gerade von seinen wichtigeren Werken mehrere auf ihn zurückgehende Fassungen. Und während er Themen der Inquisition selbst, außer in der ›Practica‹, vor allem in Darstellungen verschiedener Dominikanerkonvente berücksichtigte, fügte er in sein historiographisches Hauptwerk – die ›Flores chronicorum‹ – überraschend viele Berichte über Wirtschaftskatastrophen oder sozial-religiöse Unruhen in Südfrankreich ein. Ecos Hinweise etwa auf die Pastorellen (bes. S. 243 ff.) basieren, vielleicht dem Romanautor unbewußt, vor allem auf Bernards Nachrichten. Auch aus Bernards – natürlich papsttreuer – Darstellung vom Aufenthalt Ludwigs des Bayern 1327/28 in Italien mag manches in Ecos Feder geflossen sein.

Wie menschlich Bernard als Historiograph schreiben konnte, zeigt seine Mißbilligung der von den Pastorellen betriebenen Judenpogrome (1320), während er als Inquisitor die Vernichtung jüdischer Bücher (bes. des Talmud) und die Verhinderung jüdischer Mission angeordnet und befürwortet hatte. Und wenn er auch die in Ecos Roman von Bruder William gelehrte Ansicht über das Lachen kaum gebilligt hätte, so dürfen wir ihn uns dennoch nicht als 'finsteren Typ' vorstellen. Sein zeitgenössischer Biograph jedenfalls betonte, Bernard sei im Gespräch scherzhaft (iocundus) gewesen; abends, nach den Mühen des Studiums und der Geschäfte, habe er die Brüder zum gemeinsamen erbaulichen Gespräch versammelt, denn „es gäbe keinen rechtschaffenen Mann, der schlafen geht, ohne sich einmal am Tag ergötzt zu haben" („... nisi semel in die fuerit iocundatus"). Deshalb muß uns Bernard Gui nicht gleich sympathisch sein oder gar als Heiliger erscheinen. Doch ist er zweifellos differenzierter zu bewerten, als es oftmals – so auch im ›Namen der Rose‹ – geschah.

III.

Als Romanfigur ist Bernard Gui einzig und allein Inquisitor. Dafür wird auch die historische Wirklichkeit, soweit wir sie kennen, manchmal verändert – natürlich immer gemäß der von Eco in der ›Nachschrift‹ (S. 87 f.) geäußerten Maxime, daß es „in jener Epoche sagbar sein sollte", also für das 14. Jh. vorstellbar ist. Demzufolge hat Bernard in Norditalien und Flandern (1317/18) nicht als päpstlicher Diplomat oder als Handschriftenleser, sondern als Inquisitor agiert (S. 268 f., 386) und dabei auch 'Ketzer' verfolgt, die – wie die Fratizellen (S. 72 f., 191 ff., 269) – erst nach 1327 eine größere Rolle spielten oder die er – wie die Apostoliker („Dolcinianer": S. 269, 348) – zwar in der ›Practica‹ angegriffen, aber in der Realität nicht verhört und verurteilt hat, sofern wir von dem einen, schon genannten, spanischen Apostoliker absehen. Während also verbürgte Nachrichten über Bernards Tätigkeitsbereiche weggelassen oder verbogen werden, entstehen neue 'Tatsachen' durch die Übertragung aus der vorwiegend traktathaften Beschreibung in die 'Realität'. Diesem literarischen Prinzip entspricht es, wenn 'fiktionale' Ausführungen in der ›Practica‹ über Hexerei und Zauberei nun zu Ansichten und Handlungsmustern Bernards gegenüber dem 'Mädchen' und dem Mönch Remigius werden (S. 420–427, 495 f., 518). Nicht der

›Practica‹, aber Bernards Verhörprotokollen entsprechen die Passagen über die Folter (S. 477f., 492ff.). Meisterhaft charakterisiert in ihnen Eco den Unterschied zwischen der theologisch/kanonistischen Fiktion und der Realität sowie die psychische Reaktion des Opfers.

Ähnlich souverän und zugleich wieder stimmig stellt Eco den Inquisitor oder dessen Meinungen auch an anderen Stellen dar. So ist es wieder historisch falsch, aber vorstellbar, wenn Bernard Gui im Roman (S. 421f.) dem schon verstorbenen Bernard Délicieux vorwirft, vorgehabt zu haben, auf der Grundlage von 'Büchern der Schwarzen Magie' und mit Hilfe von Wachsfiguren Papst Johannes XXII. zu ermorden. Tatsächlich hat Délicieux zumindest ein Buch magischen Inhalts besessen, die 1319 gegen ihn vorgetragene Anklage warf ihm auch einen Mordanschlag auf einen Papst vor; allerdings soll er gegen Benedikt XI. (gest. 1304) gerichtet und ein Vergiftungsversuch gewesen sein. Doch Délicieux' Richter, unter ihnen der von Eco genannte Jacques Fournier (S. 421, 518), wiesen diesen Anklagepunkt als unbewiesen zurück. Andererseits hatte gerade Johannes XXII. den Prozeß gegen Délicieux ventiliert und nach dessen Verurteilung jegliche Haftmilderung abgelehnt. Und zwei Jahre vor Prozeßbeginn, also 1317, war der von Eco beschriebene magische Mord tatsächlich versucht worden, allerdings durch den Bischof von Johanns Heimatstadt Cahors, Hugues Géraud, der deshalb ein, auch von Bernard Gui in den ›Flores chronicorum‹ beschriebenes, grausiges Ende fand. Und alle – Papst, Géraud, Gui – hatten sie an die Macht der Magie geglaubt. Daher ist die im Roman vorgestellte Ansicht des Inquisitors wieder vollkommen glaubhaft.

Jürgen Petersohn hielt Eco vor, dem Verhör des Mönches Remigius (S. 474ff.), obwohl dieser doch als Apostoliker verdächtigt war, ein Formular aus der ›Practica‹ zugrunde gelegt zu haben, das „eigentlich den Waldensern zugedacht ist". Der Vorwurf trifft nur zum Teil zu. Zwar gibt es die von Petersohn genannte Übereinstimmung, doch hat Eco geschickt die Namen anderer Sekten (Beguini/Fratizellen, Apostoliker) in den Text eingestreut und zugleich für die Waldenser typische Punkte (vor allem die Verweigerung des Eides) weggelassen. Außerdem ist zu bedenken, daß – wie schon im ersten Teil angedeutet – Inquisitoren 'fremde' Verhörformulare bei Verhörten, die eigentlich anderer Ansichten und Verhaltensweisen angeklagt waren, benutzen konnten. Eco 'spielt' also auch hier wieder mit dem historischen Material zum Vorteil der Anschaulichkeit. Wohl deshalb läßt er auch den 'Chronisten' Adso (S. 299ff.) die Hinrichtung eines Fratizellen schildern, die tatsächlich, wie wiederum Petersohn bemerkte, erst 1389 in Florenz stattgefunden hat.

Noch mehr als Jorge von Burgos ist Bernard Gui im Roman der gefährlichste Feind des Bruders William (z. B. S. 385, 457, 484). Diese

Feindschaft ist gleichermaßen in den unterschiedlichen Persönlichkeiten mit ihren Anschauungen wie in ihrer Affinität als angeblich ehemaliger oder noch fungierender Inquisitor begründet.

Bernard Gui sondiert kalt die Personen und deren Lebensbedingungen (S. 268ff., 384ff.), von seinem Inquisitorenamt und der dadurch zu schützenden Glaubenswahrheit ist er zutiefst überzeugt (z.B. S. 497f.). Doch verbindet er mit seiner Tätigkeit sehr wohl kriminalistische Fähigkeiten (S. 482, 527), wenn auch nur als Nebenprodukt, denn die Bekämpfung von Glaubensfeinden rangiert vor der Aufdeckung anderer, lediglich krimineller Vergehen. Seine von Eco geschilderte Anschauung deckt sich mit derjenigen päpstlicher Gesetzgeber und das Recht kommentierender Kanonisten; sie ist demnach für das 14. Jh. völlig glaubwürdig.

Für William von Baskerville haben sich demgegenüber die Werte gewandelt. Seine durch Eco an Ludwig Wittenstein und den mittelalterlichen Nominalisten geschulte Skepsis gegenüber „Wahrheit" und „Recht" (z.B. S. 195, 260f., 264f., 492, 624ff.) trennt ihn deutlich von der Vorstellungswelt Bernard Guis. Doch auch seine Erfahrung als vorgeblich ehemaliger Inquisitor in England und Italien (S. 41ff., 47, 77f., 81ff., 88, 116f., 148) hat zu dieser Trennung beigetragen. – Beiläufig sei darauf hingewiesen, daß damals die Inquisition in England erst in geringem Maße etabliert war und eine Tätigkeit als Inquisitor in zwei weit voneinander entfernten Ländern kaum möglich gewesen sein dürfte, denn dafür hätte William der Ernennung durch zwei verschiedene Provinziale, der Akzeptanz durch die Ortskirchen in beiden Ländern und vielleicht auch noch der Genehmigung durch den Papst bedurft. Übrigens treffen diese Vorbehalte, wie schon angedeutet, auch auf die angebliche Tätigkeit Bernard Guis in Italien zu. Eco war so raffiniert, hinsichtlich Bernards derartige Vorbehalte vom Abt äußern, aber von William, wenn auch wohl unrichtig, entkräften zu lassen (S. 472). – Akzeptieren wir Ecos Darstellung, so hat William vorwiegend negative Lehren aus seiner Tätigkeit gezogen (S. 81f., 88, 116f., 148, 158), vor allem hinsichtlich der Folter und der immer wiederholten, dogmatischen Topoi. Deshalb relativiert er häretische Lehren (S. 258), reagiert negativ auf die Tätigkeit von Bernard Gui (S. 499, 501f., 505) und wendet sich gegen die Gerichtsbarkeit über 'Ketzer', ja sogar – unter dem Einfluß des Marsilius von Padua – gegen die Gerichtsbarkeit der Kirche in weltlichen Belangen (S. 454ff.). Dennoch fühlte er sich als Inquisitor, hält sich sogar in dieser Funktion für besser als Marsilius (war der es jemals?) oder Bernard Gui. Gerade am Beispiel Bernards macht er die Unterschiede deutlich: „Bernard will gar nicht unbedingt den wahren Schuldigen finden, er will nur den Angeklagten brennen sehen. Mir dagegen macht es Freude, ein richtig schön verwickeltes Knäuel zu entwirren“ (S. 503). Für die aus Vorstellungen des 20. und des 14. Jh. zusammengesetzte Persönlichkeit Williams mag diese Aussage stimmen, für Bernard Gui hingegen nur, wenn wir die Romanfigur von der historischen Person lösen; denn in der Realität hat Bernard die Verhöre skrupelhaft geführt, und zwar für uns immer noch zu viele, doch im Verhältnis zu ‘milderen’ Urteilen relativ wenige Todesstrafen verhängt. Außerdem hat er Angeklagte freigesprochen.

In seiner ›Nachschrift‹ (S. 34) betonte Eco, er hätte als Zeitrahmen das 14. Jh. gewählt, weil er einen Detektiv brauchte, der „nach Möglichkeit“ ein Engländer sowie von Bacon und Ockham geprägt sein müsse (vgl. auch im Roman z. B. S. 24ff., 44). Glaubt man ihm, so hätte er nur an einen Vorläufer des vor hundert Jahren ‘geborenen’ Sherlock Holmes und an bestimmte philosophische Voraussetzungen gedacht, nicht hingegen an die Nützlichkeit inquisitorischer Erfahrungen. Mag dies für die Genese des Romans in Ecos Sicht zutreffen, so doch nicht für den William im Roman selbst. Über die schon genannten Belege hinaus wird die Ausweitung von Williams Persönlichkeit auch an anderen Stellen deutlich. Gegenüber dem armen Salvatore geriert er sich erneut als Inquisitor, wenn er zum Beispiel an dessen Gruß „penitenziagite“ Anstoß nimmt (S. 65f., 242). Und daß von ihm als ehemaligem Inquisitor besondere detektivische Fähigkeiten – ebenso wie von Bernard Gui – zu erwarten seien, äußern der Abt, Salvatore, Aymarus und Remigius (S. 42, 142f., 161, 197, 214, 343ff.); doch auch William selbst beruft sich ja, wie schon erwähnt, auf seine inquisitorische Tüchtigkeit (S. 503). Insofern erscheint es für Ecos Roman typisch, daß Inquisition und Detektivarbeit eng einander bedingen – im Gegensatz zu den teilweise schon vor Eco geschriebenen Romanen über den Mönch und Detektiv Cadfael der Ellis Peters. Allerdings macht William, und damit Eco, dem lieben Adso am Beispiel des Hornviehs klar (S. 389ff.), daß seine Methode als Detektiv sich doch von der eines die „Wahrheit“ kennenden Inquisitors wie Bernard völlig unterscheidet.

Außer Bernard und William werden im Roman noch andere Inquisitoren genannt. Für manche von ihnen ist meines Wissens Eco der einzige ‘Gewährsmann’, so für Bérenger Talon (S. 75: Berengar Talloni) und Ubertino da Casale (S. 78, 81f., 89, 445f.)., Sie dienen sehr schön zur Exemplifizierung der Dialektik, daß Diener der Inquisition deren Opfer werden können; aber in den historischen Texten begegnen wir ihnen nur als Verfolgten: Talon, Lektor im Franziskanerkonvent von Narbonne, wurde 1321 vom, auch im Roman (S. 433) genannten, Inquisitor Jean de Beaume arretiert und in Avignon als Spirituale angeklagt. Ubertino litt nicht so sehr durch Papst Johannes XXII., sondern viel stärker unter den

Anklagen seiner Ordensbrüder Michael von Cesena und vor allem Bonagratia; die im Roman geschilderte Harmonie zwischen den drei Personen dürfte die Realität etwas geschönt haben. Und der päpstliche Nepot Bertrand de Poujet war nicht so sehr Inquisitor (S. 271, 382) als vielmehr Kardinallegat und damit Vorsitzender des obersten kirchlichen Gerichts in Bologna.

Anders verhält es sich mit dem gleichfalls genannten Jacques Fournier (S. 421, 518). Als Bischof der südfranzösischen Bistümer Pamiers (März 1317–März 1326) und Mirepoix (März 1326–Dezember 1327) hatte er sich wie Bernard Gui vor allem der Unterdrückung von Ketzern gewidmet. Auch nach seiner Ernennung zum Kardinal (Ende 1327) bekämpfte er die verhaßten Ketzer weiter, bis er sieben Jahre später als Benedikt XII. neuer Papst wurde. 1319 gehörte er zu den Richtern des Bernard Délicieux, einer seiner Inquisitoren war damals zeitweise der schon genannte Jean de Beaume; mit Bernard Gui hat er von 1321 bis 1323 zusammengearbeitet. Als Bischof war er unter Johannes XXII. ohne Zweifel der eifrigste Richter über Häretiker. Dennoch unterschied er sich vorteilhaft von Bernard Gui. Weitaus seltener als dieser verhängte er die Todesstrafe; nicht nur bei Bernard Délicieux setzte er sich für eine Milderung der Kerkerhaft ein. Und in den Verhören ging er nicht von normierten Fragekatalogen aus, sondern genau auf die individuellen Ansichten und Lebensumstände der Verdächtigten ein; daher diente sein Inquisitionsregister als Steinbruch für das bekannte Buch von Le Roy Ladurie über Montaillou. Auch Fourniers Praxis mag uns heute nicht erfreuen; doch seine negative Beurteilung durch Bruder William (S. 518) gehört mehr zur Fiktion im Roman, als daß sie der historischen Wahrheit entspricht.

William, aber auch der Abt und Adso kritisieren die Inquisition, denn sie erzeuge nicht nur blinden Terror, sondern die Inquisitoren handelten oft aus Eigennutz und schafften selbst neue Häretiker (S. 41 f., 69, 194 f., 253 f., 304 f.); Bruder Nicolas wirft ihnen vor, Anklagen zu erheben, um die Pfründen von Verurteilten zu erraffen (S. 537). Beklagt wird zudem, daß die geistlichen Hirten ihre Schäflein verdummten (S. 42 f., 162 f., 186, 194, 254 ff.), ihnen mit dem Teufel und den Höllenqualen drohten (S. 42, 44 f., 82, 116, 119, 152 ff., 162, 292 f.), die Wahrheit durch Zensur pervertierten (S. 52 f., 99, 102, 117 f., 223, 233 f.); das Verständnis der Lehre im Volke werde gerade auch durch die Inquisition mißbraucht (S. 194 f., 243 ff., 252 ff., 291 f.). Der Abt selbst schreckt schon vor Schriften in der Volkssprache als „Herd und Nährboden der Häresie" zurück (S. 51). Zwar steckt auch hinter manchen dieser Passagen der 'aufgeklärte' Geist des 20. Jh., doch insgesamt veranschaulichen sie trefflich die Unausweichlichkeit und die Risiken der Inquisition; sie machen

deutlich, daß die von Orwell formulierte Parteiparole 'Unwissenheit ist Stärke' auch im späten Mittelalter ein starker Motor für Gesinnungsterror war.

Schon damals hatten auch Herrscher von der Bekämpfung der Ketzer profitiert; besonders die französischen Könige konnten dadurch ihr Herrschaftsgebiet erweitern und durch Eliminierung von Führungsgruppen, die als 'Häretiker' diffamiert wurden, ihre Verwaltung intensivieren. In ähnlicher Weise profitierten im Kirchenstaat die Päpste, in Deutschland die Räte vieler Städte vom Ketzerkampf, denn er verhalf ihnen zu einer effektiveren disziplinarischen und sozialen Kontrolle.

In der frühen Neuzeit wurde die Zusammenarbeit zwischen Kirche und Staat noch intensiviert, allerdings kam fortan die Verfolgung von Abweichlern in katholischen, aber auch vielen 'reformierten' Territorien verstärkt deren Herrschern zugute. Die oft glorifizierte Französische Revolution übertrug schließlich erstmals den bisher den Kirchen vorbehaltenen ideologischen Dogmatismus auf den Staat. Bekanntlich waren und sind im europäischen Kulturkreis auch die späteren Wegbereiter und die Exekutoren totalitärer Regime von der Französischen Revolution, somit von der bis dahin vorherrschenden Intoleranz, oder von der mittelalterlichen Ständelehre geprägt. Orwells 'Großer Bruder' ist – bildlich gesprochen – ein 'Enkel' der mittelalterlichen Inquisition. Ihr Erbe – Mißachtung und Eliminierung Andersdenkender oder nicht konform sich Verhaltender – hat alle ihre Nachfahren geprägt, auch den 'Großen Bruder' und vielleicht selbst uns trotz all unserer 'freiheitlich-demokratischen' Toleranz. Dem 'Fortschritt' entsprechend werden natürlich die Mittel verfeinert und zur noch umfassenderen Kontrolle des nun 'mündigen' und 'souveränen' Volkes ausgebaut.

Mag auch Eco im Roman die historische Wirklichkeit der Inquisition und die Person Bernard Guis etwa eingeschränkt und verfremdet dargestellt haben, so beeindruckt der ›Name der Rose‹ dennoch als glaubhaft fiktive Imagination des 14. Jh.s, er macht mittelalterliche Geschichte wieder 'lebendig'. Und als Spiegel der Gegenwart betrachtet deutet der Roman nicht nur auf das von Eco schon 1972 prophezeite 'Neue Mittelalter' hin (deutsch in seinem Buch ›Über Gott und die Welt‹); vielmehr dienen die 'Enkel' der mittelalterlichen Inquisition der immer noch existierenden Intoleranz und Repression. Somit beweisen sie auch bei uns: das vermeintlich schon lange tote oder durch Aufklärung und Demokratie überwundene 'Alte' Mittelalter lebt.

Literaturhinweise

Die im Text in Klammern gesetzten Seitenzahlen verweisen, wenn nicht andere Werke genannt sind, auf die deutsche Ausgabe des Romans.

Baluze, E./G. Mollat (Hrsg.), Vitae paparum Avenionensium, 4 Bde., Paris 1914–1922.

Bernard Gui et son monde, in: Cahiers de Fanjeaux 16, Toulouse–Fanjeaux 1981.

Borst, A., Die Katharer, Stuttgart 1953.

Magnum Bullarium Romanum, Bd. 1, Luxemburg 1742, S. 91–93 (Innozenz IV.: 'Ad exstirpanda').

Delisle, L., Notice sur les manuscrits de Bernard Gui, in: Notices et extraits des Manuscrits 27, Paris 1879, S. 169–455 (enthält auf S. 427–431 die zeitgenössische Lebensbeschreibung).

Douais, C. (Hrsg.), Documents pour servir à l'histoire de l'inquisition dans le Languedoc, Paris 1900.

Duvernoy, J. (Hrsg.), Le registre d'inquisition de Jacques Fournier, évêque de Pamiers (1318 à 1325), 3 Bde., Toulouse 1965.

Eberhard, W., Ansätze zur Bewältigung ideologischer Pluralität im 12. Jahrhundert: Pierre Abélard und Anselm von Havelberg (Hist. Jahrb. 105), 1985, S. 353–387.

Fearns, J. (Hrsg.), Ketzer und Ketzerbekämpfung im Hochmittelalter, in: Historische Texte. Mittelalter H. 8, Göttingen 1968.

Franciscains d'Oc. Les Spirituels ca. 1280–1324, in: Cahiers de Fanjeaux 10, Toulouse-Fanjeaux 1975 (bes. die Beiträge von Ch. T. Davis und Y. Dossat).

Friedberg, E. (Hrsg.), Corpus iuris canonici, Bd. 2, Leipzig 1881, bes. Sp. 778 bis 790, 1069–1078, 1181–1184, 1290–1293 (jeweils Titel 'De haereticis').

Grundmann, H., Ketzergeschichte des Mittelalters, in: Die Kirche in ihrer Geschichte. Ein Handbuch, Bd. 2, Lfg. G 1, 3. Aufl. Göttingen 1978.

Gui, B., Practica inquisitionis heretice pravitatis, ed. C. Douais, Paris 1886.

–, Manuel de l'inquisiteur, ed. G. Mollat, 2 Bde., 2. Aufl. Paris 1964 (nur Auszüge mit franz. Übersetzung).

Hageneder, O., Häresiebegriff bei den Juristen des 12. und 13. Jahrhunderts, in: W. Lourdaux/D. Verhelst (Hrsg.), The Concept of Heresy in the Middle Ages (11th–13th C.), Löwen 1976, S. 42–103.

Hauréau, B., Bernard Délicieux et l'inquisition albigeoise (1300–1320), Paris 1877.

Kaeppeli, Th., Scriptores Ordinis Praedicatorum Medii Aevi 1, Rom 1970 (S. 205–226: Bernard Gui).

Kieckhefer, R., Repression of Heresy in Medieval Germany, Liverpool 1979.

Kolmer, L., Ad capiendas vulpes. Die Ketzerbekämpfung in Südfrankreich in der ersten Hälfte des 13. Jahrhunderts und die Ausbildung des Inquisitionsverfahrens, Bonn 1982.

Kurze, D. (Hrsg.), Quellen zur Ketzergeschichte Brandenburgs und Pommerns, Berlin–New York 1975.

–, Häresie und Minderheit im Mittelalter (Hist. Zeitschrift 229), 1979, S. 529 bis 573.

Lea, H. C., Geschichte der Inquisition im Mittelalter, 3 Bde., Bonn 1905–1913.
Le Goff, J., Die Geburt des Fegefeuers, Stuttgart 1984.
Le Roy Ladurie, E., Montaillou, village occitan de 1294 à 1324, Paris 1975 (dt. Stuttgart 1980).
Liber sententiarum inquisitionis Tholosanae, ab anno Christi MCCCVII ad annum MCCCXXIII, angebunden an: Philippus a Limborch, Historia inquisitionis, Amsterdam 1692.
Maisonneuve, H., Études sur les origines de l'inquisition, 2. Aufl. Paris 1960.
Melville, G., Spätmittelalterliche Geschichtskompendien – Eine Aufgabenstellung (Röm. Hist. Mitteilungen 22), 1980, S. 51–104.
Mollat, G., Les papes d'Avignon (1305–1378), 10. Aufl. Paris 1965.
Patschovsky, A. (Hrsg.), Quellen zur böhmischen Inquisition im 14. Jahrhundert, in: MGH. Quellen zur Geistesgeschichte des Mittelalters 11, Weimar 1979.
Petersohn, J., Ecos Echo – ein „Anstoß" für Mittelalterhistoriker? (Geschichte in Wissenschaft und Unterricht 37), 1986, S. 761–766.
Roché, D., L'église romaine et les cathares albigeois, Narbonne 1969.
Schimmelpfennig, B., Zisterzienserideal und Kirchenreform. Benedikt XII. (1334–42) als Reformpapst, in: Zisterzienser-Studien 3, Berlin 1976, S. 11–43.
–, Die Absetzung von Klerikern in Recht und Ritus vornehmlich des 13. und 14. Jahrhunderts, in: Proceedings of the Fifth International Congress of Medieval Canon Law, Città del Vaticano 1980, S. 517–532.
Schmugge, L., Die Anfänge des organisierten Pilgerverkehrs im Mittelalter (Quellen u. Forsch. aus italien. Archiven u. Bibliotheken 64), 1984, S. 1–83.
Selge, K.-V., Die Ketzerpolitik Friedrichs II., in: Probleme um Friedrich II. (Vorträge und Forschungen 16), Sigmaringen 1974, S. 309–343.
Stauder, Th., Umberto Ecos 'Der Name der Rose': Forschungsbericht und Interpretation (mit einer kommentierten Bibliographie der ersten sechs Jahre internationaler Kritik, 1980–1986), Erlangen 1988 (= Erlanger Studien, Bd. 77).
Thomas, A., Bernard Gui, frère prècheur, in: Histoire litteraire de la France 35, Paris 1921, S. 139–232.

NAMENREGISTER

Berücksichtigt wurden alle Personennamen der Beiträgetexte ohne deren Anmerkungen und Literaturhinweise. Alle literarisch-fiktiven Namen sind *kursiv* gesetzt.

ZU DEN AUTOREN

HORST FUHRMANN, geb. 1926; Promotion Dr. phil. 1952, Habilitation 1961; Assistent in München, Rom, Kiel 1954–61; o. Prof. Univ. Tübingen 1962–71; Präsident der Monumenta Germaniae Historica (München) seit 1971, o. Prof. f. Mittelalterl. Geschichte, Univ. Regensburg seit 1971. – Forschungsschwerpunkte: Mittelalterl. Quellenkunde; Rechtsgeschichte.

FRANK-RUTGER HAUSMANN, geb. 1943; Promotion Dr. phil. 1968, Habilitation 1974; Wiss. Rat bzw. Prof. Univ. Freiburg i. Br. seit 1976 bzw. 1978; o. Prof. f. Romanische Philologie, Techn. Hochschule Aachen seit 1981. – Forschungsschwerpunkte: Italienische und französische Literatur des Mittelalters und der Renaissance.

MAX KERNER, geb. 1940; Promotion Dr. phil. 1969, Habilitation 1974; Lehrtätigkeit seit 1974; Prof. f. Mittlere u. Neuere Geschichte, Techn. Hochschule Aachen seit 1980. – Forschungsschwerpunkte: Kirchliche Rechtsgeschichte, insbes. vorgratianische Kanonistik; Geschichte der politischen Ideen des hohen u. späten Mittelalters; Geschichte der prophetischen Literatur.

ROLF KÖHN, geb. 1945; Promotion Dr. phil. 1973, Habilitation 1980; a. o. Prof. f. Geschichte des Mittelalters, Univ. Konstanz. – Forschungsschwerpunkte: Bildungs- u. Schulgeschichte des Mittelalters; Briefe u. Briefsammlungen des latein. Ma.; bäuerlicher Widerstand im frühen u. hohen Ma.; Handschriften u. Bibliotheken im Ma.; Wirtschaftsgeschichte des spätmittelalterl. Adels im deutschen Südwesten; Ma.-Rezeption im 19. u. 20. Jh.

JÜRGEN MIETHKE, geb. 1936; Promotion Dr. phil. 1967, Habilitation 1970; Wiss. Assistent 1967–70; Wiss. Rat u. Prof., Freie Univ. Berlin seit 1971; o. Prof. f. Mittelalterl. u. Neuere Geschichte, Univ. Heidelberg seit 1984. – Forschungsschwerpunkte: Bildungsgeschichte; Geschichte des politischen Denkens; Theoriegeschichte; Kirchengeschichte.

PETER VON MOOS, geb. 1936; Promotion Dr. phil. 1964, Habilitation 1969; o. Prof. u. Leiter des Seminars f. Mittellatein. Philologie, Univ. Münster/W. seit 1969. – Forschungsschwerpunkte: Rezeption der antiken Literatur im Mittelalter; Wirklichkeitsdarstellung u. Rhetorik (historisches Exemplum, Dialog, Brief).

ALEXANDER PATSCHOVSKY, geb. 1940; Promotion Dr. phil. 1966, Habilitation 1978; Wiss. Mitarbeiter der Monumenta Germaniae Historica (München) seit

1966; Priv.-Doz. f. Mittlere u. Neuere Geschichte, Univ. München seit 1978. – Forschungsschwerpunkte: Ketzergeschichte des Mittelalters; Geschichte der Juden.

BERNHARD SCHIMMELPFENNIG, geb. 1938; Promotion Dr. phil. 1964, Habilitation 1971; Assistent u. Prof. f. Mittelalterl. Geschichte, Freie Univ. Berlin seit 1971; o. Prof. f. Mittelalterl. Gesch., Univ. Augsburg seit 1982. – Forschungsschwerpunkte: Stadtgeschichte (Bamberg, Rom); Zisterzienser; Pilgerwesen; Probleme des Klerus (Priestersöhne, kriminelle Kleriker); Juden in Augsburg.